WIEN

ZWISCHEN DEN KRIEGEN

Franz Endler

WIEN

ZWISCHEN
DEN
KRIEGEN

Orac Pietsch

Für meine Frau

ISBN 3-85368-884-5

Schutzumschlag: Bronislaw Zelek,
unter Verwendung von Elementen aus zeitgenössischen Plakaten
Layout: Gottfried Moritz
Lektorat: Leo Mazakarini
Namenregister: Gabriele Wendelin
Technik: Imprima W. Menches
Satz: Typostudio Wien
Lithos: Werner Kamensek, Horn
Druck und Bindearbeiten: Wiener Verlag, Himberg bei Wien

Inhaltsverzeichnis

Vorwort

Seit ich an Büchern über die Geschichte meiner Heimatstadt arbeiten darf, habe ich gewußt, daß ich einmal über die Zeit zwischen den beiden Kriegen unseres Jahrhunderts schreiben werde – wußte von den Schwierigkeiten, die diesem Vorhaben entgegenstehen würden, und hoffte auf einen Verleger und verständnisvolle Freunde für diese Unternehmung.

Die in unserer Stadt sprichwörtliche gute alte Zeit ist nämlich, habe ich herausgefunden, allemal die Zeit der Großeltern desjenigen, der von der Zeit spricht, schreibt oder singt. Nie die Zeit der Eltern.

Auf dieses Buch angewendet, hieße das, daß ich den ernsthaften Versuch unternehme, die Zeit meiner Eltern nicht anders zu beschreiben als die sprichwörtliche gute alte Zeit, in der meine Großeltern gelebt haben müssen.

Für diesen Versuch gibt es Begründungen en masse, sie aber ergeben schon das Buch. Deshalb will ich sie nicht in ein Vorwort packen. Nur eine möchte ich dem geneigten Leser vorweg anbieten. Mir erscheint kein politischer Mord, kein Ausbruch von Massenhysterie, keine bürgerkriegsähnliche Auseinandersetzung in der Zwischenkriegszeit bedrohlicher oder verwerflicher als die vergleichbaren Ereignisse in Wien um das Jahr 1848. Der von einer wilden, aber auch verhetzten Menge in seinem Amtssitz aufgespürte Minister Latour, den man erschlug, an einen Laternenpfahl knüpfte und schändete, ist mir ein Blutzeuge für die mitunter aufbrechende Brutalität der Wiener, wie man sie wenigstens einmal im Jahrhundert erlebt. Die verzögerte Erledigung eines Gnadengesuches für Wenzel Cäsar Messenhauser, dem idealistischen Kommandanten des aufständischen Wien, scheint mir ebenso buchenswert wie in der Gesinnung ähnliche Aktionen in unserem Jahrhundert. Von den einen haben wir handkolorierte Stiche in unseren Archiven, von den anderen gibt's Tatzeugen, zehren die Protagonisten der politischen Szene unserer Tage, das ist der größte Unterschied . . .

Ich bin mir der Gefahren, denen ich mich diesmal aussetze, wohl bewußt. Hätte ich nicht immer wieder erlebt, wie seltsam das Gedächtnis der noch lebenden Wiener sich bei gewissen Daten trübt, hätte ich nicht ungezählte Historiker in Auseinandersetzungen – und also keineswegs eines Sinnes – über dokumentarisch gut belegte Zeiten beobachtet, mir wäre kein gangbarer Weg durch die Zeit zwischen den Kriegen eingefallen.

Ich glaube, ihn wenigstens für mich gefunden zu haben. Ich zitiere mit Ausdauer entweder Auszüge aus Tageszeitungen und versuche, immer Schilderungen beider „Seiten" zu verwenden. Und ich zitiere Schriftsteller, die dabei waren und ihre Erlebnisse zu Romanen haben werden lassen. Wo der Leser diesmal von Geschichtsfälschung oder grobem Irrtum sprechen wird, dort wird er auch ganz genau nachlesen können, welche Autoritäten er anzweifelt oder verdammt.

Der an dieser Stelle stets notwendige Dank des Autors gilt meinen Gesprächspartnern in jeder guten Stunde, den Wiener Buchhändlern also. Und den Bibliothekaren. Und weisen alten Männern und freundlichen alten Frauen, deren Titel und Namen hier nicht angeführt werden. Denn namentlichen Dank habe ich ausdrücklich und aufrichtig wie noch nie zuvor meinem Verleger, Norbert Orac, abzustatten. Er investierte nicht nur Enthusiasmus und Geld in dieses Buch. Er gab mir Verständnis und Zeit. Wohl dem, der für ein Buch einen solchen Verleger findet.

Wien, ein festländisches Venedig

»Gesundheitszuträglich mag die feuchte Witterung kaum gewesen sein, und eine Zunahme, wenn schon nicht eine der Grippe, so doch der katarrhalischen Krankheiten überhaupt, wird als unmittelbare Folge der politischen Betätigung der Wiener am heutigen Tage kaum zu vermeiden sein.«
Erstaunlich, daß die Redakteure der »Neuen Freien Presse« für die Ausgabe vom 31. Oktober 1918 mit so viel, kaum als hintergründig zu bezeichnendem Spott aufwarten konnten – sie berichteten ja von dem Ende einer Welt und vom Beginn einer ungewissen neuen. Erstaunlich, daß da einer so viel Gelassenheit aufbrachte, um sich Gedanken über den möglichen Schnupfen demonstrierender Wiener zu machen. Und wiederum nicht so erstaunlich, denn auch die Redakteure der »Neuen Freien Presse« hatten in den Jahren, Monaten, Wochen vor dem Erscheinen dieser Ausgabe über so viel Weltbewegendes zu berichten gehabt, daß ihnen entweder der Humor längst ausgetrieben oder als der allseits so genannte Galgenhumor schon wieder gegeben war.
Für diejenigen, die's am Ende der diesmal zu beschreibenden Periode auch nicht mehr geben durfte, holten sich die Wiener anläßlich der Ausrufung Deutschösterreichs zuerst einmal eine nachhaltige Verkühlung.

Karl Renner, mit der Geschichte beider Republiken Österreichs untrennbar verbunden. Karikatur von R. H.

Ernsthaft, die Titelseite der Zeitung vom historischen Datum ist mit dem »Aufruf des deutschösterreichischen Staatsrates an die Bevölkerung« geziert, der Bericht der Redaktion selbst hat einen sehr wenig erregenden Titel: »Gründung des neuen Staates unter großer Anteilnahme des Volkes/Ruhiger Verlauf der Straßenkundgebungen.« Ganz so, als gäbe es dergleichen halt, und man berichte es, wie man's gewohnt ist.
Was sich tatsächlich ereignete und fortan anders war als vordem, dürfte dem Leser in Erinnerung sein. Wovon wir alle nicht mehr viel wissen. Man nennt's Ambiente, und man findet's, wenn man zwischen den Zeilen zu lesen versteht, immer wieder am ehesten in Zeitungsberichten, die rasch und direkt nach dem jeweiligen Ereignis geschrieben sind. Man muß nur hier oder dort eine kleine Anfügung denken oder einen Abstrich machen – in diesem Fall also bedenken, daß der entsprechende Bericht in einem Blatt stand, das sich als die bedeutende liberale Zeitung der Monarchie verstand und sehr viel Wert auf einen »gebildeten« Ton legte.
»Die Nationalversammlung wählte im Landhause den Staatsrat. In der Herrengasse standen viele tausend Menschen, verschieden an Gesinnung und Lebensführung, die einen gegen die Republik, die anderen für die Republik, geteilt in der Auffassung über die Zukunft der neuen Volksgemeinschaft, alle jedoch einig in dem Wunsche, nicht mehr in die alten Verhältnisse zurückzukehren, nicht mehr die besten Kräfte in ermüdenden Streitigkeiten zu verbrauchen, sondern auf eigenem Boden das eigene Leben führen zu können. Die Schöpfung, die aus den heutigen Beschlüssen hervorgeht, ist ein befestigter Brükkenkopf an der Donau, wo in der allgemeinen Verwirrung sich die Möglichkeit bietet, in Geschlossenheit abzuwarten, wie sich die Beziehungen zwischen den einzelnen Völkerschaften entwickeln werden. Wenn das wirtschaftliche Einheitsgebiet aus den Trümmern gerettet werden kann, wird der neue Staat die Bedingungen des Fortbestandes haben und, befreit von der Belastung durch die unaufhörlichen Krisen, sich ganz dem Wiederaufbau nach dem Kriege zuwenden können. Wien und fast alle deutschen Kronländer haben den Zuschnitt, der nur auf ein großes Reich paßt. Die Politik, die Gedanken und die Gewohnheiten von Wien waren seit vielen Jahrhunderten auf die Bedürfnisse der Monarchie gerichtet, auf die weiten Räume von den nördlichen bis zu den südlichen Grenzen. Das gilt nicht bloß für Wien, sondern auch für den Verkehr und für die Industrie in den übrigen deutschen Gebieten von Österreich. Wenn die wirtschaftliche Einheit nicht durchzusetzen wäre, würde der Staat mit seinen zehn Millionen Einwohnern den früheren Lebensinhalt nicht mehr haben und wäre gezwungen, um nicht zu verarmen, andere Verbände, die eine ausgreifende Tätigkeit zulassen, zu suchen. Deshalb ist das Ereignis des heutigen Tages von hoher Bedeutung für die Völker in der Monarchie und für ganz Europa. Das im Landhause geschaffene Deutschösterreich mit seiner Unabhängigkeit und mit seinem aus der Natur hervorgehenden Triebe, im Zusammenhange mit einer wirtschaft-

lichen Einheit zu sein, muß eine der wichtigsten Fragen werden, mit denen sich die Entente in den Friedensverhandlungen zu befassen haben wird. Schon jetzt weiß sie, daß dieser deutsche Staat an der Donau mit seinem aus der Großmacht herrührenden Beamtentum, mit den vielen hunderttausend Menschen, die nur ihr Brot finden, weil sie im Brennpunkt eines so ausgedehnten Reiches sind, mit seinen Unternehmungen, seinen Luxusgewerben, seiner Ansammlung von Kunst und Geschmack sich nicht auf den Verkehr von zehn Millionen zurückschrauben läßt. Die wirtschaftliche Einheit wird daher für die Entscheidung maßgebend sein, in welchem Verbande, in welcher Gemeinschaft die Deutschen von Österreich ihre Zukunft finden. Wien darf kein festländisches Venedig werden.«

Belassen wir's für einen Moment bei diesem Zitat, das die Stimmung, nicht die Ereignisse wiedergibt, schließen wir sehr absichtlich einmal bei dem Satz, den wir später noch einmal herauspicken werden, um weiter in den politischen Aspekten der Gründung Deutschösterreichs wühlen zu können. Kein festländisches Venedig – das ist ein Bild von großer Überzeugungskraft und ist bis auf den heutigen Tag eines, das jeder Leser sofort versteht.

Aber ganz vergessen möchte ich die Schilderungen der Tagesereignisse nicht, sie nehmen immerhin viel Raum im Blatt ein, und sie lassen den geneigten Leser auch heutzutage noch erkennen, was sich in der Stadt Wien wirklich abgespielt haben muß.

»Der Zuzug des Publikums in die Herrengasse begann schon nach 2 Uhr nachmittags. Im weiten Umkreis des Schauplatzes der politischen Ereignisse von heute bekam man den Eindruck, daß sich ungewöhnliche Dinge vorbereiten. Überall strebten die Leute in beschleunigtem Schritt demselben Ziel zu. Hier und dort rasselten bereits bei diesem und jenem Geschäft die Rollbalken herunter. Besonders vorsichtige Geschäftsleute beeilten sich, gegen alle möglichen Geschehnisse gerüstet zu sein . . . Die Tore der Burg waren ausnahmslos gesperrt. Dieses Schicksal hatte auch der anfänglich geöffnete Hauptdurchgang erfahren, der von der Burg über den Heldenplatz auf den Franzensplatz führt. Eine Kette von Wachleuten wehrte den Durchgang durch die Höfe der Burg. Allerdings erfolgte dieses Verbot im Ton der vertraulichen Bitte, wie denn überhaupt die Wachmannschaft den Vorgängen des heutigen Nachmittags als ein vollkommen unbeteiligter, äußerlich gleichgültiger Zuschauer gegenüberstand . . .

Gegenüber dem Landhaus glitzert in großen Goldbuchstaben die Gassentafelinschrift einer czechischen Bank. Davor gibt es so ein kleines Zeichen unserer Straßenschlamperei. Eine Bretterbude, in der sich eine Tabak-Trafik befindet. Das Dach dieser Bude war heute ein besonders geschätzter Aussichtspunkt, und wer sich jahrelang geärgert hatte, daß dieses recht herabgekommen aussehende Gelegenheitsbauwerk das Straßenbild der Herrengasse, an dem im Laufe der letzten zehn Jahre so unendlich viel gesündigt worden ist, noch als Draufgabe sozusagen verschandelte, der konnte sich heute darüber wundern, welche Widerstandskraft und Tragfähigkeit es aufzuweisen hatte . . . Im Café Central und ebenso im Café Herrenhof sind natürlich die Fenster dicht besetzt . . .«

Mit viel Ruhe und Ausführlichkeit ist also schon die Schilderung des Schauplatzes der Handlung, der Reporter hatte offenbar Zeit genug, sich auch als ein Architekturkritiker zu versuchen, und wußte offenbar, daß dem Publikum seines Blattes auch angesichts einer Staatsgründung das Interesse am Bild der Herrengasse nicht geschwunden war.

Folgt man seinen schließlich doch ein wenig hastiger werdenden Bemerkungen, dann gab's zuerst einmal vorwiegend bürgerliches Publikum vor dem Landhaus, in dem schon einmal eine Revolution ausgerufen worden war. Bis drei Uhr haben sich auch eine Gruppe sozialdemokratischer Arbeiter und Offiziere und Armeeangehörige in Uniform – »die Rosette auf ihrer Kappe mit dem Bändchen in den deutschen Nationalfarben bedeckt« – eingefunden. Gesungen werden »Wacht am Rhein«, »Deutschland, Deutschland über alles«, gerufen wird »Hoch die internationale Sozialdemokratie«, »Heil das deutsche Volk«, »Friede und Brot«.

Im Landhaus selbst hatte man nur Platz, wenn

Folgende Doppelseite: Parlament und Ringstraße bei der Proklamation der Republik Deutschösterreich – Minuten, bevor die »falschen« Fahnen aufgezogen wurden.

man eine Eintrittskarte besaß. »Ganz ruhig, schier unberührt« lag es da, und wenn man's liest, ist man an viele Schilderungen aus dem März 1848 erinnert. Da ging es auch erst einmal so ruhig, so scheinbar volksfesthaft zu. Nach Ansprachen, nach der öffentlichen Verkündigung der »Gründung des Staats«, gab's alsbald auch den Abzug der Menge, der freilich eine neuerliche Demonstration, diesmal in der Hauptsache von Heerespersonen, folgte. Und trotzdem, liest man die wenigen Ereignisse, die unter dem Titel »Zwischenfälle« zusammenzufassen waren, so waren's wenige. Vor der Roßauer-Kaserne verlangte man die Freilassung von Arrestanten und beschädigte dabei leicht den Tandelmarkt, das große Areal in unmittelbarer Umgebung, das jeder Wiener kannte, soferne er vor 1945 gehen und sehen konnte und einmal zum Besuch dieser wienerischen Form des Flohmarktes kam. In zwei Kaffeehäusern wurden Fensterscheiben eingeschlagen, und vom Hotel Imperial wurde der Doppeladler heruntergerissen. Auf dem Ring wurden Straßenbahnen angehalten. Gegen das Parlament wurden Steine geworfen, »die aber ihr Ziel verfehlten«. Man war insgesamt viel unterwegs, und man traf auf recht viele verängstigte Kaufleute. Man rief Parolen, und man ließ den Verkehr erlahmen. Besondere Vorkommnisse, wie sie im März 1848 zu verzeichnen waren, hielten sich 1918 in eher bescheidenen Dimensionen.

Die Stadt, von der wir immer nur berichten, deren Geschichte uns immer noch interessiert und brennend im Herzen ist, die Stadt war ausgehungert, müde, traurig, und sie wußte offenbar, daß ihr ein Schicksal ungewisser Art bevorstand – sie war tatsächlich daran, ein festländisches Venedig zu werden.

Um über das selbst gesteckte Datum ein wenig hinauszuufern und daran zu erinnern, was da in Wien geschehen war, ehe die Republik Deutschösterreich auszurufen war: Tot war Kaiser Franz Joseph I., der sich selbst einmal den letzten Gentleman auf einem europäischen Thron genannt hatte, bei der letzten Volkszählung zu seinen Lebzeiten aber in die Berufsrubrik »Hauseigentümer« eintrug – eine besondere Ironie, bedenkt man, was das Haus Österreich alles bedeutet und welch unselige Folgen unter anderem die Gesetze dieses Hauses für die Mitglieder der Familie Franz Josephs selbst gehabt hatten. Sein Nachfolger war Kaiser Karl, der in die Geschichte als der wahre Friedenskaiser eingehen wollte, dessen Versuche zur Verständigung mißverstanden oder mißgedeutet wurden, dessen Lebenshaltung man bis auf den heutigen Tag vor allem deshalb nicht begreift, man deshalb nicht zu erklären versucht, weil man immer wieder davon ausgeht, das Ende der Monarchie, das habe doch beinahe noch der Kaiser Franz Joseph selbst erlebt.

Wien aber war in diesen letzten Kriegsmonaten keine Frontstadt, das darf man nicht nur nicht vergessen, das muß man in allen den Berichten über das, was auf 1918 folgte, immer wieder hervorheben. Sowohl die Wiener Politiker wie auch die Musiker und Architekten und Beamten waren bei Kriegsende in einer baulich intakten Stadt. Der Krieg ging weitab verloren. Franz Werfel beschrieb den Zustand: »Noch gab es immerhin die Monarchie. Tief in Feindesland vorgeschoben standen die Armeen, über achtzig Divisionen stark, in Rußland, in Polen, in Galizien, in der Ukraine, in Rumänien, Serbien, Albanien, im Karst, in Venetien, an der Tiroler Alpengrenze, ja selbst in Frankreich. Die Völker Österreichs hatten sich so mutig geschlagen wie jedes Volk in diesem Kriege, der die Tapferkeit zu einem grauenhaften Duldertum hilfloser Menschenkinder erniedrigte und die Massen zu einer entseelten Materie. Verschwindend klein war gegen dieses Duldertum bisher der Abfall und Hochverrat, von dem so reichlich die Rede ging. Ist es nicht denkwürdig, daß in den letzen Tagen vor dem Zusammenbruch des Heeres, als schon Ungarn, Kroaten, Slowenen die Schützengräben verließen und nach Hause liefen, daß es in dieser verzweifelten Stunde gerade eine tschechische Division der Heeresgruppe Belluno war, die Angriff um Angriff der Italiener zurückwarf? Immer noch stand die Monarchie.«

Werfel, der einen Roman geschrieben hat, später allerdings, doch immerhin mit allen Notizen zur Hand, die er noch einmal durchsehen wollte – Franz Werfel, der die Ereignisse im Oktober in Wien in diesem Roman auch schilderte und sich selbst gleich mittendrin, schrieb auch in diesem Roman darüber, wie es in Wien in den letzten

Nr. 48. Wien, Sonntag, 26. November 1916. XXI. Jahrgang.

V. Chiavacci's

Wiener Bilder

Illustriertes Familienblatt

Abonnements-Bedingnisse:

Kaiser Franz Josef I. †

Aufnahme des Kaisers Franz Josef I. in seinen letzten Lebensjahren.

Hinter dem Sarg Franz Josephs I. und auf dem Weg zur Kapuzinergruft: Das letzte Kaiserpaar Österreichs und Thronfolger Otto.

Kriegsmonaten aussah. Er mußte es gut wissen, er war mit vielen anderen Literaten nicht an der Front, sondern tat Bürodienst, war in Sicherheit, und das nicht nur, weil er und alle seine Freunde nicht kämpfen wollten und »sich's gerichtet« hatten, sondern doch auch, weil man in der Monarchie und zu ihrer Zeit den Krieg auch in der härtesten Form etwas formvollendeter zu führen versuchte als den zweiten Krieg, den zwanzig Jahre später. Man wollte Schriftsteller nicht unbedingt in der vordersten Linie, man wollte sie sogar für Botschaften und spätere mögliche Verständigungen im Ausland – dergleichen gab's, und Stefan Zweig, um ihn auch gleich wieder anzurufen, sah darin ein Zeichen von letztem Abglanz über einer untergehenden Welt.

Franz Werfel also, wie er über die Wiener Bilder in den letzten Monaten vor dem Zusammenbruch der Monarchie sann.

»Der Rolladen der Tabaktrafik am Anfang der Währingerstraße rasselte empor. Durch die zweihundert Meter lange Menschenschlange davor zuckt hoffnungsfreudige Bewegung. Die Vordersten in der Reihe sind schon seit zehn Uhr angestellt. Die letzten fünfzig etwa werden leer ausgehen. Sie haben nichts als die Hoffnung auf ein Wunder. Aber auch diese hoffnungslose Hoffnung ist wertvoll genug, ihr eine Stunde zu opfern. Nicht anders geht es beim nahen Bäckerladen zu, der schon eine halbe Stunde früher geöffnet hat. Der Unterschied ist nur der, daß sich hier fast durchwegs Frauen in der Schlange drängen. Abgehärtet und ergeben wie die Männer im Schützengraben, stehen sie ihre Zeit aus. Kein junges Gesicht. In Wien scheint es seit einem Jahr nur alte Frauen zu geben. Alle haben schlappe Strümpfe und schiefgetretene Schuhe an den Füßen. Eine der mächtigen Triebfedern des städtischen Lebens, die weibliche Eitelkeit des Beins, ist erloschen.«

Man lächle nicht über den Literaten Werfel, der eine hoffnungslos scheinende Situation, eine immer grauer werdende Stadt schildert, indem er von der mächtigen Triebfeder des städtischen Lebens, der weiblichen Eitelkeit des Beins, schreibt. Viele seiner Zeitgenossen haben das auch gesehen, haben versucht, eine ganz und gar triste Situation in kleinen Bildern zu schildern. Und schließlich ist es ja ein gutes Bild. Da ist eine Stadt, in der sonst nichts besingenswert erscheint als »Wein, Weib und Gesang«, und dies manchmal in dieser, manchmal in anderer Reihenfolge. Da ist eine Stadt, an der rundherum die Städte ihr Vorbild nehmen. Und plötzlich ist sie nur noch von – von der Zeit alt gewordenen – grauen Frauen bevölkert, und das Straßenbild machen Kriegsinvalide, Bettler, vor Geschäften angestellte hungrige Menschen aus, die keinen Spaß mehr daran finden, mit der Burgmusik zur Wachablöse zu marschieren. Die keine Farben mehr tragen. Die müd geworden sind.

Anderswo stand das Ende ebenso bevor, aber das Ende war zugleich, was jedermann begriff, der Anfang eines neuen, eines lange ersehnten Staates. Eine Revolution gegen Wien, deshalb schon eine farbenfrohe Sache.

In Wien aber war keine Farbe mehr zu sehen. Der Kaiser tat seinen Dienst am Sitz des Heereskommandos in Baden. Er war in seiner kurzen Regierungszeit nur selten Mittelpunkt irgendwelcher großer Feste oder Aufzüge in seiner eigenen Hauptstadt, er war zu Truppeninspektionen unterwegs oder recht heimatlos in Schönbrunn. Zugegeben, er wäre auch unter anderen Umständen wahrscheinlich kein lebensfroher, junger Kaiser gewesen; nach allem, was man von ihm weiß, hätte er die Wiener in dieser Hinsicht enttäuscht.

Doch darüber nachzudenken ist sinnlos. Die Pflicht des Kaisers war es, in Uniform zu sein. Feldgrau. Bis zuletzt.

Darf ich noch einmal Werfel zitieren? Er hat halt, was man nicht oft genug betonen darf, die Ausrufung der neuen Republik erlebt und begriffen und später in einem Roman für immer festgehalten. Er war halt, was man ihm später jahrzehntelang nicht zubilligen wollte, ein Dichter. Und unsereins hat nicht nur darzustellen, wie man die großen Tage Wiens in Zeitungen beschrieb, sondern daran zu erinnern, wie Franz Werfel sie sah.

»Um die Mittagsstunde schon begann der große Aufmarsch und Zug der Arbeiter vor das Parlament.

Das hatte Wien, die Kaiserstadt, noch nicht erlebt. Die greisenhaft bröckelnden Fassaden der

Die erste gesetzgebende Versammlung Deutschösterreichs im Niederösterreichischen Landhaus, dem Ort aller historischen Veränderungen im Land.

Ringstraßenpalais starrten entsetzt über diese Schicksalsflut hinweg auf die nackten Gärten gegenüber. Wohl hatte es auch schon in Friedenszeiten Aufzüge, Demonstrationen, Maifeiern, Krawalle gegeben, aber diese seltenen Szenen erregter Menschenmengen spielten sich hinter einem goldgewobenen Schleier ab, der sie entrückte und ihnen alle Bedeutung nahm. In den Vorstädten, Arbeiterbezirken, Verbrecherwinkeln der Residenz gab es eben unzufriedene und umstürzlerische Elemente, die sich in trüben Tagen des Reiches hervorwagten, wenn die ›echtösterreichische Politik‹ wieder einmal ihre Unglückshand bewiesen hatte.

Derartige Vorfälle aber glichen nur einem Platzregen, der einen endlos langen und schönen Sommertag für wenige Minuten verstört. Was hatten diese kleinen Trübungen mit Wien, der Stadt der Lieder, zu tun? In jeder Metropole gab es Hunger, Arbeitslosigkeit, Wohnungselend und einen Bodensatz von Ruhestörern und Hooligans. Dies war für den zugleich lebensseligen wie sarkastischen Bürger nicht Wien.

Ein goldgewobener Schleier, hinter dem alles so angenehm unbestimmt wogt! Von Kriegsjahr zu Kriegsjahr ward er schäbiger. Ab zwölftem November zerriß er ganz.

Die Flut der Hunderttausende, die langsam wie ein Lavaarm weiterrückte, war nicht eigentlich schön zu nennen. Aber wie schwerfällig sie auch strömte, wie unerbittlich sie auch Körper und Selbstbestimmung des einzelnen auslöschte, sie schien als Eigenwesen eine ungeheure Freiwilligkeit und Souveränität zu besitzen. Jedermann unter diesen Arbeitern hatte in den vier furchtbaren Jahren die Quälereien der Musterungen, des

Einrückens, der Ausbildung erlebt, die meisten waren draußen im Felde gewesen, alle ächzten noch immer unter dem Hunger. Wie sonderbar also war es, daß die Masse als Ganzheit an diesem Tage keine Erbitterung, keine Rache-Regung zeigte, da doch jeder einzelne nach Vergeltung und Abrechnung gierig sein mußte. In diesen Stunden des Aufmarsches bewies die Masse ein geheimnisvolles, höheres Selbstbewußtsein, das sich schon viel zu ruhig im Besitz der Zukunft fühlte, um nach dem Phantom des Gewesenen zurückzublicken, das in den Krämpfen der Niederlage verzuckte. Das Reich war zerstört, das Volk besiegt, aber mit einem Male schien es nur einige tausend Wirklich-Besiegte zu geben, und aus dem Nebel traten fünfhunderttausend Sieger. Alle hatten ihre Sonntagskleider angelegt, in jedem Knopfloch flammte eine Nelke, und der Tag äußerster Macht-Vernichtung verwandelte sich in einen Tag äußerster Macht-Entfaltung. So schnell entledigt sich die Zeit ihrer prächtigsten Staats-Leichen, denen das überrumpelte Gemüt lange nachträumt. Vor einigen Tagen noch war die Stadt voll von feldgrauen Männern gewesen. Heute sah man kaum eine Uniform mehr. Das kriegerische Grau lag mit andrer, weit edlerer Asche auf dem Abfallhaufen.«

Wie richtig sich ein Schriftsteller erinnert, wenn er von einem wahrhaft historischen Tag berichtet, ist in diesem Fall, dem 12. November also, unschwer nachzuweisen. Indem man zum Beispiel einmal im Inseratenteil einer beliebigen Zeitung nachsieht, was am Tag der »Volkskundgebung anläßlich des Beschlusses über die Republik« in den Wiener Theatern so gespielt wurde. Ich verknappe nur, um nicht zu ermüden.

»Ein idealer Gatte« im k. k. Hofburgtheater, »Salome« im k. k. Hofoperntheater, »Die Stimme« im Deutschen Volkstheater, »Mandragola« in den Kammerspielen, »Figaros Hochzeit« in der Volksoper, »Waldfrieden«, »Gelähmte Schwingen« und »Der Herr mit der grünen Krawatte« in der Neuen Wiener Bühne, »Wo die Lerche singt« im Theater an der Wien, »Die Kinokönigin« im Carl-Theater, »Eine Ballnacht« im Johann-Strauß-Theater, »Der Kongreß tanzt« im Stadttheater, »Das Dreimäderlhaus« im Raimundtheater, »Die Glocken von Corneville« im Bürgertheater, »Das Weib und der Hampelmann« im Theater in der Josefstadt, »Der selige Balduin« im Lustspiel-Theater – daß dieser 12. November ein historischer Tag werden sollte, hatten auch alle Theaterdirektoren im voraus erfahren, sie nahmen das aber wahrlich nicht zur Kenntnis, sie spielten genau das, womit sie ihr Publikum zu erfreuen und zu behalten suchten. Wer es sich noch leisten konnte, der mochte auch an diesem Tag einen Chauffeur engagieren. Wer wußte, daß es immer noch Menschen geben werde, die sich dergleichen leisten würden können, der konnte die 1. Spezialfachschule für Automobilismus besuchen, die am 12. November inserierte – ausgebildete Chauffeure galten als Spezialisten und als gesuchte Leute.

In der schon einmal zitierten »Neuen Freien Presse« aber wird Franz Werfel wörtlich bestätigt. »Charakteristisch war in diesem Stadium der heutigen Massenkundgebung die entschlossene, ernste, beinahe getragene Stimmung der Demonstrationsteilnehmer. Da hörte man kaum ein lautes Wort.«

Diese Art von Buchführung ließe sich lange fortsetzen, die Ereignisse müssen ungefähr so gewesen sein, wie »Arbeiter-Zeitung«, »Neue Freie Presse« und Franz Werfel sie beschrieben. Sie müssen in der grauen Stadt wirklich würdevoll gewesen sein.

Um's immerhin anzudeuten und jetzt keine Zitate, sondern eigene Worte zu gebrauchen: Am 12. November 1918 wurde beim Parlament unmittelbar nach »Ausrufung« der Republik nicht die rotweißrote, sondern eine flammend rote Fahne aufgezogen, weil im letzten Moment Eiferer die damals behelfsmäßig hergestellte Fahne wieder vom weißen Streifen befreit hatten. Demonstranten, von denen man annehmen darf, daß sie für diesen Augenblick bestellt waren, jubelten, und die Parlamentsdiener – noch nicht daran gewöhnt, daß sich Personen aus der Menge überhaupt in die Nähe des Gebäudes oder in Aktionen gegen sie hetzen lassen könnten – waren rasch übertölpelt. Trotzdem, die Menschenmenge vor dem Parlament und weiter hin am Ring begriff nicht, daß es hier um eine Demonstration innerhalb der Demonstration ging, und wäre friedlich abgezogen, denn der große historische Augenblick war ja vorbei.

»Bürgergarde« und »Rote Garde«, unmittelbar nach Ausrufung der Republik neu formiert, biwakieren im Parlament (oben) und werden in der Rossauerkaserne gemustert.

Da aber fielen Schüsse. Bis auf den heutigen Tag ist nur behauptet, nicht aber bewiesen, wer sie abgegeben hat. Nach den üblicherweise ernstgenommenen Berichten war's ein Mitglied der neu gebildeten Roten Garden, das auf das Parlament schoß. Worauf sofort die Rollbalken vor den Fenstern gegen den Ring zu niedergingen. Andere Berichte wollen etwas von Maschinengewehrgarben gehört haben, und auch diese sind wiederum aus einem Maschinengewehr der Roten Garden abgegeben worden. Es gibt allerdings auch eine Erklärung dafür, warum Soldaten plötzlich das Feuer auf das Parlament eröffnet haben – nach nicht ganz unglaubwürdigen Versicherungen haben sie das Arbeitsgerät eines Photographen auf dem First des Parlaments ausgemacht, es für ein Maschinengewehr gehalten und sich bedroht gefühlt. Das als Erklärung derjenigen, die zugeben, es wäre die Rote Garde zuerst da schießwütig geworden, aber zugleich sagen wollen, sie hätte ihre guten Gründe gehabt.

Es wurde geschossen, daran ist kein Zweifel. Das Parlament aber wurde nicht gestürmt, vielmehr räumten Soldaten der Volkswehr die Rampe und den Platz vor dem Parlament, und wer sich die Szenen auf der Ringstraße nicht vorstellen kann, dem muß man einige zeitgenössische Photographien zeigen oder doch wieder einmal die Lektüre der Werfels und der Zweigs empfehlen.

Es muß hier sofort angefügt werden, was durchaus ernsthafte Zeugen wiederum zur Entlastung der Volkswehr behaupten, die ja mit ihrem resoluten Vorgehen tatsächlich die Verwundeten und Toten auf dem Gewissen hat – sie meinen, es sei einfach dadurch, daß eine unübersehbar große Menschenmenge plötzlich an den »Tatort« wollte und gegen das Parlament drängte, von diesem her aber zugleich Schüsse knallten, die sofort ihre Opfer fanden, eine heillose Verwirrung entstanden.

Wer Deckung suchte, war eingekeilt in einer hilflosen Menge. Wer verwundet war, schrie laut und mehrte die Aufregung. Wer schoß, glaubte wohl, in berechtigter Notwehr zu handeln; einmal wenigstens muß man auch zu verstehen suchen, wie's wenigen Soldaten zu Mute ist, die auf der Parlamentsrampe in dünner Kette stehen und vor sich Menschenmassen toben sehen.

Die Tatsachen rücken Berichte derjenigen, die von einer kaum mehr zu zählenden Anzahl von Opfern sprechen, ins rechte Licht. Insgesamt gab es einunddreißig Verletzte, die nicht einmal alle in Spitäler gebracht werden mußten. Die anderen konnten sich in ihre Wohnungen transportieren lassen, neun Ambulanzen der Rettungsgesellschaft hatte man vorsorglich in der Nähe des Parlaments postiert, man hatte in Wien einige Erfahrung mit Demonstrationen und auch bei friedlicheren ein sozusagen eingespieltes Verfahren – die Wiener Leser älterer Art wissen schon, was damit gemeint ist. Die Straßenbahnen werden auf die Zweierlinie umgeleitet, und einige Wachleute mit besorgter Miene passen auf . . .

In allen Zeitungsberichten und zeitgenössischen Schilderungen ist der Schußwechsel vor dem Parlament, die Szene mit der auseinanderstiebenden Menge ausführlich und nicht bunt, sondern blutig rot gezeichnet, man spürt förmlich, wie da die Gründung einer ungeliebten Republik vom ersten Augenblick an unter einem deutlich sichtbaren Unstern dargestellt wird. Ich will nicht verniedlichen, was da geschah, trotzdem hat's seither Massendemonstrationen und durchaus friedliche Ansammlungen gegeben, bei denen mehr Personen zu Schaden kamen und völlig andere Beweggründe größere Hysterie auslösten.

Und was an Aktionen der Roten Garde für diesen 12. November noch zu vermerken sind, sie alle sieht man wenigstens in unserer Gegenwart doch eher als recht harmlos und nicht so gefährlich, wie's damals schien, als dergleichen ja noch kaum zu denken war.

Ein Beispiel nur. Die Mitglieder der Roten Garde, die bald nach dem Versagen vor dem Parlament über den Ring liefen und ins Gebäude der »Neuen Freien Presse« eindrangen und eine Sonderausgabe erzwangen und erst nach Stunden wieder abzogen und bewirkten, daß sich die liberalen und die konservativen Journalisten Wiens als Heroen geben konnten – diese Mitglieder richteten erheblich weniger Schaden an, als man annehmen möchte. Und eine der bis auf den heutigen Tag liebevoll nacherzählten Begegnungen auf dem Korridor in der Redaktion der »Neuen Freien Presse« hat höchstwahrscheinlich gar nicht stattgefunden: Egon Erwin Kisch, der berühmte »rasende Reporter«, dessen Bedeutung wir wahrlich nicht verkennen, soll da auf seinen

Bruder Paul, Redaktionsmitglied der »Neuen Freien Presse«, gestoßen sein. Und dieser wiederum soll Bruder Egon Erwin, Mitglied der Roten Garden, mit dem bösen Wort »Egonek, das sag' ich der Mama« empfangen haben.
Ich kannte viele alte Wiener Journalisten, die diese Geschichte mit Inbrunst nacherzählten, und jeder nannte Zeugen und wollte diese Szene beinahe miterlebt haben. Ich habe viele Jahre nach einem Augenzeugen gesucht und keinen gefunden, vielmehr verdichtete sich nach einigen Jahren der Recherche wenigstens bei mir der Verdacht, diese Geschichte hätte vor dem Wahrheitssinn des Reporters Egon Erwin Kisch nicht standgehalten. Wenn mich nicht alles täuscht, gibt es in allen schriftlichen Berichten über die kurzfristige Besetzung auch nicht einmal den Namen Kisch; wenn ich nicht irre, haben sich weder er noch sein Bruder in der Redaktion aufgehalten, als sie besetzt wurde.
Historiker haben andere Sorgen. Immerhin aber lohnt es sich, ein wenig in den Verlautbarungen zu blättern, die in den folgenden Tagen erschienen und die unmittelbar zu den Ereignissen Stellung nahmen, die man jetzt nur noch als den ersten blutigen Aufbruch der Republik bezeichnet.
Das eine oder andere Beispiel nur. Am 18. November verlautbarte Heinrich Mohsbauer, Vorsitzender des Soldatenrates, und Josef Frey, Kommandant, eine Erkärung für die »Arbeiter-Zeitung«. In dieser findet man unter Punkt vier die Feststellung: »Die Ereignisse am Dienstag, 12. November: Geplant war nichts als die Spalierbildung vor dem Parlament. Alle, die sich darüber hinaus Eigenmächtigkeiten haben zuschulden kommen lassen und dadurch den Ruf der Roten Garde aufs schwerste gefährdet haben, wurden aus der Roten Garde ausgestoßen.«
In dieser Erklärung wird weiters eine Aufnahmesperre ausgesprochen und mitgeteilt, die Rote Garde habe für mehrere Tage ausschließlich Kasernendienst. Wer immer irgendwo bei Plünderungen angetroffen werde, wer immer irgendwo sich als ein Mitglied der Roten Garde ausgebe, der sei in Begleitung von drei zuverlässigen Zeugen zur Stiftskaserne zu bringen: »Der Soldatenrat der Roten Garde wird solche Schurken zu behandeln wissen, wie sie es verdienen.«

Egon Erwin Kisch, der »rasende Reporter«, unmittelbar nach dem Krieg – wie Franz Werfel – bei der »Roten Garde«.

Folgende Doppelseite: Armenküche in der Felberstraße, 1918.

Gewiß, derartige Aufrufe in aller Öffentlichkeit sind als Beschwichtigung und aus leicht durchschaubaren Gründen angeschlagen worden, sie lassen allein durch ihr Erscheinen erkennen, daß Mitglieder der Roten Garde – und streunende, weil hilflos hungrige Soldaten überhaupt – die Stadt in Erregung versetzten. Und alle Erzählungen aus der Zeit, die ja wenigstens unsere Väter noch erlebten, sind voll Empörung über »Übergriffe« und Verstöße gegen die dringend notwendige Ordnung. Trotzdem, es haben sich seither in aller Welt, aber auch in Wien Demonstrationen, Wutausbrüche und später auch soldatische Exzesse ereignet, die vergessen lassen könnten, was sich am jetzt genug strapazierten 12. No-

vember zugetragen hat. Über dem Parlament wehte für einige Minuten eine rote Fahne. Das ist auch nicht zu leugnen. Sie weht schon lange nicht mehr.

Vieles, was zum 12. November gehört, ist wirklich nicht mehr vorhanden – so ist das kaiserliche Handschreiben, das man als Verzichtserklärung, nicht aber als Abdankung erklärt, vom 11. November datiert, am 12. gleichsam wirksam geworden, bei einem anderen historischen Datum in der Ersten Republik aber für immer verlorengegangen: Beim Brand des Justizpalastes 1927 ging es verloren oder verbrannte, auch da legen sich die Historiker nicht fest. Sie kennen immerhin den Wortlaut und zitieren ihn sehr gern.

»Seit Meiner Thronbesteigung war Ich unablässig bemüht, Meine Völker aus den Schrecknissen des Krieges herauszuführen, an dessen Ausbruch Ich keinerlei Schuld trage.

Ich habe nicht gezögert, das verfassungsmäßige Leben wieder herzustellen, und habe den Völkern den Weg zu ihrer selbstständigen staatlichen Entwicklung geöffnet.

Nach wie vor von unwandelbarer Liebe für alle Meine Völker erfüllt, will Ich ihrer freien Entfaltung Meine Person nicht als Hindernis entgegenstellen.

Im voraus erkenne Ich die Entscheidung an, die Deutschösterreich über seine künftige Staatsform trifft.

Das Volk hat durch seine Vertreter die Regierung übernommen, Ich verzichte auf jeden Anteil an den Staatsgeschäften.

Gleichzeitig enthebe Ich Meine österreichische Regierung ihres Amtes. Möge das Volk von Deutschösterreich in Eintracht und Versöhnlichkeit die Neuordnung schaffen und befestigen. Das Glück Meiner Völker war von Anbeginn das Ziel Meiner heißesten Wünsche.

Nur der innere Frieden kann die Wunden dieses Krieges heilen.«

So das kaiserliche Handschreiben, dem man sofort den ersten Satz der Deklaration folgen lassen muß, die Staatskanzler Karl Renner vorlegte: »Deutschösterreich ist eine demokratische Republik. Alle öffentlichen Gewalten werden vom Volk eingesetzt. Deutschösterreich ist ein Bestandteil der deutschen Republik.«

Wilhelm Miklas, Ideal eines Österreichers, der 1918 und 1938 gegen jede Form von »Anschluß« votierte.

Gegen den ersten Satz stimmten nur wenige, gegen den letzten Satz stimmte nur ein Volksvertreter, nämlich Wilhelm Miklas, der zwanzig Jahre später Bundespräsident war und sich beharrlich weigerte, bis zuletzt weigerte, seine Unterschrift unter ein Dokument zu setzen, das Adolf Hitlers Einmarsch in Österreich vor der Welt als eine gesetzliche Tat legitimiert hätte.

Zwanzig Jahre Überzeugung, in der Geschichte Österreichs werden sehr viele Staatsmänner hoch in Ehren gehalten, und unter ihnen ist auch Karl Renner, der's immerhin bis weit in die Zweite Republik in den höchsten Ämtern aushielt und von seiner Partei als unvergessen bezeichnet wird. Den Namen jenes Miklas, der seiner Überzeugung wegen erst gegen das Manifest Kaiser Karls votierte, weil auch in diesem bereits von Deutschösterreich die Rede ist, der anschließend nichts von dem Satz, Deutschösterreich sei ein Bestandteil der deutschen Republik, hielt und

Der Kälte und dem Ausbleiben aller Heizmittel fielen im Winter 1918/19 viele Bäume des Wienerwalds zum Opfer – man schlägerte unter den Augen des Gesetzes »wild«.

der schließlich unter Lebensgefahr auch nicht die Stimme für eine Rechtfertigung eines unaufhaltsamen Ereignisses 1938 gab – der Name jenes Wilhelm Miklas wird weniger oft und weniger laut genannt. Er hat auch noch die Zweite Republik erlebt, er ist von seinen Freunden hoch geschätzt worden. Er ist jedoch für das, was man gemeinhin die Öffentlichkeit nennt, vergessen.

Wir aber lassen den 12. November, lassen die ersten Tage dieser Republik und bedenken, daß wir uns vorgenommen haben, die Geschichte der Stadt zu schreiben.

In politischer, aber auch in jeder anderen Hinsicht ist sie fürs erste überaus heikel anzufassen – denn mit 1918 beginnt eine Periode, die Wien in natürlichen Gegensatz zu den Bundesländern bringt und vor allem das »rote Wien« in eine Ausnahmestellung, die man an hundert Beispielen erklären kann.

Man muß freilich, wenn man's ehrlich meint, gleich noch etwas anfügen zu diesem Begriff vom »roten Wien«. Bis auf den heutigen Tag ist Wien eine Bastion der Sozialdemokratie, ist von Bürgermeistern dieser Partei regiert und hat daher – man wird's verstehen und nicht falsch interpretieren – eine Geschichtsschreibung unterstützt, die mittlerweile einfach als die offizielle und wahre anerkannt wird und in Wahrheit doch eine sehr parteiische ist. Was immer mit Unterstützung der Archive oder der Funktionäre oder der diversen Stellen im Wiener Rathaus geschrieben wurde, hat einen leichten Hang zur Glorifizierung der Institutionen, die nach 1918 von den Sozialdemokraten in Wien geschaffen wurden. Wer dagegen anschreiben wollte, der hätte es sehr schwer, weil er weder leicht die geeigneten Unterlagen fände noch besondere Glaubwürdigkeit. Allzu lange hat man auch von eher parteilosen Autoren über dieses »rote Wien«, das fortan in dem Buch meist ohne Anführungszeichen so genannt werden soll, ausschließlich so geschrieben, daß der unbefangene

Wahlkampf in der Republik Deutschösterreich – mit harten Argumenten und wenig Mitteln wirkungsvoll ausgetragen.

Leser meinen muß, es sei die immerhin sehr erregende Geschichte der Stadt nur noch von der Sozialdemokratie gemacht worden.
Obgleich ein eigenes Bundesland und lange Zeit das einzige, das von der Sozialdemokratie beherrscht wurde, war Wien doch weiterhin auch die Hauptstadt des Landes und somit, was es bis auf den heutigen Tag ist, der Sitz der Regierung, der Ort, an dem die großen kulturellen Institutionen wirkten – mehr also als irgendein anderes Bundesland, mehr als eine Stadt, die man so ohne weiteres von einem Bürgermeister regieren und formen konnte.
Ich will das ausdrücklich eingefügt und damit keine einzige Großtat der Sozialisten herabgemindert haben, ehe ich diese Großtaten andeutungsweise aufzähle. Ich will's für alle weiteren Erläuterungen einmal erwähnt haben. Wien war und ist immer mehr als eine Stadt. Auf klar durchschaubare und auf geheimnisvoll erzählbare Art war Wien immer auch das, was die Länder rings um die Stadt anlieferten und was in dieser Stadt unbekümmert um politische Strömungen oder Vorherrschaften geschah. Es lebten und wirkten in Wien allemal auch Menschen, die nicht zur Sozialdemokratie zu zählen sind und die das Profil der Stadt trotzdem nachhaltig beeinflußten.
Und damit Schluß mit politischen Querschüssen gegen eine Partei, die sich durch Jahre wahrlich um Wien mühte.
Wien, das angesichts der weltpolitischen Entwicklung und der Verträge, die alle Siegermächte der Republik aufzwangen, als Zukunft die eines festländischen Venedigs vor Augen hatte, wurde rascher als die Bundesländer, die sich erst sehr allmählich in die neue Lage fügten und Konturen annahmen, wieder zu einem Weltbegriff. Und zwar in vielerlei Hinsicht und durchaus nicht nur auf kulturellem Gebiet.
Da war zuerst einmal die Art, in der Wien eine Steuergesetzgebung fand und durchsetzte, die wahrlich revolutionär und das im allerbesten Sinn schien.
Nicht ganz ohne Vorbild, doch mit einem beispiellosen Elan und einer Überzeugungskraft, die man Politikern der Gegenwart nicht zutrauen würde, erfand Hugo Breitner, Finanzreferent der Stadt, ein System, das einfach auf dem vertrauten Gedanken basierte, die für soziale Leistungen notwendigen Mittel müßten aus einem Fonds geschöpft werden, den der Reichtum zu füllen habe.
Der Ausdruck Luxussteuer wurde »erfunden« und mit Fleiß angewandt. Nicht immer war man in Wien völlig einig darüber, was jetzt als Luxus charakterisiert werden sollte, jedoch naturgemäß von denjenigen, die zahlen sollten, nicht immer als Luxus empfunden wurde. Direkte Steuern, das sollte eher den Kern der Sache treffen, waren für die Gemeinde Wien eine Maßnahme, um darzulegen, von wem sie Geld nahm und wofür sie es ausgab. Breitner selbst hat es immer wieder mit frappierenden Beispielen belegt, und bis heute erscheint seine Argumentation einfach und einleuchtend.
»Die Steuern der Nachtlokale und Bars sind so groß, daß wir damit die Kosten der Schüleraus-

speisung decken können. Die Christlichsozialen wollen für die Bars völlige Steuerfreiheit; wir aber glauben, daß es wichtiger und moralischer ist, die Schieber, Prasser und Schlemmer ordentlich zahlen zu lassen, um mit diesen Steuern unterernährte Schulkinder auszuspeisen. Die Betriebskosten der Kinderspitäler decken die Steuern aus den Fußballspielen, die Betriebskosten der Schulzahnkliniken liefern die vier größeren Wiener Konditoreien Demel, Gerstner, Sluka und Lehmann. Die Schulärzte zahlt die Nahrungs- und Genußmittelabgabe des Sacher. Die gleiche Abgabe vom Grand-Hotel, Hotel Bristol und Imperial liefert die Aufwendung für die Kinderfreibäder. Das städtische Entbindungsheim wurde aus Steuern der Stundenhotels erbaut, und seine Betriebskosten deckt der Jockeyklub mit den Steuern aus den Pferderennen. Die Kinderübernahmsstelle wurde aus einem halben Jahresertrag der Wiener Kinos erbaut, ihre Betriebskosten liefern die Heurigenschenken. Die Tuberkulosenfürsorge wird aus der Anzeigenabgabe bestritten. Die Hälfte davon zahlen die ›Neue Freie Presse‹, das ›Neue Tagblatt‹ und das ›Neue Wiener Journal‹ allein.«

Wer diese Rechnung in Gedanken nachvollzieht, wird schwerlich etwas Logischeres und Gerechteres finden und keine Einwände vorzubringen wagen. Zudem wird er im nachhinein auch wissen, daß sowohl die erwähnten großen Konditoreien wie auch alle die anderen Institutionen, die zur Kasse gebeten wurden, die Zeit Breitners überlebt haben und also offenbar ihre Kosten entsprechend überwälzen oder ihre Gewinne in einem möglichen Ausmaß einschränken konnten. Und niemand wird behaupten, die Rede Breitners hätte nicht der überaus populären Bemerkungen und Zusammenhänge wegen schon jeden Widerspruch erstickt: Stundenhotels, Jockeyklub, große Tageszeitungen aus der alten Zeit, gegen diese Institutionen mußten die Sozialdemokraten unter allen Umständen anrennen und taten's mit dem besten Gewissen.

Daß alle Bemerkungen gegen die Breitner-Steuern bis auf den heutigen Tag verteufelt werden, ist selbstverständlich. Trotzdem muß man sie erwähnen, denn auch die andere Seite hat ja existiert und hat ein Anrecht darauf, nicht nur verteufelt zu werden.

Worunter nicht nur Ignaz Seipel zu leiden hatte: Religion wurde in der Ersten Republik als großes Thema in politische Auseinandersetzungen einbezogen.

Die Luxussteuer nämlich war neu, die direkte Steuer und der Zusammenhang von profitablen Unternehmungen und niemals kostendeckenden sozialen Einrichtungen war etwas, was man auch aus der Geschichte des barocken Wien kennt – auch damals sorgten Abgaben von Brauereien für die Mittel, die man für ein Asyl notwendig brauchte.

Als also Abgaben erfunden wurden, die nicht nur Institutionen, sondern auch vielen einzelnen Personen oder Familien neue Lasten auferlegten, gab's selbstverständlich auch den Aufschrei der Betroffenen. Da gab es eine Hauspersonalabgabe, die auf jedem Haushalt lastete, der mehr als eine Hausgehilfin in Dienst nahm. »Personal« wurde in Wien etwas Kostbares, das man sich »unter Breitner« kaum mehr leisten konnte. Da gab es eine Boden- und Mietsteuer, die jeden traf, der eine Großwohnung in Wien besaß, und zweifellos hatte nicht jeder auch die Mittel, um diese Steuer ohne Schwierigkeit zu zahlen und dabei auch die Großwohnung in Ordnung zu halten. Da gab es für die »Großwohnungen« eine extrem gestaffelte Progression, die sehr viele wahrscheinlich nicht unbedingt erzreaktionäre Menschen ins Lager derjenigen trieb, die Breitner und Genossen trotz aller sozialen Leistungen »Steuervampire« nannten und von »Steuersadismus« oder »Steuerbolschewismus« sprachen.

Ganz ohne Zweifel ergab sich aus der harten und notwendigen Konsequenz, mit der das rote Wien die notwendigen Steuern erfand und eintrieb, auch eine neue Schichte – die des im Krieg nicht reich gewordenen, sondern patriotisch verarmten Mittelstandes, dem man die Aussichten auf Erholung nahm, indem man ihn mit immer neuen Steuern belastete, die ausschließlich Kriegsgewinnlern und den berühmten, berüchtigten »Schiebern« keine ernsthaften Sorgen machten.

Ganz ohne Zweifel aber stimmt auch, was im Zusammenhang mit Geldgeschäften über das rote Wien geschrieben wurde: »Aber trotz aller Anfeindung konnte die Stadt Wien seit 1921 eine aktive Gebarung aufweisen, und so mancher, der einerseits die Stadtverwaltung verurteilte, bewies sein Vertrauen in sie andererseits, dadurch, daß er sein Sparkapital bei der Zentralsparkasse der Gemeinde Wien hinterlegte.« So ist es in unserer Zeit geschrieben. »Das beste Zeugnis dafür, daß in Wien jedermann zur vielgelästerten Rathauswirtschaft Vertrauen hat, ist die Tatsache, daß jeder sein Geld der Zentralsparkasse der Gemeinde Wien anvertraut. Ob Jud, ob Christ! Ob Arbeiter, ob Unternehmer! Jeder weiß, daß es dort sicher ist. In der Versammlung hört man sich eine Schimpfrede auf Breitner an, klatscht Beifall, und am nächsten Tag trägt man sein Geld zu ihm in die Sparkasse. Und man tut gut daran.«

Wirtschaftsexperten könnten unschwer nachweisen, daß sich da eine sehr einfache Rechnung aufstellen ließ – die Stadt Wien betrieb eine Politik, die Anteile an allen möglichen, auch privaten Betrieben übernahm, die Monopole suchte und die in jedermann den sicheren Eindruck erweckte, er habe es mit einem so gigantischen wie unerschütterlichen Unternehmen zu tun. Während zur gleichen Zeit die keineswegs rote Bundesregierung einbekennen mußte, daß die Schulden der Republik enorm waren und die Hilfsmittel aus dem Ausland unter drückendsten Bedingungen aufgenommen werden mußten. Auf dem Hintergrund der Wirtschaftslage der Republik sah die Situation der Stadt Wien erst so richtig zukunftsorientiert und sicher aus.

Ganz sicher ist, daß die Männer der ersten Stunde im roten Rathaus Idealisten waren und miteinander arbeiteten, um eine Stadt zu retten und umzubauen. Ganz sicher ist, daß sie Weitblick und soziales Verständnis hatten und nicht bereit waren, Konzessionen zu machen. Ganz unbestritten auch, daß sie alle, denen jetzt Straßen und Plätze gewidmet sind, integre Persönlichkeiten waren, denen Wien bis auf den heutigen Tag zu danken hat. Die ersten Stadträte, was für Männer waren sie doch! Und das nicht nur im Streit gegen die mißtrauischen Vertreter der Bundesländer, sondern vor allem in ihrem Enthusiasmus für ein Wien, das in einer beinahe ausweglosen Situation war. So muß man selbstverständlich auch zugeben, daß es notwendig war, dem privaten Unternehmertum starke städtische Betriebe entgegenzustellen und alle Großvorhaben mit Nachdruck unter Aufsicht zu halten. Unvorstellbar, was geschehen wäre, hätten die Christlichsozialen ihre Programme realisieren und alle notwendigen Maßnahmen unter Rücksichtnahme auf einzelne Betriebe oder deren Eigentümer durchführen können.

Wahr ist freilich auch, daß insgeheim anno dazumal dies schon erkannt worden ist, daß sich die großen Diskussionen zwar mit Heftigkeit in aller Öffentlichkeit abspielten, daß aber auf dem wirtschaftlichen Sektor eine gewisse Zusammenarbeit doch gegeben war. Nolens volens fügte man sich ein und machte seine Geschäfte auch mit dem roten Wien.

Eine einigermaßen neutrale Quelle für Auskünfte über die Handelsstadt Wien? Nun, auch die gibt es. Sie schreibt 1923: »Wiens wirtschaftliche Beziehungen zu den ehemaligen österreichischen Ländern und jenen der ungarischen Krone, den nunmehrigen Nachfolgestaaten, sowie zu dem Südosten Europas, bilden denn auch das wertvollste Aktivum, das es aus dem Zusammenbruch der Monarchie in die Gegenwart zu retten vermocht hat, wie die nachfolgende, nach den maßgebenden Ländern zergliederte Handelsbilanz für das erste Halbjahr 1922 beweist.«

Und die Reihung der Staaten, mit denen man Handel trieb, ist relativ normal: Deutsches Reich, Tschechoslowakei, Ungarn, Jugoslawien, Italien . . .

Und weiter im Zitat, wir finden bei dieser Gelegenheit auch gleich andere Themen, die man nicht vernachlässigen kann: »Der Wiener Handelsstand weist seiner nationalen Zusammensetzung nach, besonders im Großhandel, eine auffallend geringe Beteiligung der autochthonen Bevölkerungselemente auf, die zum Teil darauf zurückgeführt werden kann, daß, soweit eine Verallgemeinerung wissenschaftlich überhaupt zulässig ist, der von warmer Sinnesfreude erfüllte Österreicher dem Idealtypus des kapitalistischen Unternehmers ziemlich ferne steht. Diese Begründung allein wäre jedoch nicht hinreichend, sie erfährt vielmehr ihre Ergänzung durch ein kulturgeschichtliches Moment. Bis in die jüngste Vergangenheit hat in den maßgebenden österreichischen Gesellschaftsschichten die ritterlich-katholische Weltanschauung geherrscht und die fähigsten Elemente insbesondere von der Betätigung im Handel abgehalten. Sie bildet ungefähr das Gegenstück zu Calvinismus und Judaismus, deren befruchtende Wirkung auf das kapitalistische Unternehmertum von Max Weber und von Werner Sombart nachgewiesen worden ist.«

Eine Begründung, die man einerseits als pure Schmeichelei, anderseits als leise antisemitisch, wie man's in Wien immer gern hatte, bezeichnen muß. Noch ein Zitat? »Die kriegerischen Ereignisse und die politischen Unruhen in Osteuropa haben diesen Zustrom noch verstärkt. Tausende galizischer Juden und ungarischer Auswanderer sowie Angehörige Rußlands und der Balkanstaaten haben die Gastfreundschaft Wiens in Anspruch genommen, sich zum Großteil dauernd hier niedergelassen und damit, mögen ihre Geschäfte auch oft recht zweifelhafter Natur gewesen sein, doch die Beziehungen zu Ost- und Südosteuropa noch verdichtet.«

Zwischendurch die Quelle: Das Buch heißt »Neu-Österreich«, war von einem Holländer in Auftrag gegeben und von vielen Experten aller Couleurs geschrieben. Es nahm Tendenzen auf, die in der Stadt, im Land spürbar waren, und wenn der eine oder andere Leser auch den Antisemitismus als eine spürbare Tendenz bezeichnen möchte, so ist er von der geschichtlichen Wahrheit nicht gerade entfernt. Die Situation Wiens aber wurde in einem derartigen Buch Jahre nach dem erzwungenen Friedensvertrag klar und deutlich geschildert – liest man nach meinem Sinn, dann müßte man sich jetzt noch einmal rasch den Leitartikel der »Neuen Freien Presse« aus dem Oktober 1918 hernehmen und begreifen, daß er von Autoritäten 1923 bestätigt wurde.

»Nach dem Weltkriege der Weltfriede, dies war die weltgeschichtliche Aufgabe dieser Friedenskonferenz! Die Neuordnung eines zerfleischten Weltteiles nach großer, einheitlicher Konzeption war die Mission der Friedensdelegierten. Haben sie ihre Mission erfüllt? Die Früchte ihrer Tätigkeit sind auch nach drei Jahren nicht genießbar geworden; sie schmecken bitter für Sieger, Besiegte und Neutrale. An Stelle einer Großmacht setzte man sechs Ohnmächte, an Stelle einer festen Mauer eine Reihe Theaterkulissen. Stacheldrähte der Grenzen, verhinderter Güteraustausch, erschwerter Personenverkehr, Arbeitslosigkeit, Bodendemelioration, sind die immer deutlicher hervorkommenden Wirkungen dieses Friedenswerkes; dazu steigende Rüstungen, Söldnerheer, Bandenbildung, nationale Exzesse, Niedergang der Bildungsstätten von der Volks- bis zur Hochschule, allseitige Verarmung, dies alles ergibt sich als selbstverständliche Auswirkung eines rein mechanischen, von geistigen Gesichtspunkten absehenden Lösungsversuches – es ist das gemeinsame Elend aller Sukzessionsstaaten. Wenn die Schöpfer dieses Friedens ihr Werk in der bisherigen Weise auswirken lassen, dann ist die Frage unvermeidlich, ob nicht aus den enttäuschten Völkern sich dunkle Gewalten herausheben werden, die den an ihnen verübten Verrat mit Zerstörung alles dessen beantworten werden, was noch geblieben ist.«

So bitter urteilte man 1923, wenn Österreich befragt wurde, was aus dem Frieden von Saint-Germain geworden war. In dieser allgemeinen Stimmung war man, und der Kontrapunkt, der in Wien immerhin auch zu spüren war, wird in den folgenden Kapiteln schon noch aufgezeigt.

Es gab das rote Wien, das daranging, Arbeiterwohnungen zu bauen, das eine Arbeiterkultur erhoffte, das soziale Leistungen für alle erstrebte, das gleichzeitig zu erhalten suchte, was man in Wien immer hochgehalten hatte – die Pflege der Wissenschaft, die Leidenschaft für die Kunst, die Sorge für die alten Güter. Es gab ein unendlich aufregendes und vielschichtiges Wien, und es wurde weiterhin nicht provinziell gedacht in der Stadt. Man konnte die Vergangenheit nicht so rasch leugnen, man war noch immer eine Metropole.

Daß man das Umland verloren hatte, war offensichtlich. Doch es wurde auch nicht einfach resignierend zur Kenntnis genommen. Um einen Vergleich zu wagen, der mit dem roten Wien bisher noch niemals angestellt worden ist: Manchmal gibt's auf dem Land prachtvolle Sakralbauten, die scheinbar verloren in der Gegend stehen, die über alle Proportionen hinausragen und deren Titel aus einer völlig anderen Zeit sind. Ihre Bedeutung hat sich sehr verändert, doch ihre einstige Größe ist nicht zu leugnen.

Das neue, das rote Wien konnte und wollte nicht leugnen, daß es ehedem ein kaiserliches Wien gewesen war und daß noch viele Wiener lebten, die dieses kaiserliche Wien gekannt und geliebt hatten.

Architektur: Trutzbauten des Roten Wien

Das einzige Feld, auf dem die Sozialdemokraten den früheren christlichsozialen Verwaltern Wiens unbedingt überlegen sind, ist die Handhabung der Reklametrommel, die ihr Eigenlob in alle Welt hinausdröhnt. Ungeheure Summen fließen aus den bürgerlichen Steuergeldern in den Rathauskassen zusammen. Es ist selbstverständlich, daß man diese Summen nicht unterschlägt, sondern für den Ausbau der Stadt verwendet. Es ist selbstverständlich, daß man diesen Ausbau nach dem neuesten Stand der Technik und nach dem Vorbild anderer Großstädte durchführt. Aber es ist nicht selbstverständlich, daß dieser Ausbau, mit dem Bürgergeld bezahlt, vor allem der marxistischen Propaganda dienen soll.«

Wir werden ausnahmsweise noch ein paar Zitate aus den beinahe verschollenen, jedenfalls nicht wieder aufgelegten und amtlicherseits zitierten Propagandaschriften der »Gegenseite« verwenden müssen. Denn schließlich geht es ja um das »Neue Wien«, von dem berichtet werden muß, und immerhin hat es durch Jahre auch diesen Standpunkt gegenüber einer Anzahl von Erneuerungen in der Stadt gegeben. Und ein Körnchen Wahrheit muß man auch im Standpunkt dieser weiterhin in der Opposition befindlichen bürgerlichen Bevölkerung Wiens zu finden hoffen.

Man stoße sich nicht am Ton, man schreie nicht von alten Geschichten, die nicht mehr aufgewühlt werden sollen, und man verweise mir vor allem nicht die Frechheit, im Abschnitt über die Wiener Architektur und bildende Kunst auch Politik zu machen. Die Wiener Architektur und bildende Kunst nach 1918 ist eine politische gewesen und wurde von allen Wienern auch so verstanden. Soll man das heutzutage verschweigen?

Vergessen wir die Ausgangssituation nur nicht. Nach 1918 war Wien eine Stadt, die einen Weltkrieg lang zwar Elend, gewiß aber keine Bedrohung ihrer Bausubstanz zu verspüren bekam. Wenn man von Straßenbildern aus den letzten Kriegsmonaten liest und von den düsteren Farben, dann handelt es sich allemal um Zustandsschilderungen und um Charakterisierungen. Wien, das in anderen großen Perioden seiner Geschichte immerhin gewaltige und oft furchtbare Schäden an Bausubstanz hinnehmen mußte, blieb vom Ersten Weltkrieg völlig unangetastet. Kein Ziegelstein war durch Kriegseinwirkung von seinem Platz gestoßen worden. Wien sah 1918, wenn man's einmal vom Standpunkt der Architekten sieht, ganz so aus wie 1914.

Um es noch einmal zu wiederholen und Mißverständnisse auszuschließen: Als 1848 Windischgrätz das aufständische Wien für seinen Kaiser zurückeroberte, da gab es arge Verluste in den Vorstädten, und in der Wiener Innenstadt gab's noch im allerletzten Augenblick Zerstörungen an öffentlichen Gebäuden. Als 1945 Wien befreit war, gab es mehr als einen Straßenzug, den man nicht wiedererkannte, waren charakteristische Ensembles für immer abzutragen, lagen rund um den Stephansdom die Häuser in Schutt und Asche, war die Staatsoper ausgebrannt, fanden sich jedoch alsbald auch Architekten, die sogar von einer nie wiederkehrenden Chance, der Stadt ein neues Bild zu geben, schrieben. Daß sie mißverstanden wurden, daß man damals aus vielen Gründen vom Wiederaufbau, nicht aber von einer Neugestaltung sprach und danach handelte, läßt sich erstens konstatieren und zweitens an Hand von vielen Beispielen auch betrauern. Ganz anders aber war die Situation, als ein Weltreich in Trümmer zerfiel und 1918 die Republik Deutschösterreich ausgerufen wurde. Da hätte sich das für das Land viel zu groß gewordene Wien unter Umständen auch mit einer Fassadenaktion zufriedengeben können – und es wäre immer noch eine große, einst kaiserliche Stadt mit allen den imperialen Zügen gewesen.

Und um auch dieses Mißverständnis erst gar nicht aufkommen zu lassen: Daß ein sozialdemokratisch geführtes Wien neue Arbeiterwohnungen schaffen mußte, wird auch an dieser Stelle als völlig selbstverständlich und notwendig begriffen und nicht im nachhinein verteufelt. Daß Substandardwohnungen nach damaligen Begriffen etwas anderes waren als Substandardwohnungen nach unserem heutigen Verständnis, unterliegt keinem Zweifel. Daß Abhilfe zu schaffen war, bestätigen die Dokumente von Rot und Schwarz.

Von diesem Standpunkt aus aber gehen die Dokumentationen und die weiteren Dokumente schon recht auseinander. Und wenn's einem auch schwerfällt und man selbst den einen oder anderen Satz als heftige Parteipolemik nicht sehr ernstgenommen wissen will – ganz darf man auf die Ansichten der Exponenten des bürgerlichen Lagers nicht vergessen, und ganz soll man den Mitteilungen des durch die Jahrzehnte immer noch »roten« Wien nicht trauen.

Ein Beispiel für die zuletzt aufgeschriebene Behauptung. Liest man oberflächlich über die Wohnbauten der Gemeinde Wien in den Jahren nach 1918, dann bleibt einem sofort im Gedächtnis, daß Adolf Loos, der Revolutionär zu Kaisers Zeiten, der Gefährte eines Karl Kraus, der lang verkannte Architekt, zu den Experten zählte, die für die Gemeinde Wien arbeiteten. Das hat man oft gehört und nachgelesen und als einen klaren Nachweis der Aufgeschlossenheit der sozialdemokratischen Stadtväter genommen.

Ganz so aber war's selbstverständlich nicht. Adolf Loos, der eine große Chance für seine Ansichten von Arbeitersiedlungen sah und unzählige Skizzen über Anlagen nach britischen Vorbildern und eigenen zukunftsweisenden Ideen vom Leben anbot, wurde von seinen Auftraggebern nicht ernst genommen. Der revolutionäre Architekt resignierte schließlich und befaßte sich angesichts der Entscheidung der

Gemeinde, Wohnblöcke, Zinskasernen im neueren Stil zu bauen, wieder mit privaten Aufträgen, die ihm freilich nur von den Exponenten des bürgerlichen Lagers angeboten werden konnten. Gewiß, er war Konsulent des sozialdemokratischen Wien gewesen. Doch dieses war seinen Ratschlägen absolut nicht gefolgt und schmückt sich bis auf den heutigen Tag zu Unrecht mit dem Namen, der jetzt international anerkannt ist und ein Symbol für Fortschritt . . .

Muß man angesichts dieser offensichtlichen Korrektur der Geschichte nicht auch das Recht, nein, die Verpflichtung haben, bei einem Hinweis auf den großartigen kommunalen Wohnbau nach 1918 die diversen Einschränkungen anzubringen, für die man immerhin auch seine Zeugnisse hat?

Ohne allzu große Sympathie für einen Anonymus scheint mir das eine oder andere Zitat doch auch aus einem Pamphlet »Ignaz Seipel, Der Herr über den Vulkan« angemessen. Nicht dort, wo scharf über Politik geschrieben wird, aber doch dort, wo eine immer wieder geleugnete Komponente der Wohnbaupolitik des roten Wien überdeutlich beschrieben wird. Für »Sozius« sind die großen kommunalen Wohnbauten nicht richtungsweisend, sondern »Wohnhügel aus Stahl und Stein, architektonische Kompromisse zwischen Zwangsanstalt, Narrenhaus und Armenhaus« und diejenigen verblendet, die zu berauscht sind, »zu erkennen und zu begreifen, daß diese Riesenbauten in ihrer knalligen Pracht nur eine nackte, schrankenlose Verhöhnung des Marxismus darstellen«, diese »rot bemalten Zitadellen, scheinbar für die Ewigkeit gebaut, die Ausfallstore für die große proletarische Armee«.

Habe ich es endlich doch übers Herz gebracht und noch vor der Bewunderung, die man später in dem Artikel auch finden wird, einmal die heftige politische Kritik angebracht, die bis heute nicht widerlegte Darstellung der großen kommunalen Wohnbauten als Wehrhöfe der neuen Klasse, nach einem strategischen Konzept hingestellt und wenigstens so absichtsvoll loziert wie einst die Kasernen, die der Friedenskaiser in und um seine Hauptstadt bauen ließ?

Architekturkritiker, die heute über die großen Wohnhöfe zu schreiben haben, bezeichnen sie als Demonstrationen. Und mit dem Abstand, den

Clemens Holzmeister, aus Tirol gebürtig, mit seinem Entwurf für das Wiener Krematorium über Nacht eine Autorität, wurde der große Lehrmeister nach Otto Wagner. Seine »Schule« baut die Gegenwart.

sie von der Entstehungszeit gewinnen, verlieren sie die Scheu, zum Ausdruck zu bringen, daß die überdimensionierten Wohnblocks, Gemeindebauten, keine wirklich neue Architektur darstellen, sondern nur Übersetzungen uralter Prinzipien sind. Sie schreiben es trotzdem nur selten deutlich nieder, das Verhältnis von Architekten zu politischen Bewegungen ist immer diffizil gewesen und hat sich wenigstens in unserem Jahrhundert nicht verändert: Immer sind es die mächtigen politischen Gruppierungen, in denen Architekten entweder den Bauherrn oder den bösartigen Verhinderer sehen. Und immer geht es um Aufträge oder um den nicht erhaltenen Auftrag. Und immer sind auch Architekten, die Aufträge erhalten, insgeheim unglücklich darüber, daß sie viel zu viele »Auflagen« haben und niemals die Möglichkeit, einmal aus eigener Kraft ihre eigenen Vorstellungen vom Bauen zu realisieren. Vielleicht erklärt das, warum man in allen Darstellungen aus der Zeit recht überein-

Detailansicht eines Monuments des »Roten Wien« – der Karl-Marx-Hof, eine Arbeiter-Burg, wobei auch der Ausdruck »Burg« seine volle Berechtigung hatte, wie sich 1934 erwies.

stimmend positive Urteile findet – und auch die ausdrücklich bürgerlichen Architekten keine flammenden Proteste formulierten, sondern alle Anklagen ihren Parteileuten überließen. Zum Beispiel Clemens Holzmeister, den man beileibe nicht als einen Architekten des roten Wien sehen kann, der aber noch in der Ersten Republik eine Zusammenfassung über die Bautätigkeit in der Stadt niederschrieb – und das nach 1934, als er wahrlich nicht mehr besorgt sein mußte, eines Artikels wegen in Gefahren irgendwelcher Art zu geraten.
Immerhin gibt's durchaus ernst zu nehmende Stimmen aus allen Lagern, die den großen Wiener Kommunalbauten mehr als eine Funktion zuschrieben, und man kann beruhigt auch eine Rückschau »Sozialismus in Österreich« zitieren, die von der Partei gebilligt wurde. »Wenn auch einzelne Gemeindebauten, wie der Karl-Marx-Hof, der Goethe-Hof und Sandleiten, bei den Februarereignissen von 1934 eine bedeutende Rolle gespielt haben, so muß doch der Vorwurf, die Gemeindebauten hätten samt und sonders der Bürgerkriegvorbereitung gedient, zumindest als maßlos übertrieben zurückgewiesen werden.« Hat einer einmal ein Dementi gelesen und liest er diesen Satz in Ruhe ein zweites Mal, so kann er sich ja aus einer nicht mehr maßlos übertriebenen Version zurechtzimmern, daß einzelne Gemeindebauten in der Lokation und Anlage im

Hinblick auf einen gewiß nicht herbeigesehnten, jedoch ins Kalkül gezogenen Bürgerkrieg entstanden sind. Und wo es nicht um Bürgerkrieg ging, dort ging es zweifellos um Wählerstimmen, wenigstens das wird der Leser, so er die Wiener Mentalität kennt, ohne Zweifel annehmen.

»Daß die sozialdemokratische Gemeindeverwaltung aber mit ihrem Wohnbauprogramm auch ein strategisch-politisches Konzept verfolgte, kann aus diesem Programm selbst abgelesen werden. Der Schwerpunkt des Wohnbauprogramms lag in den äußeren Bezirken 11 bis 21. Die inneren Bezirke wurden eher vernachlässigt. Es ging darum, in bestimmten Gebieten den Anteil an sozialdemokratischen Wählerstimmen zu stärken. In der Zeit von 1919 bis 1926 waren in den inneren Bezirken 3723 Wohnungen gebaut worden, und 4520 befanden sich in Bau; in den äußeren Bezirken aber waren es in der gleichen Zeit 10.376 fertige und 11.227 im Bau befindliche Wohnungen. Ein Paradebeispiel für diese These ist der 2. Wiener Gemeindebezirk. Er war unter den inneren Bezirken der bevorzugte für den Wohnbau. Dort stieg der sozialdemokratische Stimmenanteil von 40,3 Prozent im Jahre 1919 auf 61,02 Prozent im Jahre 1927.«

Aber auch für die oben angedeutete Ansicht der Architekturkritik gibt es aus längst vergessenen Büchern schon Belege und Nachweise, daß nicht erst ein Nachfahre dieser Zeit so urteilt.

»Mit ihren weiten Höfen und Grünanlagen ordneten sich diese Wohnbauten in eine Bautradition ein, die seit dem Barock hier heimisch war. Anderseits waren diese mächtigen Anlagen, die sich bisweilen wie Trutzburgen ausnahmen, Ausdruck proletarischen Selbstbewußtseins, um nicht zu sagen proletarischer Machtgesinnung. Der Stolz der österreichischen Sozialdemokraten auf ihre Leistung in der Wiener Stadtverwaltung war hier Stein geworden, hatte sich selbst ein Denkmal gesetzt.«

Jeder, der von Architektur etwas hält und der den Wohnbau als ein Indiz für die Gesinnung einer Stadtverwaltung begreift, muß hier etwas verweilen und sich die Situation in Wien in Erinnerung rufen. Sie schien den Zeitgenossen nicht einmal so triste; am besten ist's, hier wenig Kommentar und sehr viel Zahlenmaterial anzu-

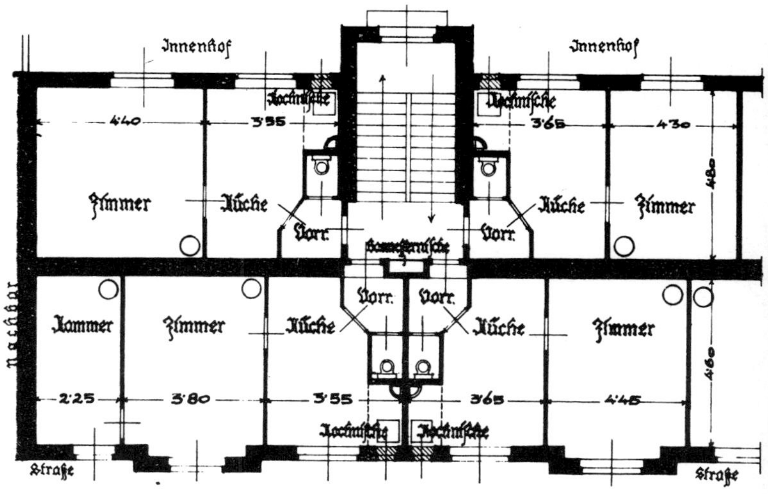

Architekturskizze: Kleinwohnungen nach – 1919 – idealen Vorstellungen: mit »Wasser innen«.

Folgende Doppelseite: Bulgarischer Schuhputzer, 1923.

bieten. 1917 waren 73 Prozent aller Wiener Wohnungen Kleinwohnungen von durchschnittlich 28 Quadratmeter Wohnfläche. Nur acht Prozent aller Wiener Wohnungen hatten die sanitären Anlagen zur ausschließlichen Nutzung der Wohnungsinhaber; alle anderen mußten über den Gang, an der berühmt gewordenen »Bassena« vorbei und hatten mit mehreren Hausparteien zu teilen. Nur sieben Prozent aller Wohnungen hatten einen eigenen Wasseranschluß, mußten also nicht die Bassena benützen. Nur 2,3 Prozent der Wiener Wohnungen waren groß genug, um ein eigenes Vorzimmer aufweisen zu können – nicht einmal die sprichwörtliche »Zimmer-Kuchl-Kabinett-Wohnung« war in der Masse vorhanden, der Großteil aller Wohnungen bestand einfach aus Küche und einem Zimmer, und auf einem Raum, den man heute keinem Junggesellen als Maisonette zumuten würde, lebten kinderreiche Familien, die zusätzlich Geld verdienten, indem sie einen Untermieter hatten, der das eine oder andere Bett tagsüber benützen durfte. Wer nachlesen will, wie ungezählte Wiener in den ersten Jahrzehnten des zwanzigsten Jahrhunderts lebten, dem sei die Lektüre einiger Reportagen des Karl Tschuppik empfohlen, die voll Mitleid, doch wahrlich nicht zu grob gezeichnet, die Situation in großen Wohnanlagen alten Stils – etwa bei der Landstraßer Hauptstraße – aufzeigten. Tschuppik, er kommt in unseren Bemerkungen über die Literatur selbstverständlich vor . . .

Der Geschmack der »Wiener Werkstätte«, von Propheten wie Adolf Loos heftig angegriffen, war doch für lange Zeit der Geschmack der Wiener.

Die Wohnbauprogramme der Stadtverwaltung klangen revolutionär. Sie setzten sich Ziele, die uns vielleicht wiederum gering erscheinen, die damals aber allgemein als kaum erreichbar schienen. Für eine Zimmer-Küche-Wohnung nahm man als notwendige Größe 35 bis 38 Quadratmeter an und wußte, daß darin vielköpfige Familien unterkommen würden. Zimmer, Küche und Kabinett sollten nach dem neuen Konzept 45 Quadratmeter haben und nach Möglichkeit auch alle Installationen in der Wohnung selbst.

Ein Großteil der Ideen eines Adolf Loos, der durchaus versuchte, in seinen Wohneinheiten nicht viel Platz zu verbrauchen, der aber auf eine klare Trennung zwischen dem Wohn- und dem Schlafbereich drängte, wäre mit diesen Vorgaben gar nicht zu realisieren gewesen. Und alle Ideen, die noch von wenigen Quadratmetern eigenem Garten bis hin zu Grünlandschaften sprachen, waren unter diesen Umständen einfach zu vergessen.

Was die architektonische Gestaltung der somit recht zwingend vorgeschriebenen Wohnburgen anlangt, so wurde sie zum Großteil Architekten überlassen, die alle aus der Schule Otto Wagners hervorgegangen waren – Baurat Wagner freilich, an dessen großen Konzepten und Bauten man sich bis heute nicht sattsehen kann, war ein Mann der großen Dimensionen und eines Stils, der zum Beispiel nach der Ansicht eines Adolf Loos nicht nur veraltet, sondern auch völlig funktionslos war. Die meisten seiner Schüler, die zu Aufträgen kamen, erwiesen sich als seine Gesinnungsfreunde und verstanden Loos wahrlich nicht. Wer genau hinsieht, findet in all den großen Kommunalbauten den Duktus, der von Wagner schon zu Kaisers Zeiten für die Stadt vorgeschrieben worden war.

Zwar darf man nicht vergessen, daß Loos und Josef Frank wenigstens Gelegenheit erhielten, Siedlungen am Stadtrand als Muster hinzustellen. Aus aller Welt pilgern die jungen Architekten heute noch in diese Gegenden und wundern sich, warum der Wiener selbst sie entweder nicht kennt oder durch unzählige Anbauten nicht rein erhalten hat. Doch in Prozentzahlen sollte man den Anteil, den diese Bauten an dem großen Vorhaben der Stadtverwaltung hatten, nicht ausdrücken wollen, man käme auf eine zu beschämende Zahl.

Vielleicht ist's besser, einen unverdächtigen Zeugen die Geschichte dieser Bautätigkeit erzählen zu lassen. Clemens Holzmeister, sein ganzes Leben lang ein Parteigänger der Konservativen und also mit der Arbeit der Gemeinde Wien im Herzen gewiß nicht einverstanden, hat 1929 in einer Broschüre, die nicht von der Wiener Stadtverwaltung herausgegeben wurde,einen Rückblick geschrieben.

»Ein Ausblick auf das Gebiet des neuen Bauens aber belehrt den Betrachtenden bei einer gewissen Gleichartigkeit in der Erscheinung der aufgeführten Wohnbauten – und um solche handelt es sich ausschließlich – bald, daß es sich hier um ein in solchem Umfange nie dagewesenes großzügiges Werk eines Gemeinwesens handelt, das in seiner finanziellen sowie baulichen Leistung imponieren muß. Gleichwohl melden sich Zweifel und stehen Fragen auf: Warum vor allem diese Aufeinandertürmung von Wohnungen, in riesenhaften Kasernen, anstatt Flachbaus in weitem Gelände, und warum diese Aufteilung der Wohnbauanlagen auf fast sämtliche Wiener Bezirke anstelle einer großzügigen Neuanlage eines ganzen Stadtviertels, die nach den modernen Errungenschaften des Städtebaues in Straßen und Plätzen eingeschlossen, ein überaus wirksames Gesamtbild einer großzügigen Unternehmung ergeben hätte?! . . . Nicht nur, daß es an einem zur Aufnahme eines Stadtviertels von solcher Ausdehnung geeigneten Gelände gefehlt hat, werden hauptsächlich Gründe wirtschaftlicher Natur ins Treffen geführt . . . Wenn man nun etwa gar daran gedacht hätte, das vorliegende immense Bauprogramm durch Errichtung von Siedlerhäusern zu bewältigen, so wären die Ansprüche auf Grund und Boden und auf die oben erwähnten Einrichtungen (Straßen, Verkehrsmittel, Verwaltungsgebäude etc.) ins Ungemessene gewachsen . . . Die Gemeinde Wien hat auf dem Gebiet des Flachbaues immerhin eine Reihe von Musterbauten aufgeführt und hat besonders in letzter Zeit zu vier und acht Familien gekuppelte Wohnhäuser errichtet, die einen glücklichen Ausgleich zwischen Wohnkaserne und Einfamilienhaus darstellen . . . Es muß nun vor allem anerkannt werden, daß nach dem nun einmal gewählten Prinzip des geschlossenen Hochbaues das Möglichste getan wurde, um das Wohnen in diesen Anlagen menschenfreundlich zu gestalten. Bei der Anlage größerer Wohnblocks wurden vor allem die Höfe, die nun gemeinsam 50 Prozent des vorhandenen Baugrundes ausmachen, zu einem gemeinsamen Garten vereinigt. In diesen Höfen gibt es je nach der Größe der Anlage Spielstätten oder Planschbekken für Kinder, aber auch Baulichkeiten für die Kinder- und Mütterfürsorge, modernst eingerichtete Badeanstalten und Wäschereien.«

Nicht, daß wir aus dem Beitrag Holzmeisters völlig neue Gesichtspunkte ziehen können. Aber: Daß Holzmeister, der seine Zusammenfassung für eine Festschrift des Gesamtverbandes schaffender Künstler in Österreich schrieb, sich den Argumenten der Bauherren, des roten Wien also, anschloß und diese Argumente auch veröffentlichen konnte, läßt eine doch etwas andere Atmosphäre aufkommen als die völligen Kampfes zwischen hüben und drüben. Denn der Gesamtverband war ja, man ersieht es aus einer Zusammenstellung der Herren Präsidenten und Vorsitzenden, alles andere als ein Organ des roten Wien, er war sehr im Gegensatz dazu eine Vereinigung der völlig konservativen künstlerischen Kräfte des Landes.

Und diese, man kann's wohl am ehesten am Beispiel der Herren Architekten nachweisen, hatten gute oder zumindest einigermaßen kollegiale Beziehungen zu denjenigen, die sich aus Gesinnung oder Interesse an die Gemeinde Wien und an die Sozialdemokratie ausgeliefert hatten. Ähnliches wird auch für die Literaten nachzuweisen sein, auch da sprach man miteinander und war längst nicht so weit voneinander entfernt, wie sich's der Leser heute vorstellen würde. Bei aller Bürgerkriegsstimmung, die in diesem Buch nicht geleugnet werden kann und deren Phasen wir ja mehr als einmal andeuten – die Künstler nahmen Partei für eine Partei, bezogen aber nur äußerst selten Stellung gegeneinander. Es blieb der Zeit nach 1938 vorbehalten, auch auf diesem Gebiet eine völlige und sozusagen menschenunwürdige Situation zu schaffen und Gräben aufzuwerfen, über die hinweg nicht einmal Gutwillige einander noch die Hände hätten reichen können.

Holzmeister schreibt, das ist noch zu zitieren, beinahe ein Lob auf die Bauherren: »Das Gesicht, das nun alle diese Wohnanlagen bekommen haben, läßt wohl auf den ersten Blick erkennen, daß die Stadtverwaltung einer überaus großen Anzahl von frei schaffenden Architekten die Möglichkeit zur freien Betätigung gegeben hat. Daß auch die aus rationellem Bauen entstandenen Typen an Fenstern, Türen und sonstigem immer wiederkehrendem und so neben der frei schaffenden Hand des Architekten auch die starke Führung des Stadtbauamtes erkennen lassen, ist begreiflich, bindet aber naturgemäß den Architekten in vielleicht zu starker Weise.«

Und noch ein Absatz.

»Bei der Beurteilung dieser vielen Möglichkeiten, die Aufgabe in wirklich modernem Sinne zu lösen, scheint mir, werden jene einmal recht behalten, die in sachlicher Weise an das Problem herangegangen sind und reine Formen ohne Rücksicht auf einen kleinbürgerlichen Geschmack gesucht haben. Hier wird das System der Massenwohnung durch nichts kaschiert, der gleichmäßige Rhythmus, der im Wesen der Anlage liegt, betont, die Dachwirkung, die bei allen vorgenannten noch eine ziemliche Rolle spielt, ausgeschaltet und von jedem Ornament abgesehen . . . Jedenfalls darf mit Genugtuung konstatiert werden, daß die Aufgabe als solche

Der Wiener Wissenschaftler und Komponist Egon Wellesz erinnert sich seines Hauses in der Kaasgrabengasse: »Wir lebten seit 1913 in Grinzing. Emil Hertzka, der Direktor der Universal Edition, hatte in der Kaasgrabengasse ein Wohnhaus mit weiten Gründen, auf denen seine Frau eine Gartenbauschule errichten ließ. Sein ursprünglicher Plan war es, von einem berühmten Architekten Einfamilienhäuser für Musiker bauen zu lassen. Als sich dies aber nicht ermöglichen ließ, trat Hertzka auch mit einigen anderen Freunden in Verbindung, die mit Freude auf seinen Vorschlag eingingen. Die Häuser wurden, nach dem Vorbild der Kolonie in Hellerau bei Dresden, von Josef Hoffmann gebaut und hatten schöne Gärten. Als wird uns dort ansiedelten, war alles noch ländlich. ›Der Kaasgraben‹ – angeblich der ›Gaisgraben‹, in dem das Wien belagernde türkische Heer die Ziegen hielt – lag inmitten von Wiesen und Weinbergen. Hier begannen die letzten Berge der Alpen sich in Hügel aufzulösen, den Kahlenberg und den Leopoldsberg, auf dem die Burg der Babenberger, der Herzöge von Österreich, stand. Auf der nächsten Anhöhe lag der Friedhof, auf dem Gustav Mahler begraben ist. Ein Feldweg führt nach Heiligenstadt, wo die Beethovenhäuser liegen, ein anderer zum Bach der Pastoralsymphonie.«

von den Architekten immer mehr erkannt wird und in heißem Ringen allmählich zu kristallischer Form emporwächst. So bildet dieses in so kurzer Zeit durchgeführte und noch durchzuführende Wohnbauprogramm der Gemeinde Wien gleichzeitig ein Dokument ehrlichen und eifrigen Ringens um die neue Form in neuer Zeit.«

Sortiert man die Bekenntnisse zum kommunalen Wohnbau in der Ersten Republik, die heute nachgedruckt und zitiert werden, so fehlen diese Worte Holzmeisters immer noch – es scheint, die Verantwortlichen haben bisher nicht einmal denken können, daß auch ein Mann der Rechten so vorurteilsfrei, so anerkennend über die Bautätigkeit der Gemeinde Wien geschrieben hat. Wer solches außer acht läßt, der reduziert aber die Gegensätze im Bauvorhaben in Wien in der Zwischenkriegszeit auf eine allzu simple Auseinandersetzung zwischen den Gemeindebauten und den höchst attraktiven Revitalisierungsmaßnahmen, wie sie die Reichen entweder an den von ihnen erworbenen Palais oder an »ihrem« Theater in der Josefstadt vornehmen ließen. So aber stellt sich die Szene wenigstens heute nicht mehr dar, zwischen diesen großen Gegensätzen gab's auch noch andere Möglichkeiten, in der Ersten Republik zu bauen und zu wohnen, und auch die sollen nicht vergessen werden.

Trotzdem, das Stichwort Theater in der Josefstadt ist schon gefallen, und wenn hier nebstbei auch gleich noch einmal daran erinnert werden darf, daß die Großstadt Wien anno dazumal eine Serie von respektablen Theaterbauten hatte, die alle erst nach dem Zweiten Weltkrieg und infolge geringer gewordener Nachfrage nach Theatervorstellungen abgerissen wurden, dann ist das hoffentlich der rechte Platz: Wo unsereins mit Zufriedenheit zur Kenntnis nimmt, daß aus nicht mehr gebrauchten Kinos sogenannte Mittelbühnen entstehen, dort muß sich unsereins auch erinnern, daß in Wien nicht während der Kriegsereignisse, sondern erst nach 1945 die Scala, das Bürgertheater, das Stadt-Theater, das Johann-Strauß-Theater zugrunde gegangen sind und hier wieder nicht alle Bühnen aufgezählt wurden. Im Falle des Theaters in der Josefstadt freilich handelt es sich um etwas völlig anderes, da wurde vom reichen Wien der Zwischenkriegszeit kein wirklich neues Theater erbaut, sondern ein bestehendes, abgelebtes, traditionsreiches Haus von Grund auf neu gestaltet. Und zu einem Symbol gemacht, das es bis auf den heutigen Tag auch geblieben ist.

Die Geschichte dieses Theaters ist bekannt? Trotzdem muß sie in ein paar Reminiszenzen hier ihren Platz finden. Wenn man von Archi-

Südseite der Loos-Häuser in der Wiener Werkbundsiedlung. 1932.

tektur und einer gewissen Haltung zu Architektur im Wien zwischen 1918 und 1938 berichten will, dann ist nicht zu verheimlichen, daß es einem Max Reinhardt gelang, in einer angeblich zu groß gewordenen Stadt mit einer wahrlich großen Anzahl von Bühnen in einer wirtschaftlich gefährlichen Zeit ein neues Theater zu erschaffen.

Der im Reich des Kaisers geborene Schauspieler und Regisseur gehört zu den großen Persönlichkeiten, die im vielgepriesenen Berlin der zwanziger Jahre längst alle Positionen und Funktionen gehabt hatte, die er wollte – ihn zog es sehr ausdrücklich nach Wien zurück, er spielte erst im Redoutensaal, er ließ sich indirekt immer wieder dem Burgtheater anbieten, er begriff schließlich, daß man ihn an der Staatsbühne nicht haben wollte, und fand mehr als einen Kriegsgewinnler, der ihm die Mittel für eine aufwendige Adaptierung des Josefstädter Theaters zur Verfügung stellte.

Man nannte ihn Magier, und wer auch immer über ihn berichtet, der weiß vor allem von seiner Freude, guten Schauspielern bei Proben zuzusehen. Und jedermann berichtet auch, er habe für Geld keinen Sinn gehabt, alles Geschäftliche habe sein Bruder erledigt, der über dieser Tätigkeit auch rasch alterte. Nun, Reinhardt wußte was vom Geld und seiner Wirkung, in allen Briefen, die er von Inszenierungen im Ausland nach Wien sandte und in denen von seinen weiteren Wünschen für das neue Theater die

Ein Bild, das man aus Almanachen und Festschriften kennt: Max Reinhardt und Hugo von Hofmannsthal im Park von Schloß Leopoldskron, dem Nervenzentrum der Salzburger Festspiele.

Rede ist, spürt man auch, daß er selbstverständlich mitrechnete, daß alle seine Wünsche extravagant und teuer waren.

Er inszenierte, diese Interpretation ist zulässig, und jedermann kann sich auch heute noch davon überzeugen, einmal nicht ein Stück, sondern den Theaterbesuch selbst. Er ließ den Besucher in ein nicht weiter auffälliges Wiener Mietshaus eintreten und schon im kleinen Foyer einmal stehenbleiben – da warteten hinter drei Türen die Garderoben oder die Wege zu den Stiegenaufgängen, da sah man aber auch schon Bilder und Leuchter und spürte, daß hinter den Türen Kostbares lockte. Da war vor dem Zugang zum Parkett noch einmal ein kleiner Salon zu durchqueren, und wer hinauf zu den Logen wollte, der mußte sich über sehr enge Stiegen bequemen, hatte dafür aber dann einen herrlichen Blick auf ein in Rot und Gold gehaltenes kleines Haus – und auf den sehr berühmten Luster, der unmittelbar vor Beginn der Vorstellung langsam erlosch und in die Höhe gezogen wurde.

Alles, was an Spiegeln und Tapeten und Bildern verwendet wurde, war von Reinhardt selbst in Antiquitätengeschäften gefunden und gekauft worden, alle die kleinen Wege, die man in dem

Theater zurückzulegen hatte, um zu seinem Sitz zu kommen, waren vorhergesehen umständlich und sollten dem Besucher den Eindruck vermitteln, er sei nicht einfach in ein Theater, sondern in eine private Institution allerersten Ranges geraten und ein lieber, hochgeschätzter Gast.
Das Zeremoniell, das mit dem in die Höhe schwebenden Luster ein Gefühl erzeugte, das dann von den Schauspielern weiter zu entfachen war, ist Reinhardts gültigste und wirksame Idee – wie man bei den Salzburger Festspielen nach dem Willen Reinhardts heute noch in einer von ihm vorausgesehenen Stimmung auf dem Domplatz sitzt, bevor der »Jedermann« beginnt, so ist man auch bei einem Besuch des Theaters in der Josefstadt bis in die Gegenwart ganz so eingestimmt, wie es Max Reinhardt 1920 ausgedacht hat.
Daß in seinem Theater nicht das Konversationsstück, sondern die Weltliteratur gespielt wurde, daß er nicht viele Inszenierungen selbst leitete, sondern das Theater alsbald wieder in andere Hände gab, hat mit dem Thema Architektur nicht viel zu tun. Daß aber Hugo von Hofmannsthal für das Theater einen Kunsttitel erfand und bis heute »Die Schauspieler des Theaters in der Josefstadt unter Führung von Max Reinhardt« ein Qualitätsbegriff geblieben sind, darf man schon noch anfügen.
Und wirklich, es kommen Besucher in die Stadt, die es nicht wissen und denen man begreiflich machen muß, daß dieses scheinbar altvenezianische Juwel von einem Theater im April 1924 zum ersten Mal seine Pforten öffnete. Daß in einer Krisenzeit private Mittel da waren, um einer gefährdeten Metropole ohne Hinterland zu sehr vielen anderen Bühnen noch ein solches Haus zu schenken.
Architektur, die ja mit Lebenskunst zu tun hat, brachte damals für die Bauten am Stadtrand vor allem die Wohnburgen zuwege. Innenarchitektur war vor allem von den Wiener Werkstätten dominiert – oder wurde, wovon wir gleich berichten dürfen, von Adolf Loos mit seinen großen Einrichtungen für einen exzellenten Wiener Schneider und seinen zahlreichen Wohnungseinrichtungen immerhin beeinflußt. Bildende Kunst und Architektur aber, soweit sie auf dekorativen Glanz aus waren, blieben in

Plakat zu der Monsterinszenierung, die die Gemeinde Wien bei Max Reinhardt »bestellt« hatte – die Festwochen galten damals der arbeitenden Wiener Bevölkerung.

Wien auch hochgeschätzt, wo die Exponenten des fortschrittlichen Wien zu reden hatten – Max Reinhardt, den wir in der Josefstadt als Kontrapunkt zur Massenarchitektur angesiedelt haben, war selbstverständlich auch ein Held der Massenbewegung und konsequent der Regisseur der ersten großen Produktion der »Festwochen in Wien« 1929. Vom 2. bis 6. Juni spielte man im Arkadenhof des Wiener Rathauses »Dantons Tod«, und der regierende Bürgermeister Karl Seitz verkündete: »Die Festwochen sind kein Fest übermütiger, satter Phäaken, sondern das Fest eines ernst arbeitenden Volkes, welches das

Fest seiner Auferstehung, der Auferstehung seiner Kunst feiert.« Als Regisseur der Auferstehung einer Kunst des hart arbeitenden Volkes aber war Reinhardt gebeten worden. Und was er vorführte, war eine Wiener Version einer Masseninszenierung, die er schon dreizehn Jahre vorher – also in Kriegszeiten – in Berlin gezeigt hatte. Kein Wiener fand das seltsam oder unpassend, kein Wiener schrieb oder dachte, daß ein Spektakel aus der Kaiserzeit doch wohl nicht ganz der ideale Ausdruck einer Arbeiter-Kultur-Bewegung sein könne. Kein Wiener fand sich, der solche Einwände vorbrachte.
Um Himmels willen, selbstverständlich gab es Karl Kraus, den man als Wiener bezeichnen darf und der Max Reinhardt beinahe so verfolgte wie die »Neue Freie Presse« oder Imre Bekessy. Man sieht, alle Verallgemeinerungen sind nicht richtig, zu jeder plakativen Bemerkung müßte man Fußnoten und Hinweise auf die entsprechenden Gegenbeweise anbringen.
Wie in der Architektur war auch in der Innenarchitektur in Wien vor dem Weltkrieg bereits eine große, umfassende Bewegung aufgetreten, die das magische Datum 1918 überstand und allen heftigen Angriffen eines Loos oder Kraus zu widerstehen wußte. Um's überaus rasch zu rekapitulieren – es hatten sich unter der Patronanz altehrwürdiger Maler wie Rudolf Alt junge Künstler aus dem Kunstverein zurückgezogen und die Secession gegründet, es hatte sich ein starker internationaler Gedankenaustausch ergeben, und es war außer der Vereinigung Secession auch die Arbeitsgemeinschaft der Wiener Werkstätte entstanden. In freundschaftlicher und betont burschikoser Weise machten da Maler und Bildhauer und Architekten und »Designer« in Wien Furore, lieferten Anlaß zu Skandalen und wurden doch alsbald ernst genommen und kopiert.
Die Wiener Werkstätte, in der Kolo Moser, Olbrich, Josef Hoffmann zusammen mit Handwerkern alles herstellten, was zum Lebensumfeld des Menschen gehört, ist seither ein Weltbegriff geworden, ihr und ihren Tapeten, Möbeln, Vasen und was immer gilt Sammlerleidenschaft und mehr als eine Publikation. Sie arbeitete erfolgreich und anerkannt immerhin von 1903 bis 1932 und hatte in dieser Zeitspanne über 200 »Entwerfer«, die keinen Gebrauchsgegenstand so ließen, wie man ihn vorher gekannt hatte. Vom »kompletten Haus« bis zum Schmuckstück oder zur Grußpostkarte konnte man nach dem Geschmack der Wiener Werkstätte leben. Um nur daran zu erinnern, was alles von der Wiener Werkstätte dominiert wurde: Von 1906 an gab es die »Wiener Keramik« eines Michael Powolny, von 1907 an saß man im Cabaret Fledermaus, das von der Wiener Werkstätte gestaltet worden war, von 1907 an gab es auch eine Postkartenserie, die es auf mehr als tausend Nummern brachte – die heutige Hochschule für angewandte Kunst lieferte die Schüler, die in der Wiener Werkstätte arbeiten durften, die Länder der Monarchie wieder wurden von Mitgliedern der Wiener Werkstätte überflutet, und als mißverstandener Sonderling stand einzig Adolf Loos da und protestierte dagegen, daß mit Moser, Hoffmann, Olbrich ebenso wie mit der Dominanz der Schule Otto Wagners in allen Lebensbereichen die Unnatur triumphierte. Daß sich die Wiener Werkstätte über den Krieg rettete und in der Nachkriegszeit durchaus florierte und daß sich ihre Mitglieder

auch auf allerneueste Aufgaben einzustellen wußten, zeigen verschiedene und für die verschiedensten Gruppierungen angefertigte Plakate – selbstverständlich auch politische, die in den immerwährenden Auseinandersetzungen in Österreich

Plakat zu einem der legendären Vorträge von Adolf Loos, dem ein Kreuzzug in Sachen Geschmack und Erziehung so wichtig war wie sein Schaffen als Architekt.

erstens, man verzeihe diesen Hinweis, geschmacksbildend wirkten und zweitens einige der völlig vergessenen Kämpfe und Kämpfer für die Nachwelt interessant machten: Die Plakate sind Sammelobjekte geworden wie alles andere aus der Wiener Werkstätte auch.

Nebstbei und um die größeren Zusammenhänge nicht zu vergessen, war die Idee der Wiener Werkstätte (Zusammenarbeit mit der Kunstgewerbeschule und allen schöpferischen Menschen, denen dabei auch eine finanzielle Sicherheit gegeben wurde) nicht völlig neu, denn schon zu Beginn des neunzehnten Jahrhunderts hatte es in Wien eine Werkstatt gegeben, die Massenware nach künstlerischen Entwürfen anbot. Josef Danhauser war ihr Gründer und langjähriger Prinzipal, und seine Möbel haben, obgleich im Handel sehr viel seltener angeboten, ungefähr den Wert, den man heute weltweit den wichtigen Stücken der Wiener Werkstätte zubilligt.

Hübsch wäre es wahrscheinlich, nachzuerzählen, wie sich die Wiener an die jungen Wilden der Secession gewöhnten, wie sie bei Bällen, aber auch im Alltag benützten, was von diesen als Mode kreiert wurde. Hübsch auch, daß in den elegantesten Kreisen unter neuen Entwürfen gestöhnt wurde und daß die Einrichtungen auch der einfachsten Bürgerwohnungen in der Zwischenkriegszeit einen Hauch von Wiener Werkstätte hatten.

So weit wie heute war man allerdings nicht. Die Mode, die man heute als ein Charakteristikum der Zeit zu schätzen gelernt hat und deren sogar wissenschaftliche Aufarbeitung durchaus ehrenwert ist, galt damals in der breiten Öffentlichkeit nur sehr selten als ein Zweig des Kunsthandwerks, blieb insgesamt eine Industrie oder ein

Die bedeutenden Figuren der Zwischenkriegszeit waren, gemeinsamer Ideen wegen, befreundet: Egon Friedell und Adolf Loos hatten zudem eine gemeinsame Leidenschaft: Tanz, Varieté, Kabarett, Nachtlokale.

Erwerbszweig und wurde ernsthaft nur von wenigen Künstlern auch beschrieben – noch einmal muß man Adolf Loos nennen, der immer wieder in Wiener Tageszeitungen als »Ratgeber« fungierte und immer wieder auf die Funktion der Kleidung hinwies: Freilich wollte er von Mode und Modetorheiten nichts wissen, sondern propagierte einfache Wäsche und bequeme Kleidung und war auch in diesem Bereich mit wortgewaltigen Schreien der Empörung gegen das, was er das sinnlose Ornament nannte.
Darf man vom Leser fordern, daß er die Einstellung eines Adolf Loos wirklich noch kennt? Oder darf man vorsichtshalber daran erinnern, daß Loos niemals gegen das Ornament »an sich« war, daß er zum Beispiel jede Art von Ornament, wie's in der Volkskultur überliefert ist und von naiv empfindenden Menschen wiederum gezeichnet oder gestickt wird, als notwendig und richtig darstellte?
Er hatte sich's mit allen Vereinigungen und wesentlichen Institutionen gründlich verdorben. In einer Aufzählung der wichtigen Männer des Kunsthandwerks kommt er nicht vor.
Man erinnerte an die Trias Kolo Moser, Olbrich und Hoffmann, man vergaß nicht auf den »Mann der ersten Stunde«, Dagobert Peche. Man ließ Alfred Roller, dem Architekten und Bühnenbildner Gustav Mahlers – freilich auch Direktor der Kunstgewerbeschule – Gerechtigkeit widerfahren und nahm ihn damals völlig anders als heutzutage als bildenden Künstler: Heute veröffentlicht alle Welt immer wieder seine Bühnenbilder zu »Tristan und Isolde«, zum »Rosenkavalier« und vergrämt so auch noch seine Erben, die allesamt zur Familie gehören und wissen, daß Hofrat Roller einst sehr viel mehr bewirkte als das Staunen einiger Opernbesucher.
1929 konstatierte man, in der bewußten Übersicht des Gesamtverbandes, wo in Wien keine weiteren Großtaten stattfanden, wo man gern wieder neue Entwürfe, neue Ideen, florierende Unternehmen gesehen hätte: Der Bucheinband, die Schmuck- und Juwelenerzeugung, die Silberschmiedekunst, das Bronzegewerbe, die Lusterfabrikation, die Briefpapiererzeugung, die Schaufensterausstattung führte man als Beispiele für notleidende Zweige des Kunsthandwerks an. Und ohne Loos zu nennen, schrieb man sein Argument in die Übersicht: »Der Erbfehler, der bei vielen Wiener Kunstgewerblern leider noch immer nicht überwunden ist, besteht darin, daß die Form der Objekte immer wieder beladen wird mit allem möglichen Tand und nicht dazugehörigen Verzierungen, die den Gegenstand für einen modernen Kulturmenschen unbrauchbar machen. Dies erfolgt durchgehends immer noch in fast allen Gewerbezweigen, bis hinunter zur Brieftasche und zum Manschettenknopf. Der Gegenstand wird, wenn er auch einen Käufer findet, den Besitzer sehr bald langweilen und in ihm nicht Freude, sondern Unbehaglichkeit auslösen. Wenn eine Form gelungen ist, kann sie ohne jede Beigabe bestehen und angenehm wirken.«

Obgleich sie vor der Zwischenkriegszeit zu wirken begannen, prägten sie doch das Erscheinungsbild der zwanziger Jahre Wiens: Klimt, Hoffmann, Peche – und mit ihnen viele Künstler der »Wiener Werkstätte«.

Man kann dieses Zitat einerseits als Bestätigung für die heimliche Wirkung des verkannten Loos nehmen, anderseits aber auch als Kompliment für die Wiener Werkstätte, die sogar von einem Gegner erfährt, daß sie in alle Gewerbezweige hinein wirke.

Das Ende der »Wiener Werkstätte« war eine Versteigerung des gesamten Warenlagers »wegen vollständiger Liquidation des Betriebes«; liest man einmal nach, wie es zur Liquidation gekommen ist, so hat man den bestimmten Eindruck, es hätten sich sowohl die wirtschaftlichen

Oskar Kokoschka, nach dem Krieg nicht nur ein internationaler Maler, sondern auch ein leidenschaftlich im Ausland lebender Künstler, wurde und wird als bedeutendster »österreichischer« Maler reklamiert.

Schwierigkeiten wie auch die allmähliche Auflösung des Künstlerkreises als Gründe anführen lassen. Josef Hoffmann ist ein Jahr vor dem Ende aus finanziellen Gründen ausgeschieden – sein Vertrag wurde nicht mehr erneuert.
Die dreißig Jahre »Wiener Werkstätte« aber sind trotzdem an der Stadt nicht spurlos vorübergegangen und werden in der Gegenwart erst wieder richtig überschätzt – Publikationen jeglicher Art, Nachdrucke der einfacheren Postkarten und Ausschneidebögen, Sammlungen der kostbarsten Gerätschaften und Möbel werden immer imposanter und teurer, und mit dem allgemeinen Interesse an Österreich im zwanzigsten Jahrhundert ist auch die große Nachfrage nach österreichischem Kunsthandwerk aus dem zwanzigsten Jahrhundert unschwer zu erklären. Die großen Sammler, die auf Einzelstücke in amerikanischen Museen verweisen und selbst Schätze gehortet haben, als Gegenstände der Wiener Werkstätte noch nicht teuer waren, werden noch lange diesen Trend bestimmen. Das »Material« über alles, was zum Ambiente des Zwischenkriegs-Wien gehört, wird Monat für Monat umfangreicher, und ganz ohne Zweifel wird es noch lange dauern, bis die folgende Periode so viel Sensation und so hohe Preise »machen« wird.
Die Kunst des Bühnenbilds wurde schon erwähnt – erstaunlicherweise kann man von ihr mehr berichten in der Zeit, denn was die Malerei im Zwischenkriegs-Wien anlangt, so ist sie so gut wie nicht vorhanden. Ernsthafte Untersuchungen erinnern daran, daß Oskar Kokoschka zwar kurze Besuche in Wien absolvierte, geben aber auch zu, daß er sein Hauptwerk in der Zeit auf rastlosen Reisen und nicht mehr in der Stadt, in der er immerhin in den Anfängen der Secession heftiges Aufsehen erregte, schuf. Andere Beobachter erinnern an Albert Paris-Gütersloh, der immerhin als ein starker Künstler der Stadt erhalten blieb und seine wichtigsten Bilder – und seine wesentlichsten Schriften – damals erarbeitete. Und weiter? Es hat österreichische Maler wie Thöny oder Herzmanowsky-Orlando oder Kubin oder Boeckl gegeben; sie alle aber kann Wien nicht für sich reklamieren, sie alle waren entweder im Ausland oder lebten zurückgezogen in den Bundesländern und hielten mehr als losen Kontakt mit Wien. Ich wage eine Interpretation, die freilich höchst anfechtbar ist: Sie waren gewiß nicht mit der Wiener Werkstätte einverstanden, sie fanden alle nicht das ihnen gemäße Publikum, sie hatten alle große Sehnsucht nach der Begegnung mit Künstlern aus anderen Ländern oder Erforschung der eigenen Möglichkeiten.
Ein einziger dieser Paragraphen wenigstens zu einem Absatz ausgedehnt: Die alteingesessenen und nicht völlig verarmten Mitglieder der Wiener Gesellschaft waren erstens traditionsgemäß eher musikalisch als an Malerei interessiert. Die Neureichen jeglichen Kalibers horteten anerkannte, krisensichere Kunst und befaßten sich mit Schauspielern, wagten sich nicht auf das heikle Gebiet des Kunstsammlers. Das breite Publikum aber bewies in Wien nicht erst in den Tagen nach 1918, daß es anscheinend mit ge-

schlossenen Augen in der Stadt lebte – es hatte Kunstausstellungen stets nur zu einer Sensation gemacht, wenn's einem Makart oder einer Pikanterie galt. In dieser Operettenstadt, wie sie der eine oder andere Maler böse nannte, hielt sich das Interesse an bildender Kunst in allerengsten Grenzen.
Erfolg und Verbreitung hatte, in gewissen Maßen, wer nebstbei oder in der Hauptsache auch für die Bühne arbeitete – die liebenswürdige Begabung eines Oskar Strnad wurde hochgeschätzt, ein Maler wie Oskar Laske richtig eingeschätzt, ein Kauz wie Herzmanowsky-Orlando, der zwar keine Bühnenbilder schuf, aber Theaterstücke schrieb, keineswegs erkannt.
Die bildende Kunst im Zwischenkriegs-Wien: 1918 starben Otto Wagner, Gustav Klimt, Kolo Moser und Egon Schiele. Nicht auszudenken, wie man dieses Kapitel hätte schreiben können, wären sie nicht alle zu früh gegangen . . .

Das goldene Zeitalter der Literatur

Friedrich Torberg, der einem an allen Ecken und Enden fehlt, wenn's um österreichische Literatur oder Lebensweisheit geht, Torberg, dem ich von ganzem Herzen dieses Kapitel widmen würde, wäre er noch unter uns, nähme er diese Widmung an – Friedrich Torberg hat in vielen Reden und Aufsätzen immer wieder formuliert, die Zeit zwischen den Kriegen sei das goldene Zeitalter der österreichischen Literatur gewesen.

Im Gegensatz zu den Lehrmeinungen, was die bildende Kunst anlangt, und den Auseinandersetzungen, was die Architektur betrifft, wird es wohl keinen Widerspruch geben, wenn man die Literatur dieser Zeit im Sinne Torbergs betrachtet.

Vielleicht einige Namen von Dichtern, Schriftstellern, Feuilletonisten aus der Zeit – sie alle waren nicht unbedingt in Wien geboren und hatten teilweise viel Erfahrung aus den einstigen Kronländern mitgebracht und strebten lange vor dem Fanal 1938 aus dem Land und waren nicht permanent zufrieden mit der Stadt. Aber sie alle haben wirklich und wahrhaftig nach 1918 noch in Wien wesentliche Werke geschrieben und gehören somit in diese provokative Zusammenstellung. Denn es schrieben Hugo von Hofmannsthal und Karl Kraus, Arthur Schnitzler und Karl Tschuppik, Richard Beer-Hofmann und Alfred Polgar, Joseph Roth und Hugo Bettauer, Hermann Bahr und Anton Kuh, Robert Musil und Franz Nabl, Hermann Broch und Franz Werfel, Max Mell und Stefan Zweig, die Reihe ließe sich noch über eine Seite fortsetzen, und allein aus dieser puren Aufzählung ließe sich durch immer weiteres Schütteln schon eine Art von Panorama der Wiener literarischen Szene gestalten. Dazu bedürfte es freilich der Sicherheit, daß jedermann mit diesen Namen auch gleich die entsprechenden Werke und die jeweils dahinterstehende Haltung assoziiert und also lächelt ob der Zusammenstellung.

Die Aufzählung ließe sich auch andersrum äußerst attraktiv und überzeugend gestalten, indem man nämlich einmal daran erinnert, welche bis heute noch als unvergänglich bezeichneten Werke in der zur Debatte stehenden Zeit veröffentlicht oder geschrieben wurden – auch da ergäbe sich freilich die Schwierigkeit, was man zuletzt noch als Wiener Literatur bezeichnet und ob man rechtens auch den »Radetzkymarsch« von Joseph Roth anführen darf, obgleich es politische Gruppierungen gibt, die als die wichtigsten Wiener Arbeiten des Dichters einige Beiträge für die »Stunde« erwähnen, weil sie halt den sehr jungen Roth in revolutionärer Attitüde zeigen.

Hat alles wenig Sinn und soll auch schon wieder vorbei sein. Die Tatsache, die Torberg gepredigt hat, ist unbestritten. Es war das goldene Zeitalter der österreichischen Literatur – und es war dieses zweifellos, weil Österreichs Literaten inmitten der täglichen Auseinandersetzungen lebten und die Welt rundum sahen und über dieser Weltsicht allgemach dazu übergingen, aus ihren Erfahrungen zu retten, was sie für rettenswert und bedenkenswert hielten: Es gibt heute eine Schule, die beinahe sämtliche der damals geschriebenen Werke als Nachglanz des Habsburger-Mythos ansieht, und das hat etwas für sich. Gleichzeitig aber scheint's gefährlich, so zu tun, als hätten alle, die auch nach 1918 weiter dichteten, in Wehmut oder voll Haß zurückgeblickt. Im Gegenteil, sie schauten alle auch in die Zukunft, und den Klügsten unter ihnen graute vor dieser Zukunft.

Was den sozusagen reibungslosen Übergang im Jahr 1918 anlangt, so soll mir ein Beispiel aus dem Kulturleben Wiens – so insgesamt – dienen, das immerhin nicht nur mit der geliebten Oper oder dem zwiespältig geliebten Richard Strauss zu tun hat, sondern in Wahrheit erst einmal mit Hugo von Hofmannsthal, dem Dichter: Er schrieb, vergessen wir das nicht, den »Schwierigen« in der Ersten Republik, und er setzte, vergessen wir auch das nicht, viel von seiner Kraft dafür ein, aus der reichen Welt der Monarchie Wertvolles in die neue Zeit zu retten. Wobei er, man hat's ihm nicht gedankt, sondern vor allem in der Literaturkritik immer tadelnd angemerkt, in allerlei gesellschaftliche und finanzielle und politische Transaktionen eingriff und sich um wesentlich mehr kümmerte als um den Erfolg seiner eigenen Werke.

Hofmannsthal, für den etablierten und weltweit erfolgreichen Richard Strauss als Librettist tätig, hat in den letzten Kriegswochen erfahren, daß man Strauss die Direktion der Hofoper angeboten hatte. Er schrieb ihm rasch und ziemlich schonungslos. »Ich höre, Sie lehnen den Gedanken nicht ab, eventuell einer Berufung nach Wien zu folgen. Es könnte ja auch sehr wohl sein, daß dieser Plan, Sie nach Wien zu berufen, dort auftauchte. So muß ich denn sagen, daß dieser Plan einen Gegner hat, der zwar kein Musiker und auch sonst nicht kompetent ist, der aber infolge gewisser Zusammenhänge in dieser Sache doch gehört werden würde – und besonders dann gehört, wenn er gegen Ihre Berufung, weniger, wenn er für diese späche: Dieser Gegner bin ich.«

Hofmannsthal, der in diesem Brief auch ziemlich deutlich ausführte, daß er die »Selbstsucht des schöpferischen Musikers« Richard Strauss ehrt, flicht ein, was hier festgehalten werden soll, weil es so gar nicht in das Klischee vom feinsinnigen Literaten, der für Geld halt Libretti schrieb, paßt. »Die große Gefahr Ihres Lebens ist Kulturlosigkeit, der Sie, in fast rhythmischem Wechsel, sich hingeben und zu entziehen suchen. Jedes Stellen der eigenen Person über die Ideen und Institutionen ist kulturlos und muß sich, sofern Ihre Werke auch ein Teil der Kultur sind, schließlich an diesen, denen Sie doch unbedingt zu dienen meinen, rächen. Ich glaube aber nicht, daß Sie heute schon so weit sind, diesen Zusammenhang zu verstehen.«

Recht absichtlich habe ich dieses Zitat gewählt, um auszuführen, wie sich Hugo von Hofmannsthal, in Rodaun bei Wien wohnend und mit der Wiener Gesellschaft wohlbekannt, sich ihr jedoch zu Zeiten eigener Produktivität verschließend, in Angelegenheiten benahm, die man nicht als schriftstellerische Tätigkeit, aber als Aufgabe eines Schriftstellers ansehen muß: Und Hofmannsthal, der Max Reinhardt hochschätzte und Strauss als Musiker verehrte, stand immerhin mit seinem Enthusiasmus an der Wiege der Salzburger Festspiele, vermittelte die engeren Bindungen Reinhardts an Wien und schrieb die jeweils notwendigen programmatischen Worte, auch die fürs Theater in der Josefstadt.

Das heißt, er war einer der sehr aktiven und sehr patriotischen und sehr engagierten Literaten in der Stadt, und nebenbei hatte er auch alle Augenblicke damit zu tun, sich für seine Freunde bei Verlegern in Deutschland einzusetzen und für Kompendien Vorworte zu schreiben und Schriftsteller aus aller Welt als ein Repräsentant der österreichischen Literatur zu empfangen.

All das aber tat er nebstbei und aus eigenem Antrieb und aus einer Haltung, die man vom Schriftsteller im Idealfall erhofft, die aber zumeist nicht zu beobachten ist. Und noch etwas: Er tat's in einem Land, das auch im Innern gewiß nicht seinen Vorstellungen entsprach, in einem Land, das nicht ausschließlich von Freunden seiner Arbeit regiert wurde.

Wenn ich somit Hugo von Hofmannsthal als ersten Vertreter der Wiener Literatur wenigstens in Erinnerung gerufen habe, so vor allem, weil er einer der edleren war und einer, der – man lese seine diversen Briefwechsel – permanent darüber nachdachte, was ein Schriftsteller in dem klein gewordenen Österreich zu tun habe.

Ganz am Rande nur und um die Geschichte nicht unvollständig erzählt zu haben: Nach 1918 erinnerte man sich des Vertrags mit Richard Strauss und bat den Komponisten an die Oper und willigte in alle seine Bedingungen, und Hugo von Hofmannsthal war weiterhin der enge Mitarbeiter eines Musikers, der einen völlig anderen »Rosenkavalier« komponiert, als er gedichtet hatte. Daß Hofmannsthal sich freilich von seinen Tagesarbeiten und seinen feingesponnenen Geschäften oft so sehr gefangennehmen ließ, daß ihm darüber die Energie und Zeit fürs eigene Werk zu knapp wurde, gehört auch in dieses Kapitel und ist eine hübsche Charakteristik für mehr als einen Wiener Literaten: Der Schutzpatron dieses Abschnitts hat ja, als er spät aus der Emigration heimkehrte, seine Kraft auch erst einmal einer Monatszeitschrift gewidmet und lange nicht die Ruhe gefunden, um seine Romane zu schreiben. Und erst am Ende seines Lebens bewiesen, daß er das allemal noch zustande brachte . . .

Ganz so ist's freilich auch nicht, es gehörte zum Bild des von Literaten angeregten Wien immer, immer, daß diese nicht im elfenbeinernen Turm saßen, sondern mitunter sogar auf der Straße agierten.

Wie anders wäre Karl Kraus zu erklären, den ich nicht unabsichtlich oben in einen Zusammenhang mit Hofmannsthal brachte? Kraus, den man doch als Schriftsteller bezeichnen darf, war immer und in jeder Phase seiner Tätigkeit auch ein politisch denkender und agierender Mensch – der letzte Esel noch weiß von seinen »Letzten Tagen der Menschheit« und seinem lebenslangen Kampf gegen die »Neue Freie Presse«. Über seine Einstellung zu den Fragen der Ersten Republik weiß immer noch nicht jedermann Bescheid, doch gibt's ja die »Fackel« auch in verbilligten Ausgaben . . .

Hier ist's schwierig, an Karl Kraus auch nur zu erinnern – ich bin ein vielfach gebranntes Kind und weiß, daß es nicht mehr zum guten Ton gehört, alle diejenigen zu verdammen, die Kraus einst mit Hohn verfolgte oder mit souveränen Bemerkungen in ihre Schranken verwies. Jedoch: Diejenigen, die sich allen Ernstes als Krausianer bekennen und sich vor allem, wie ihr Vorbild, darin hervortun, allfällige Zitate aufs Komma hin zu untersuchen und Nebenbemerkungen weiterzugeben, die zwar auch in der »Fackel« geschrieben stehen, trotzdem aber den Tatsachen widersprechen – alle unbedingten und oft wütenden Verehrer des Karl Kraus merken auf, wenn der Name ihres Idols genannt wird.

Der scharfe Kritiker, der sich in jungen Jahren entschloß, nicht in die »Neue Freie Presse« einzutreten und dort die Nachfolge eines Daniel

Folgende Doppelseite: Das vornehme Wiener Café Bristol. Foto Hans Böhm, 1923.

CAFE
BRISTOL
&
BAR

BRISTOL

Spitzer anzunehmen, sondern eine eigene Zeitschrift zu gründen und in dieser alles zu brandmarken, was entweder in der »Neuen Freien Presse« geschrieben wurde oder von der »Neuen Freien Presse« absichtlich nicht Geschriebenes wiederum als fatal zu erklären – Karl Kraus befaßte sich, nachdem er mit den »Letzten Tagen der Menschheit« endgültig als eine literarische und moralische Instanz anerkannt war, immer wieder mit Tagespolitik. Seine Sympathie für die Sozialdemokratie war groß und wurde von den klugen Führern der Partei erwidert. Seine Versuche, zur Bildung einer Arbeiterkultur beizutragen, waren enorm, jedoch nicht wirklich erfolgreich – Kraus machte keine Konzessionen, wenn's um die Sprache oder die Sache ging, und das neue Publikum begriff ihn schwer. Seine Antipathie dem Journalismus gegenüber erreichte einen neuen Höhepunkt, als er für einige Zeit die »Neue Freie Presse« in Ruhe ließ und sich ganz auf den Kampf gegen den Budapester Journalisten und Zeitungsherausgeber Imre Bekessy konzentrierte.

Vergröbert stellt man diesen Kampf auch heute noch so dar: Bekessy kam nach Wien und gründete Zeitungen und Zeitschriften. Als ein der neuen Rasse der »Schieber« durchaus aufgeschlossener Mann hatte er Erfolg über Erfolg und praktizierte eine bis dahin in Wien unbekannt gewesene Methode – Bekessy sorgte für Sensationen auf der ersten Seite, für Pikanterie im Inneren des Blattes und schließlich für Manipulation im Wirtschaftsteil. In einer Zeit, in der man spekulierte und sich, ob man wollte oder nicht, mit finanziellen Transaktionen im Großen wie im Kleinen auseinandersetzen mußte, waren die Nachrichten, die in Bekessys Blättern erschienen, immer dazu geeignet, seine Hintermänner reicher zu machen und, das die neue Methode, diejenigen zu erpressen, die sich nicht in lukrative Geschäfte mit Bekessy einlassen wollten.

Kraus, der keineswegs honorieren wollte, daß in dem einen oder anderen Blatte Bekessys gute Journalisten und ausgezeichnete Schriftsteller unterkamen – davon gleich später – und keineswegs nur für die gesellschaftliche Durchsetzung der neuen Reichen sorgen mußten, sondern oft völlige »Narrenfreiheit« genossen, schoß mit allen ihm verfügbaren Kanonen auf Bekessy. Er sprach und schrieb und er plakatierte seine Meinung, die zuletzt auf einen einzigen Satz komprimiert und dann tatsächlich an den Litfaßsäulen Wiens angeschlagen wurde. »Hinaus aus Wien mit dem Schuft«, hieß es da, und nach einigen Versuchen, den mehr als lästigen Schreier loszuwerden, mußte Imre Bekessy tatsächlich flüchten. Man hatte nicht nur sein System durchschaut, sondern auch den Mut gefunden, es

Imre Bekessy (×) und der Josefstädter Reinhardt-Kreis auf einem Ausflug. Der von dem mehr als umstrittenen Journalisten erfundene Typ eines unterhaltenden Blattes hat sich gehalten, sein Titel ist noch immer »auf dem Markt«.

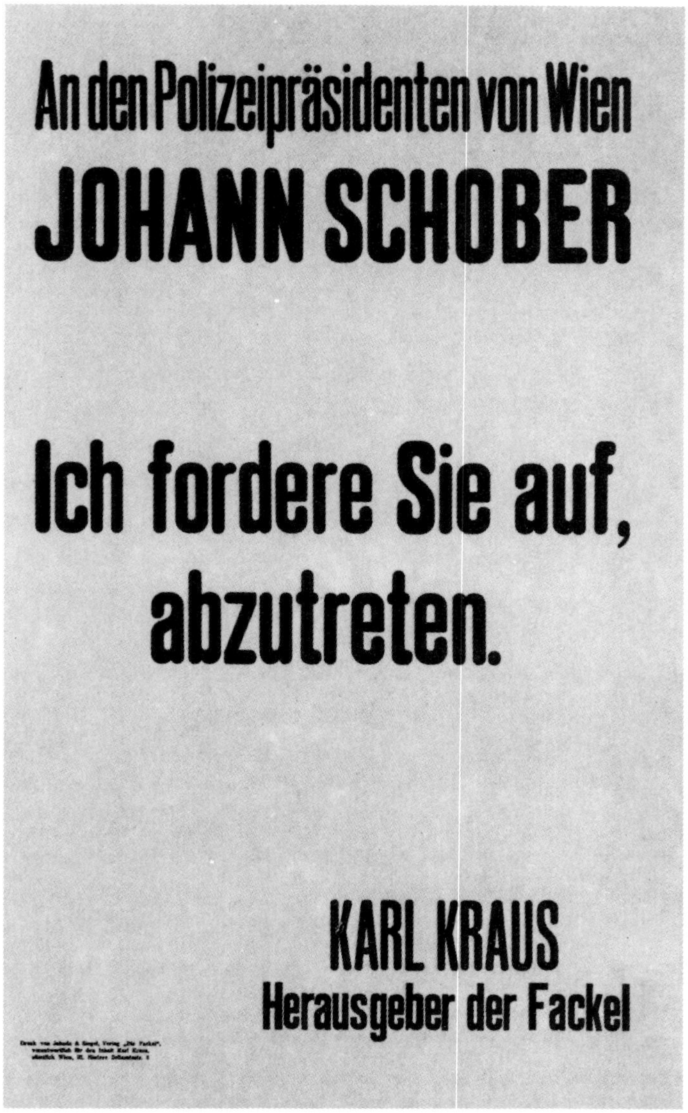

Karl Kraus, auf dem Höhepunkt seines moralischen Ansehens, plakatierte seine Überzeugung – ein cleverer Wiener Geschäftsmann reagierte mit Reklame prompt.

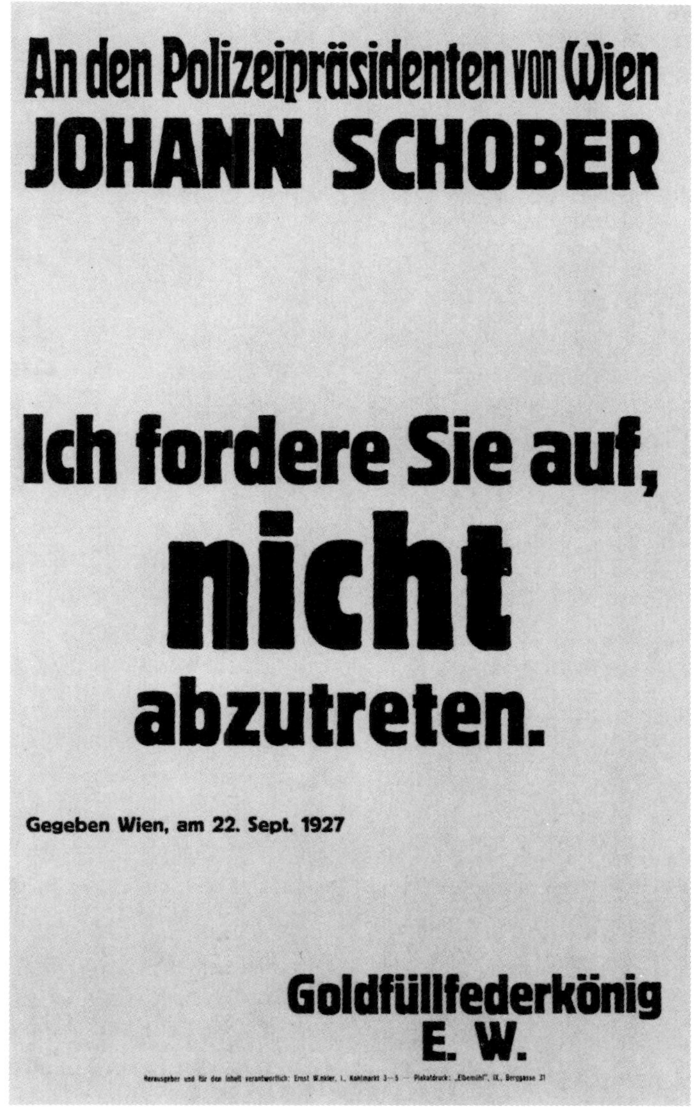

Kraus konnte Schober nicht vertreiben, blieb aber unbestritten Sieger in der Auseinandersetzung auf den Litfaßsäulen Wiens.

gerichtlich verfolgen zu lassen – Bekessy ging im letzten Moment über die Grenze, was er noch zu seiner Verteidigung vorzubringen hatte, wurde kaum zur Kenntnis genommen. Obgleich die Gerichte eher einem Finanzexperten recht gaben, konnte in der Öffentlichkeit Karl Kraus triumphieren. Er hatte einen Zeitungszaren »erlegt«, er hatte ohne jeden Zweifel mit literarischen Mitteln eine moralische Tat zuwege gebracht.

Man soll der Übersichtlichkeit wegen in gröbsten Zügen auch gleich die weiteren Wandlungen des Karl Kraus andeuten. Er blieb bei seinem selbstgewählten Leisten, dem öffentlichen Richteramt, und versuchte, auch gegen Wiens Polizeipräsidenten siegreich zu bleiben. Er griff ein zweites Mal zu dem Mittel des Plakats und forderte Schober auf, zurückzutreten. Da allerdings kämpfte er gegen einen stärkeren Gegner und blieb erfolglos. Er zog sich deshalb keineswegs zurück, fand nur in seinen letzten Lebensjahren keine Freude mehr an der Sozialdemokratie, die ihm spätestens seit dem Justizpalastbrand wohl auch Angst einjagte. Es kam zu der unvorhersehbaren Situation, daß er sich seiner einstigen Verehrer entledigen mußte und in der »Fackel« Worte der Anerkennung für Dollfuß fand, daß er mit einiger Wehmut – Claudio Magris und sein Habsburger Mythos in der Literatur wäre da

Die Nationalsozialisten mit ihren ersten Reklamefeldzügen in Wien – vorläufig noch erfolglos, doch nicht mehr aus dem Spiel der Kräfte in der Ersten Republik wegzudenken.

wieder anzuwenden – an einstige Gegner wie die »Neue Freie Presse« dachte und lange, sehr lange an einer »Fackel«-Nummer feilte, die seine Gedanken zu Adolf Hitler und zum Nationalsozialismus enthielt.

Bei jedem anderen Schriftsteller würde ich auf die Einschränkung, ich berichte vergröbert, längst verzichtet haben, bei Karl Kraus aber muß man's immer wieder schreiben: Er begriff den Nationalsozialismus als eine Bewegung, die mit literarischen Mitteln nicht einmal mehr zu schildern war, er begriff ihn in seiner gesamten Bestialität, und er hatte, denke ich, Angst. Er wußte offenbar, daß sein offener und sozusagen adeliger Kampf gegen die Monarchie zwar gefährlich gewesen war, daß aber sein notwendiges, gefordertes Auftreten gegen den Nationalsozialismus tödlich werden konnte. Durch viele Jahre hat man, wenn man polemisieren wollte, nur einen einzigen Satz des Karl Kraus zu Adolf Hitler zitiert und nicht die große, wortgewaltige Abrechnung, die er ja immerhin an diesen einen Satz anschloß. Ein gnädiges Geschick wollte es, daß Karl Kraus starb, ehe die deutsche Wehrmacht in Österreich einmarschierte. Er wäre belehrt worden, wie man mit seinesgleichen umging – und daß er in seinem letzten großen Kampf völlig richtig geurteilt hatte.

Freilich: Auch Kraus, den ich hier als einen der ganz gewaltigen Widerparts eines Hugo von Hofmannsthal anführte, war ein Wiener Schriftsteller, und niemand darf vergessen, daß seine

Verehrer sich nicht nur einzelne Sätze zuflüstern, sondern auch in erbitterte Auseinandersetzungen über seine traditionelle Kaffeehaustour ausbrechen, sich Geschichten erzählen, die man auch Pointen nennen darf, und über den Satiriker und unerbittlichen Beobachter der Zeit den oft liebenswerten Gesprächspartner, den immer äußerst disziplinierten Wiener Karl Kraus nicht vergessen.

Auf die Gefahr, noch einmal von Ihnen allen mit Verachtung gestraft zu werden, gebe ich zu bedenken, daß Kraus ein leidenschaftlicher Schauspieler war und ein leidenschaftlicher Journalist zugleich. Daß er sich seine Liebe zum Theater immerhin bewahrte, indem er einerseits parteiisch wie kein anderer Kritiken schrieb und Theaterleute mit demselben Ausmaß an Haß verfolgte, mit dem er Kriegsgewinnler und deren journalistische Gefolgschaft beehrte. Indem er aber auch als Vortragender eigener Schriften und aller seiner brillanten Offenbach-Übersetzungen auftrat und von der Wirkung aufs Publikum und der Kritik wahrlich Notiz nahm. Es gibt ein Filmdokument, das man freilich immer wieder unter einem besonderen Blickwinkel sieht – Kraus als Rezitator erscheint einem unvoreingenommenen Beobachter da als ebenso antiquiert und pathetisch wie viele seiner schauspielernden Zeitgenossen. Alle aber, die ihn gehört und gesehen haben, würden dieses Urteil nicht einmal zu denken wagen.

Welch eine Stadt, in der Karl Kraus lebte und schrieb und dafür sorgte, daß wenigstens in einem kleinen Kreis von Auserwählten sein Urteil ernstgenommen wurde. Welch eine Stadt, in der Dichter wie Franz Werfel ernsthaft unter Kraus litten und sich kaum ein Schriftsteller fand, der nicht sehr bewußt Stellung nahm – nur die schon alten, anerkannten Männer wie Arthur Schnitzler blieben da apart, und nur die frechsten Männer wie Anton Kuh wagten es, öffentlich gegen ihn aufzutreten und damit sogar Geld zu verdienen. Um gleich zu schreiben, was ich im Falle Anton Kuh meine: Der heute auch von Krausianern als Figur wie als Schriftsteller hochgeschätzte Wiener Literat war bei Bekessy engagiert und hielt, weil er von Natur her eher schreibfaul war, auf Wunsch lieber Stegreifvorträge in Kabaretts oder Kaffeehäusern. Seinen berühmtesten allerdings hielt er 1925 im Mittleren Konzerthaussaal. »Der Affe Zarathustras« hieß der Vortrag, und ein Typoskript ist in den gesammelten Schriften Kuhs allemal enthalten – jedes Zitat bleibt mir verwehrt, immer noch ist es Sakrileg genug, an diesen Vortrag zu erinnern. Auch der war offensichtlich nur in einer Stadt wie Wien denkbar, in der zu den sich öffentlich produzierenden Schriftstellern Karl Kraus, aber auch Egon Friedell zählten und man im nachhinein gern auch bemerken würde, daß viele der sich öffentlich produzierenden Kabarettisten nach unserem heutigen Urteil durchaus reife Schriftsteller waren.

Gewiß, irgendwann gab es da Berlin und eine Anziehungskraft dieser Metropole auf Wiener Persönlichkeiten. Aber nach allem, was man weiß und aus Programmen ablesen kann, war Wien die interessantere, die lebenswertere Stadt auch in den aufregenden zwanziger Jahren. Und diejenigen, die Berlin aufsehenerregend machten – nun, die waren ja Wiener Schriftsteller oder Regisseure oder Schauspieler. Wiener . . .

Weil Kraus und Kuh dran waren und das Kaffeehaus schon erwähnt wurde und der Journalismus selbstverständlich hier nicht auszuschließen ist: Es gehört nicht zu der besonderen Charakteristik der Zwischenkriegsliteratur, daß sie im Kaffeehaus entstand und in den Tageszeitungen ihren sichtbaren Niederschlag fand. Doch es gehört zur Charakteristik der nahtlosen Übergänge, wie man sie immerhin in den Jahren vor und nach 1918 beobachten konnte, daß sich in der Metropole Wien in den Lebens- und Arbeitsgewohnheiten der Schriftsteller wenig änderte.

Was das Kaffeehaus anlangt, so weiß jedermann heute, daß die Kaffeehäuser sich erst nach dem Zweiten Weltkrieg in Bankfilialen und Automobilhandlungen verwandelten; hat jedermann schon einmal nachgelesen, daß auch nach 1918 Blätter aus dem In- und aus dem Ausland auflagen und sich die Gäste wie das Personal unverändert an das Ritual hielten, das man lange vor der Jahrhundertwende eingeführt hatte. Und was die Tageszeitungen und ihr »Feuilleton« anlangt, so hat es sich wohl auch schon herumgesprochen, daß allen überdimensionierten Veränderungen zum Trotz die Verhältnisse für Schriftsteller sich nicht sehr änderten. Das heißt, sie mußten in der

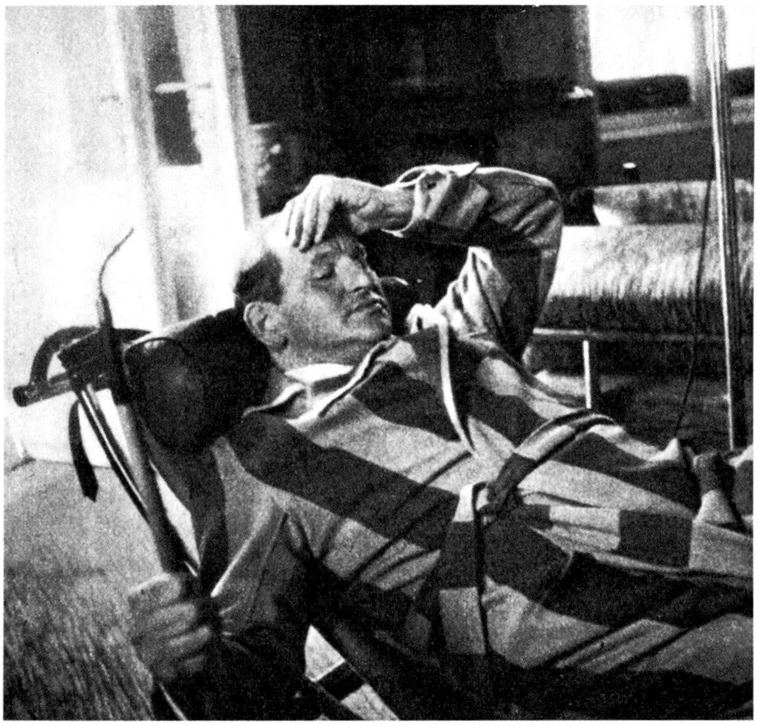

Eine eher rare Privataufnahme: der Kulturphilosoph, Schauspieler und zuletzt in den Freitod getriebene Egon Friedell »in seinem Heim«.

Regel ihre Bücher in großen deutschen Verlagshäusern erscheinen lassen und waren auch deshalb weiterhin sehr interessiert daran, mit Vorabdrucken oder Auszügen oder mit eigens dafür geschriebenen kleinen Beiträgen in den Feuilletons und literarischen Beilagen der Wiener Tageszeitungen präsent zu sein. Sie hielten ihren Stammblättern die Treue oder wanderten zu Zeitungen, in denen sich aus diesem oder jenem Grund für kurze Zeit einer der ihren als Redakteur festgesetzt hatte – Zeitungsneugründungen waren damals immerhin gern bereit, sich nicht nur mit ihrer sensationellen Kolportage, sondern auch mit literarischem Niveau zu profilieren.

Das heißt, daß Schnitzler, Hofmannsthal und Zweig der »Neuen Freien Presse« die Treue hielten und unter finanziell schwierigeren Verhältnissen immer noch etwas fanden, was sie dem Blatt zur Verfügung stellen konnten – um auch die sogenannte zweite Garnitur hier gleich zu erwähnen, seien Feuilletonisten wie Raoul Auernheimer und Felix Salten nicht vergessen, die regelmäßig für die »Neue Freie Presse« schrieben und sehr viele ihrer Kollegen weiterhin anlockten. Der Herausgeber, für ziemlich lange Zeit noch der »junge Benedikt«, hatte von seinem Vater, dem legendären Moritz Benedikt, die Verehrung für Literatur übernommen und sorgte, so gut das ging, für entsprechende Honorare. Und hatte immerhin immer noch das in Wien verbliebene »gute Publikum« vorzuweisen und immerhin immer noch eine achtbare Anzahl von Exemplaren, die ins Ausland gingen und die, als sei da kein Vorhang niedergegangen, in den Kaffeehäusern in Prag und Budapest so auflagen wie in den Zeiten der Monarchie.

Die Kunst des Feuilletons, der man sehr verschiedene Betrachtungen widmen kann und immer schon gewidmet hat, ging mit der Monarchie nicht unter, sie wurde wie die hohe Literatur bis zur Vernichtung Österreichs gepflegt, und bis in die Gegenwart erscheinen immer neue Zeugnisse dafür. Ich möchte wenigstens auf die gesammelten Arbeiten jenes rühmlich erwähnten Anton Kuh hinweisen, die nur sporadisch erschienen, jedoch allemal Gustostückerln waren und, liest man sie heute, auch äußerst einprägsam das Bild der immer noch großen, jedoch nicht mehr im großen Stil lebenden Stadt wiedergeben. Und auf die Meisterwerke Alfred Polgars, die keineswegs nur für Berlin geschrieben wurden, sondern in österreichischen Zeitungen zu lesen und zu lieben waren – jedermann weiß von Polgars Zusammenarbeit mit Egon Friedell, nicht jedermann denkt sich den Meister der kleinen Form als einen typischen Wiener Kaffeehausliteraten, und doch war er das.

Wobei man's Lesern der Gegenwart in Erinnerung rufen muß – Polgar schrieb durchaus nicht nur Theaterkritiken oder sanfte Feuilletons, sondern oft eminent politische Betrachtungen und immer wieder Zeitkritik; daß er zur Emigration gezwungen war, ist nicht allein seiner Zugehörigkeit zur »jüdischen Rasse« zu »verdanken«, er hätte auch seiner politischen Auslassungen wegen unter Hitler zu den verbotenen, nein, zu den ins Lager gesteckten Männern gehört.

Polgar war nach dem Krieg selbstverständlich auch Redakteur. Eine Wochenzeitschrift, in der er wesentlich arbeitete, hieß »Der Friede«, und was Polgar da veröffentlichte, klang sehr nach revolutionären Ansichten, die sich freilich später wieder verflüchtigten. Immerhin: »Und keine goldgeräderten Equipagen mehr, mit einem livrierten Affen als Galionsfigur, die Peitsche aufs

Knie gestemmt: Fahne dessen, was war! Und keine stur-ehrfurchtsvoll-schnüffelnden Gesichter ringsum, herzbang wartend, was und wie es dem federnden Kasten entsteige!« So las man's bei Polgar bald nach Kriegsende und schärfer noch in einer Zeitung, die sich der »Neue Tag« nannte – freilich war das kein linksorientiertes Blatt, sondern eines, das zuerst zur Familie Schoeller ressortierte und später einem damals berühmten Nachkriegsspekulanten, Richard Kola, gehörte.

Dies nicht als Geschichte des österreichischen Journalismus jener Zeit, sondern als Auftakt zu einer ganz kurzen Passage, die unbedingt zu lesen ist. Zu den Mitarbeitern des erwähnten »Frieden« hat man auch Hermann Broch zu zählen, den bedeutenden Schriftsteller, der dem einen oder anderen Leser als sozusagen internationaler Autor und gar nicht als Wiener bekannt ist. Und für den »Neuen Tag« schrieben sehr viele Autoren, von deren Mitarbeit an Wiener Zeitungen man immer noch herzlich wenig weiß.

Etwa der damals vierzigjährige Robert Musil, der bereits an seinen »Schwärmern« arbeitete und konsequenterweise gegen alle Gebote eines Karl Kraus verstieß, indem er Theaterkritiken schrieb – jedermann weiß wenigstens den Titel von Musils berühmtem, unvollendeten Werk und weiß auch herzusagen, daß in dem »Mann ohne Eigenschaften« eine lebenslange Auseinandersetzung mit der Habsburger-Monarchie und mit der Wesensart der Österreicher steckt. Musils allgemeine Verzweiflung an den österreichischen Zuständen und seine mehrfachen Versuche, aus Wien wegzukommen, sind ebenso bekannt wie seine Versuche, Anerkennung für ein Werk zu finden, das erst nach seinem Tod als ein Hauptwerk unseres Jahrhunderts erkannt wurde. Für Polgars Redaktion schrieb er Kritiken und Aufsätze und war gern inkompatibel wie vor ihm, vor seiner Zeit, Theodor Herzl und Ludwig Speidel und lange nach ihm Hans Weigel und Piero Rismondo.

In Polgars unmittelbarer Nachbarschaft im »Neuen Tag« arbeitete für eine kurze Zeitspanne Joseph Roth und äußerte sich damals radikal und streng fortschrittlich und sozialkritisch, und das in einem Ausmaß, daß bis auf den heutigen Tag

Joseph Roth, nach dem Krieg mit ersten sozialkritischen Studien und Feuilletons in Wien angetreten – bevor er das alte Österreich zu seinem großen Thema machte.

Folgende Doppelseite: Luftballonverkäuferin, 1924, Ecke Ring/Goethegasse.

die Sozialdemokratie ihn als einen engagierten Mitkämpfer reklamiert. Der völlig eigenartige und unvergleichliche Roth, der später für die großen deutschen Zeitungen Reisefeuilletons von dichterischer Schönheit schrieb, dem in seinem Pariser Exil die großen Romane über das alte Österreich gelangen, der sich in einer komplizierten Art von Mimikry als Legitimist gab und den Erstgeborenen Kaiser Karls zuletzt als seinen Herrscher bezeichnete, hat eine weithin unbekannte Wiener journalistische Vergangenheit, die er selbst freilich nie verleugnete. »Ich bin ein Schüler Alfred Polgars«, soll er sich selbst immer wieder vorgestellt haben, und die liebevollen Worte, die er für seinen einstigen Feuilletonredakteur fand, sind unschwer in den gesammelten Werken nachzulesen – seit einem Jahrzehnt ist Roth ja ziemlich entdeckt und kurioserweise sogar ein Erfolgsgarant für Fernsehserien.

Wenn man noch mehr an seltsamen, wunderlichen, verkannten, vergessenen und erst in jüngster Zeit wieder entdeckten Persönlichkeiten aus der Zeit und aus dem Wiener Journalismus nennen will, dann ist ein Mann wie Karl Tschuppik – als Freund Roths und als kämpferischer und neugieriger Beobachter der Wiener

Karl Tschuppik, ein Wiener Schriftsteller und Journalist, schrieb Sozialreportagen und stritt sich meisterhaft mit vielen Protagonisten des literarischen Wien – seine »Wirkung« war die eines Menschenfreundes.

Elendsszene einst weithin bekannt – zu nennen: Er muß einer der wahren Idealisten gewesen sein, er hat nicht als erster, aber als einer der ersten konsequenten Schreiber auch in der Zwischenkriegszeit die Unterstandslosen, die Arbeitslosen, die Ausgesteuerten (Menschen, die nicht einmal mehr Arbeitslosenunterstützung erhielten, weil sie zu lange schon von dieser hatten leben müssen) und die aus verschiedensten Gründen aus der Gesellschaft Ausgeschlossenen besucht und mit ihnen zu leben versucht.

Liest man seine Reportagen jetzt, dann sind sie alle eine Nuance weniger packend als die großen Berichte des Egon Erwin Kisch. Doch sie erschüttern, wenn man begreift, daß es sich um wahrheitsgetreue Schilderungen der Zustände in Wien handelt und daß Tschuppik höchst absichtlich auf jede Ausschmückung, jede theatralische Aufbereitung verzichtete. Ganz ohne Zweifel hat man Tschuppik nicht zur großen Literatur zu rechnen. Zu seiner Zeit aber war er denjenigen, die wir heute als Dichter und Schriftsteller bezeichnen, ein Kollege und täglicher Umgang; seine Erfahrungen erfuhren und lasen und verwerteten viele von ihnen. Weshalb er auch in eine unvollständige Aufzählung gehört, stellvertretend für sehr viele, die als »Arbeiterdichter« genannt und auch nicht mehr gelesen werden.

Immerhin läßt sich von den politischen Journalisten und Autoren eine recht direkte Brücke zu Autoren schlagen, die man unter Umständen anderer Art anders und vielleicht nicht einmal wienerisch sähe. Daß Ödön von Horváth seine »Geschichten aus dem Wiener Wald« schrieb, und wenigstens in diesem einen Stück seine gesamte Lokalkenntnis unterbrachte, macht ihn zu einem Wiener Schriftsteller – er selbst hat sich nicht als solcher, aber als eine »typisch altösterreichisch-ungarische Mischung« bezeichnet und zur Monarchie auch Stellung genommen: »Ich weine dem alten Österreich-Ungarn keine Träne nach. Was morsch ist, soll zusammenbrechen, und wäre ich morsch, würde ich selbst zusammenbrechen, und ich glaube, ich würde mir keine Träne nachweinen.« Horváth kann das, was er behauptete, guten Gewissens auch geglaubt haben; in seinen »Geschichten aus dem Wiener Wald« aber ist eine Stadt gezeichnet, die seltsamerweise dem Theaterbesucher wieder als Idylle und Hölle zugleich erscheint.

Und selbstverständlich darf man hier gleich noch einmal an Musil erinnern und daran, daß er seit 1921 an seinem Roman schrieb, der eine dichterische Auseinandersetzung mit dem vergangenen Österreich war, jedoch völlig aus dem Umgang mit den Ereignissen bis zum Jahr 1942 zu erklären ist und aus der Haltung eines Autors, der schließlich in einem bösen Moment erklärte: »Ich habe 1931 Wien verlassen, weil Rot und Schwarz darin einig gewesen sind, in Wildgans einen großen österreichischen Dichter verloren zu haben.« Da liegt ein Stück politisches Denken, aber auch eine treffende Charakterisierung der Situation vor – im Laufe der Jahre ereignete sich in Wien eine Literatur, die nicht mehr in

Wien, sondern in den Bundesländern daheim war, und Anton Wildgans ließ sich zu dieser zählen, indem er Wien als eines der Bundesländer nahm und durchaus als ein mögliches Dorf darstellte. Dies freilich nur am Rande und ganz ohne die von manchem Leser wohl eindringlich geforderte Hymne an den Autor des »Kirbisch« und anderer Bücher.

Bleiben wir noch beim Feuilleton, und erinnern wir an die Namen, die weiter oben nur angedeutet worden sind – an diejenigen also, die zu alt waren, um sich nach 1918 plötzlich als Revolutionäre in neue Zeitschriften und Tageszeitungen zu stürzen. Bleiben wir bei Hofmannsthal und seinen Briefpartnern.

Der Meister aus Rodaun selbst nahm in seinen Bemühungen die provinzielle Enge, in die Wien in Österreich geraten war, möglichst nicht zur Kenntnis. Er lebte, reiste, schrieb weiterhin als ein Autor, der aus einer großen Zeit war und für die große Welt wirkte. Er schrieb die Formel von der »konservativen Revolution«, und wenn man diese auch heute nicht mehr mit Hofmannsthal identifiziert – erinnert man dran, dann begreift man gleich wieder, was er nach 1918 zu Papier brachte und was er in der Realität entstehen ließ. Die Salzburger Festspiele – eine internationale Angelegenheit, obgleich sich alle Welt bei diesem Fest in Dirndl und Lederhosen zeigte, solange in den Dirndln und Lederhosen nur keine geistigen Älpler steckten. Das Theater in der Josefstadt – eine direkte Entsprechung der Tatsache, daß Wien drauf und dran war, ein festländisches Venedig zu werden, und ein Versuch, dieses Venedig wenigstens so geschmackvoll und kostbar wie nur irgend möglich zu gestalten. Hofmannsthal, der 1929 starb, hatte noch in der Zweiten Republik unter der Verachtung junger Literaten zu leiden. Seine Geschäftigkeit, sein auf Öffentlichkeit bedachter Briefwechsel, wohl auch seine Unterordnung unter die Musik und ganz gewiß die Urteile eines Karl Kraus haben ein gerechtes Bild dieses Dichters kaum entstehen lassen.

Arthur Schnitzler, der Hofmannsthal um zwei Jahre überlebte, hat im Zwischenkriegs-Wien nicht mehr viel geschrieben. Er blieb allerdings von allzu heftigen Angriffen verschont, war es ihm doch immerhin vergönnt gewesen, zu Zeiten der Monarchie nicht nur als leichtlebiger schriftstellernder Mediziner aus gutem Haus, sondern auch als messerscharf diagnostizierender Autor des »Lieutnant Gustl« zu erscheinen und auf seine Art darzustellen, was in der revolutionären Lehre eines Sigmund Freud auch zum Ausdruck kam – Freud hat in Briefen an Schnitzler voll Hochachtung bemerkt, daß dieser in seinen Stücken kaum ein anderes Thema behandelte als er in seinen wissenschaftlichen Arbeiten. Doch Schnitzler war immerhin bis 1931 existent und galt als hochgeschätzter und verehrter Meister, dessen Urteil man suchte und akzeptierte.

Arthur Schnitzler, der Revolutionär der Jahrhundertwende, als Patriarch und Autorität einer Zeit, die nicht mehr die seine war.

Franz Werfel gehört wohl hierher, obgleich er es doch noch zur Flucht und Emigration brachte und erst 1945 starb im fernen Los Angeles. Er war einer der Schriftsteller, die unter Kraus zu leiden hatten, und zugleich einer, der durchaus in seiner Umgebung Wirkung hatte – als Opernnarr leitete er eine Renaissance für viele unterschätzte Opern Giuseppe Verdis ein, indem er diese in neuer deutscher Nachdichtung vorlegte. Als Ehemann der Alma Mahler gehörte er zu den wesentlichsten Gastgebern Wiens, bei denen man in den letzten Jahren der Ersten Republik auch Politik machen konnte. Als Beobachter des Geschehens rund um sich wurde er ein politisch denkender Autor, der aus mehr als einem Grund sich danach sehnte, seine Religion aufzugeben und zum römisch-katholischen Glauben überzutreten, der's allerdings bis an sein Lebensende unterließ, um nicht der verfolgten eigenen Rasse Schaden anzutun.

Richard Beer-Hofmann darf nicht vergessen werden, obgleich er in der Gegenwart zu den beinahe vergessenen Autoren zählt – seine Gedichte und seine wenigen Versdramenfragmente sind edelste Sprache, und viele seiner jüngeren Zeitgenossen waren bereit, ihn als eine Instanz anzuerkennen.

Obgleich dem Alter nach gewiß nicht in der Reihe der Ehrwürdigen unterzubringen, muß man in diesem Zusammenhang die Erfolgsautoren auch nennen – also Jacob Wassermann, der nicht aus Wien stammte, der sich aber als österreichischer Autor fühlte und gemeinsam mit seinen Wiener Freunden in der Stadt lebte und gemeinsam mit ihnen die Sommerfrischen im Salzkammergut verlebte. Wassermann mit seinen großen Romanen hatte einen spontanen Publikumserfolg – und wird noch immer gelesen, man muß nur einmal das Verzeichnis der lieferbaren Taschenbücher durchsehen, dann hat man den Beweis für diese Behauptung.

Erfolgreicher als alle anderen war Hans Müller, den eine heute erscheinende Übersicht über die Literatur des Zwischenkriegs-Wien wohl zumeist ausließe – wäre da nicht die Erinnerung an einen Mann zu wecken, der seiner Popularität wegen im Ersten Weltkrieg vor allem bei Karl Kraus vorkam und der's mit einem Operettenerfolg (»Im weißen Rössl«) zu Welttantiemen brachte. Hans Müller, von dem es ungezählte Stücke gibt, die alle einmal in Wien und zumeist sogar am Burgtheater aufgeführt wurden, floh vor Hitler in die Schweiz und erlebte wachen Sinnes, daß sein Name und sein Werk allmählich in Vergessenheit gerieten. Sein treuer Bruder Ernst Lothar, Kritiker, Regisseur, Theaterdirektor, Romanautor, Emigrant, Heimkehrer, wiederum Regisseur und zuletzt Kritiker, hat immerhin in einem Erinnerungswerk auch an Hans Müller erinnert und nicht zugegeben, daß dieser Name ausschließlich in der »Fackel« überdauert.

Und zu den Saturierten ist für die Zeit ganz ohne Zweifel auch schon Stefan Zweig zu nennen, der Autor historischer Romane, der mit allen seinen Werken sofort international erfolgreiche Mann, der selbst einprägsam beschrieben hat, wie seine »Karriere« an dem Tag begann, an dem das erste von ihm geschriebene Feuilleton, von Theodor Herzl selbst angenommen, auf der Titelseite der »Neuen Freien Presse« erschien.

Zweig hat in allerletzter Zeit einige Würdigung erfahren, sein 100. Geburtstag machte das notwendig. Lange aber war er als eine Art zweiter Hofmannsthal, was die Betriebsamkeit anlangt, angesehen und als ein Vielschreiber in Verruf, wenn man von seinen Romanen und Biographien sprach. Der kluge und belesene Mann, der Freunde in ganz Europa hatte, übersiedelte noch vor der Festspielgründung nach Salzburg und war während der Zwischenkriegszeit bereits ein Gast im eigenen Land; man kann das alles in seinem Buch »Die Welt von Gestern« nachlesen – ein Buch, das wirklich jeder haben müßte, der über Österreich und über Wien bis 1938 etwas wissen will. Zweig wäre ununterbrochen zu zitieren und als Zeuge einer der Verläßlichsten; er hatte ein ausgezeichnetes Gedächtnis, und er wußte, wie man Daten und Fakten sammelt, um sie literarisch zu verarbeiten. Dank seiner vielen Interessen stand er, wie man in Wien sagt, mit Gott und der Welt in Verbindung, und deshalb darf man ihm auch glauben, was er von Politikern und Wissenschaftlern berichtet – er hat von Sigmund Freud die schriftliche Bestätigung, daß seine populäre Erklärung der Lehre Freuds korrekt und verständig ist, er hat als später Librettist von Richard Strauss durchaus authentische Schilderungen anzubieten, und er ist, dank seiner gesellschaftlichen Verbindungen, für mehr als eine Anekdote aus der bewegten Zeit gut. Sie muß nicht unbedingt an dieser Stelle wiederholt werden.

Jacob Wassermann, Erfolgsschriftsteller aus Deutschland, völlig eingemeindeter Österreicher, pflegte Freundschaft mit Wienern und lebte in Wien und Wiener Sommerfrischen – seine Romane erleben gegenwärtig eine erstaunliche Renaissance.

Folgende Doppelseite: Filmagentur im Café, 1928.

Zweigs Schicksal ist bekannt? Er war zur rechten Zeit im Ausland, er hatte mehr als die notwendigen Mittel, um Nazideutschland zu überleben, er konnte viele in Not geratene Kollegen und Freunde unterstützen und blieb sogar als Autor in Kontakt mit seinem Publikum, denn dieses beschränkte sich nie auf den deutschen Sprachraum. Trotzdem schrieb er noch seine Erinnerungen, sah das sich abzeichnende Ende des Hitlerismus und begriff auch wohl, wie die Welt nach dem Ende des Krieges aussehen würde – und ging freiwillig in den Tod. Er wollte offenbar unsere Zeit nicht mehr erleben, er hatte offensichtlich abgeschlossen mit seinem Leben und hielt alles, was nach 1938 kam, nicht mehr für seiner wert.

Einige der Namen, die hier immerhin schon einmal anklangen, findet man wohl auch in dem folgenden Zitat, das von Ernst Lothar kommt und das mir einer der weniger bekannten Belege dafür scheint, wie sich die Schriftsteller der Ersten Republik einerseits vertrugen und es anderseits mit der Politik hielten. Lothar, damals schon Präsident des mehrfach erwähnten Gesamtverbandes, war 1929 im Bundeskanzleramt der offizielle Gesprächspartner von Ignaz Seipel. Es ging um die Wiedereinführung der Zensur und selbstverständlich darum, daß man diese verhindern wollte. Wer? Alle, alle Schriftsteller, gleich welcher Gesinnung oder Qualität.
Lothar zählt in seinen Erinnerungen auf, wer mit ihm im Bundeskanzleramt war. Richard Beer-

Stefan Zweig, Wiener und Kosmopolit, erlebte die Zwischenkriegszeit im Grunde nur noch als Gast im Land – mit Wohnsitz Salzburg, Kapuzinerstiege.

Hofmann und Anton Wildgans, Joseph Roth, Robert Musil, Hermann Broch, die Herren Kassner, Schönherr, Kralik, Strobl und Bartsch. Mit Telegrammen bei sich, in denen Hofmannsthal, Bahr, Zweig, Werfel, Wassermann und Arnold Schönberg ihre volle Übereinstimmung mit der Meinung der Petenten kundtaten. Aber diese Liste ist noch längst nicht vollständig, Alban Berg, Wilhelm Kienzl und Julius Bittner waren als die Vertreter der Komponisten erschienen und waren Zeugen der Aussprache, die der gelernte Jurist Lothar, der Theatermann Lothar, in seiner Erinnerung sowohl als einen historischen »Fall« wie auch als einen aufregenden »Dialog« beschrieben hat.

Schnitzlers vorgetragene These war die, es sei unzulässig, künstlerische Erzeugnisse, die in keiner anderen Absicht als einer künstlerischen hervorgebracht werden, einen Maulkorb anzulegen.

»Verzeihen Sie, Herr Doktor. Woraus geht diese Absicht hervor?«

»Aus dem Kunstwert.«

»Ist der absolut?«

»Relativ wie alles, Herr Bundeskanzler.«

»Dann gäbe es kein gültiges Kriterium dafür, was Sie Kunstwerk nennen? Denn der eine hielte für Kunst, was dem anderen als Frivolität oder Blasphemie erschiene?«

»Das ist eine Frage der Urteilsfähigkeit.«

»Wer besitzt die nach ihrer Meinung?«

»Der Künstler. Und die für Kunst Empfänglichen. Wozu Politiker selten gehören.«

»Gibt es Gegenstände, die sich nach Ihrer Meinung der künstlerischen Gestaltung entziehen? Sich sozusagen von selbst verbieten?«

»Alles, was zum Leben und zum Tod gehört, ist Gegenstand der Kunst. Nicht der Gegenstand verbietet sich, sondern nur die unkünstlerische Art, ihn zu behandeln. Der Gegenstand ist frei.«

»Herr Doktor Schnitzler, da trennen uns Welten.«

Aus dieser letzten Antwort Ignaz Seipels läßt sich ablesen, daß derjenige, der den schönen Satz »Der Gegenstand ist frei« formulierte, Arthur Schnitzler war. Ein Mann, der ein Leben lang für diesen Satz selbst den Beweis angetreten hatte, der wegen der Veröffentlichung des »Lieutnant Gustl« 1900 aus der Armee ausgestoßen wurde, der mit »Professor Bernhardi« eine Diskussion über den Antisemitismus lostrat und mit dem »Reigen« einen Skandal heraufbeschwor, der beinahe bis in die Gegenwart wirkte – erst jüngst ist die Schutzfrist abgelaufen, die es auf Wunsch Schnitzlers unmöglich machte, den »Reigen« auf der Bühne zu zeigen.

Lothar, der Protokollführer dieser Unterredung, bei der man sich zuletzt ohne Annäherung der Standpunkte trennte, war keineswegs ein Gegner Seipels, ein Großteil der Schriftsteller war das nicht, die politischen Angriffe gegen den Bundeskanzler kamen nicht aus Literatenstuben. Trotzdem, man billigte dem Prälaten Seipel seinen Standpunkt zu, und man mißbilligte, daß der Bundeskanzler Seipel diesen mit seiner ganzen Autorität vertrat.

Mag sein, daß die von seiten der Sozialdemokratie oft erwähnten Unterschriften von Sigmund Freud, Alban Berg und Franz Werfel unter einem Wahlaufruf der Ersten Republik zustande kamen, weil sie alle der Ansicht waren, man hätte es mit Schnitzler und nicht mit Seipel zu halten.

Und, um noch einen Moment beim Thema zu bleiben, die Solidarität der schreibenden Zunft muß gut gewesen sein. Und die Freude an Gruppenbildung gleichfalls. In der »Sektion Literatur« des Gesamtverbandes versammelten sich 1929 bereits neun Vereinigungen: Der Alpenländische Schriftstellerbund, Baden bei Wien. Der Deutsche Schriftstellerverband, Landesgruppe Österreich. Die deutschösterreichische Schriftstellergenossenschaft. Der Niederösterreichische Schriftstellerverband. Der Schutzverband deutscher Schriftsteller in Österreich (Hugo von Hofmannsthal war erster Vorsitzender, Oskar Maurus Fontana zweiter Vorsitzender). Der Steirische Schriftstellerverband. Der Verein der Schriftstellerinnen und Künstlerinnen in Wien. Die Vereinigung dramatischer Schriftsteller und Komponisten. »Durch Delegierung vertreten« war zudem die Wiener Journalisten- und Schriftstellervereinigung »Concordia«. Allein die Aufzählung macht klar, daß es sich hier um ein sogenanntes breites Spektrum handelte, daß äußerst verschiedene Weltanschauungen vertreten waren, daß dennoch alle Mitglieder in wesentlichen Fragen bereit waren, gemeinsam zu agieren, sich gemeinsam vertreten zu lassen. Dergleichen ist seither nicht mehr geschehen.

Kein Wort darüber, daß in der Zeit nach 1945 und in der Gegenwart in Österreich auch wieder Schriftsteller leben und Wien immer noch eine Stadt mit einiger literarischen Kultur ist – darüber könnte man sich ja einmal unterhalten.

Aber: Wenn mir das Zeugnis einer großen gemeinschaftlichen Aktion aller Wiener Literaten in der Ersten Republik in die Hände fällt, dann habe ich allen Anlaß dazu, den Leser daran zu erinnern, daß es etwas unterhalb der Obergrenze Schriftsteller gab, die alle bis auf den heutigen Tag nicht ganz vergessen sind, und daß selbstverständlich auch unterhalb der Altersobergrenze bereits die »Jungen« in Wien lebten, die wir zum Teil noch als unsere Zeitgenossen gekannt haben, sofern sie nicht die Emigration verschluckt oder das Konzentrationslager gemordet hat.

Beispiele für alle diese Behauptungen, und jeder Leser von nur einiger Kenntnis wird sich weitere Namen selbst aus den Lexika finden. Felix Salten und Raoul Auernheimer und Hans Sassmann wären die Literaten, wenn wir einen Vorschlag machen dürfen, die in der Zwischenkriegszeit ein breites Publikum ansprachen und deren Werk sich mit Einschränkungen auch heute wieder lesen läßt: Die notwendigen Einschränkungen eines scharfen Kritikers einmal weggelassen, haben sie alle durch Originalität und eine seriöse Sprache sich das Recht erworben, weiterhin Wiener Literaten genannt zu werden.

Daß man Salten nebstbei als Autor der berüchtigten »Josefine Mutzenbacher« bezeichnete und er die Autorschaft nie bestritt, daß Raoul Auernheimer vor allem ein Feuilletonist ist und daß Hans Sassmann am berühmtesten durch eine Kabarettnummer im Zusammenhang mit Egon Friedell wurde, soll hier genügen. Da lebten und schrieben drei in Wien und hatten ihren Erfolg und wurden 1938 gezwungen, aufzuhören und zu riskieren, nachher nicht mehr dabei zu sein.

Und von den Jüngeren, die »damals« zwar schon schrieben und beachtet wurden, uns jedoch nicht nur als Autoren der Zeit zwischen den Kriegen bekannt sind? Da müßte man doch sehr viele nennen, Franz Theodor Csokor selbstverständlich, den stillen, unerbittlichen Eigenbrötler, der für seine Gesinnung eine Odyssee während des Zweiten Weltkriegs auf sich nahm. Friedrich Torberg, der mit Romanen und Gedichten und Parodien seinen festen Leser- und Freundeskreis hatte, ehe er in die Emigration mußte, und der sehr lange nach 1945 erst wieder Ruhe und Zeit fand, um als ein Schriftsteller und Briefeschreiber ganz nach den alten, hohen Maßstäben zu enden. Peter Hammerschlag, der fürs Kabarett schrieb – siehe Kabarett – und Gedichte, die man wahrlich nicht nur als Kabarettistisches bezeichnen kann.

Eine »Farbe« im literarischen Leben Wiens: der Journalist, Schriftsteller und Stegreifredner Anton Kuh: bösartig, brillant, faul und mit Karl Kraus verfeindet.

Er gehört zur Rasse der in Wien beinahe ausgerotteten Literaten, er lief bis 1938 frei und schreibend durch die Stadt und begriff nicht, daß ihm das mit dem Einmarsch von Hitler verwehrt sein würde.

Eine bisher noch nicht genügend »ausgeschilderte« Gruppe von Schriftstellern darf nicht nur nicht vergessen werden, sondern hätte Anspruch auf Zitate und bedeutsame Erklärung. Die schon vor 1938 politisch heftig engagierten Autoren, die immerhin im rechten Moment außer Landes gehen konnten, deren weitere Laufbahn man vor allem als die eines Politikers begriff – Manes Sperber zum Beispiel, kein geborener Wiener, aber ein Wiener aus der Monarchie und einer im Duktus seiner Sprache. Er verbringt seinen Lebensabend in Paris. Ernst Fischer zum Beispiel, ein Grazer zwar, jedoch ein Altösterreicher, wie man ihn unter den Kommunisten nicht so oft findet. Er überlebte in Moskau und war nach 1945 eine wesentliche Figur der Tagespolitik und erst sehr spät in seinem Leben wieder ein Mann der Literatur, als den ich ihn hier nicht vergessen möchte.

Und wieder eine andere Gruppe ist »beispielweise« nicht zu vergessen – die der überaus erfolgreichen Stücke- und Romanschreiber, die zwar bei vielen Gelegenheiten Spott oder Geringschätzung zu ertragen hatten, deren Namen jedoch auf die eine oder andere Weise weiterlebt und zur österreichischen Literaturszene des Wien zwischen den Kriegen zählt.

Hugo Bettauer zum Beispiel, der aus Baden bei Wien kam, in den USA das Handwerk des Journalismus erlernte, sich schließlich nach einem von Jugend an bewegten Leben in Wien niederließ und mit einer Zeitschrift und einer Serie von Romanen Aufsehen machte – »Bettauers Wochenschrift" überlebte ihn sogar eine Weile, seine Zeitschrift »Er und Sie« machte mit anderen Schöpfungen Bettauers Skandal wegen der freizügigen Behandlung aller erotischen Fragen. Von den Wiener Romanen, die man gern als Kolportage einstufen kann, haben sich »Die freudlose Gasse« als eine Vorlage für einen sehr berühmten Stummfilm und »Die Stadt ohne Juden« (im Untertitel »Ein Roman von übermorgen« genannt) als eine Art Prophezeiung und Satire auf noch nicht einmal Dagewesenes in unserem Gedächtnis erhalten. Bettauer, der von einem jugendlichen nationalsozialistischen Fanatiker erschossen wurde, hat erst vor kurzem so etwas wie eine Renaissance erlebt, man hat seine Romane wieder herausgegeben, und man kann sie ihrer zwar überzeichneten, jedoch nicht lebensfremden Schilderung der Zwischenkriegszeit in Wien nur empfehlen – und auch ein Buch, das sein Leben und die aufsehenerregenden Umstände seines Todes schildert. Sein Mörder überlebte die Zeiten und schrieb noch 1976 anklagende Briefe, gab sich noch immer als ein Kämpfer gegen Pornographie und selbstverständlich auch gegen die Demokratie . . .

Was an Ressentiments in den »Fall Bettauer« hineinspielt, läßt sich in einer knappen Aufzählung gar nicht unterbringen. Da war der Antisemitismus ebenso zu spüren wie die allgemeine Verachtung für einen gelesenen Journalisten. Da genierte man sich einerseits für die Themenwahl Bettauers und ernannte ihn zugleich zum Volksaufklärer und unterstützte ihn aus Prinzip von prüder sozialdemokratischer Seite her. Ein Drama für sich, der Mann, der zwei Jahre mit Karl Kraus in ein und dieselbe Klasse ans Gym-

In allerjüngster Zeit hat man seine Romane wieder aufgelegt. Hugo Bettauer, Abenteurer und Journalist, zog die Empörung »sittlicher« Kreise auf sich und wurde von einem jungen Nationalsozialisten ermordet.

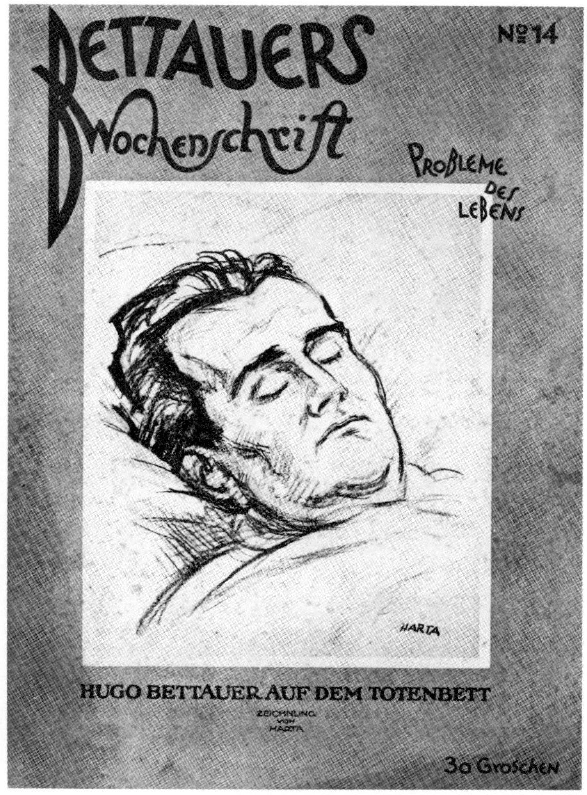

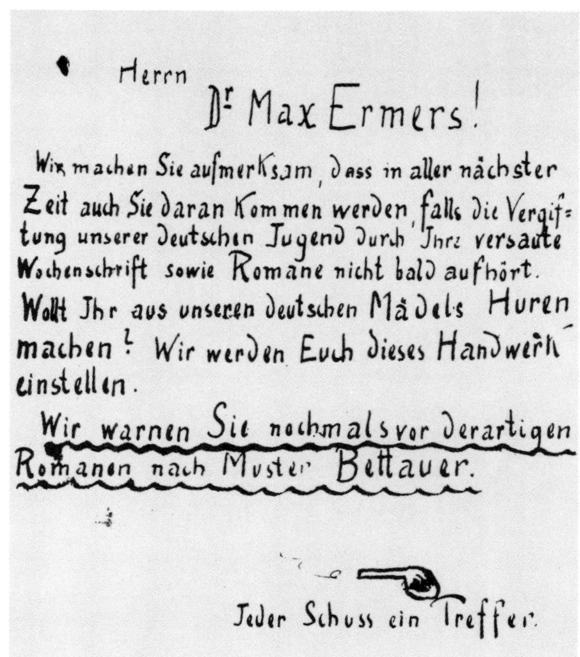

Herrn

Dr. Max Ermers!

Wir machen Sie aufmerksam, dass in aller nächster Zeit auch Sie daran kommen werden, falls die Vergiftung unserer deutschen Jugend durch Ihre versaute Wochenschrift sowie Romane nicht bald aufhört.

Wollt Ihr aus unseren deutschen Mädels Huren machen? Wir werden Euch dieses Handwerk einstellen.

Wir warnen Sie nochmals vor derartigen Romanen nach Muster Bettauer.

Jeder Schuss ein Treffer.

In Salzburg lebte und kommentierte weiterhin Hermann Bahr, einst als Vorkämpfer aller Moderne eingeschätzt und von Karl Kraus als der »Herr aus Linz« verspottet.

nasium ging und behauptete, er habe eine Kinderfreundschaft mit ihm gepflegt.
Den Sprung freilich wird mir keiner verzeihen: Torberg, der über die österreichische Literatur gesprochen und geschrieben hat, nimmt zu den Vertretern in der Zeit zwischen den Kriegen immerhin auch noch Rilke, Kafka und Trakl – und warum sollte man das auch nicht tun? Unbestreitbar waren diese Dichter Österreicher und stammten aus einer Welt, die es von 1918 an nur noch »im Kaffeehaus« gegeben hat, und schrieben Werke, die man in aller Welt gewiß nicht als Kaffeehaus-Literatur charakterisiert. Unzweifelhaft hatten sie in den Zeiten, die wir uns vorzustellen versuchen, in Wien keine Heimat, keinen »Kreis« mehr. Doch sie waren in allen den Runden da, in denen sich junge Literaten trafen und sich zu ihren Altvorderen bekannten und wollten, daß man sie als deren Nachfolger ansah – eine Haltung, die sich von der österreichischer Literaten der Gegenwart unterscheidet und die mit zu dem nicht nur von Torberg immer wieder beschworenen »Kaffeehaus« zählt.
Man bedenke also, um noch einmal zu diesem Sprung anzusetzen, daß sich 1918 zwar ein großes Reich auflöste, daß aber Traditionen in der Literatur bestehenblieben und daß die vorhin als große Namen der Zwischenkriegszeit bezeichneten Werfel und Hofmannsthal und Schnitzler durchaus das Recht hatten, vertraut zu tun mit Rilke und Kafka und Trakl, und daß es eine neuere Generation gab, der wiederum Vertrautheit mit Werfel und Hofmannsthal und Schnitzler gestattet wurde.
Und, um nicht zu verwirren, sondern die Fülle an Gestalten der Zeit zu beweisen: In Salzburg lebte und schrieb noch der einst wehrhafte und betont fortschrittliche Hermann Bahr, und einen Autor wie Anton Wildgans, der aus verschiedensten Gründen gern vergessen wird, hat man damals selbstverständlich auch besessen. Und Dramatiker und Feuilletonisten und Taglöhner, die man als Journalisten bezeichnete, deren gerade Sätze jedoch heutzutage manchen Schriftsteller beschämen würden.
Ihnen allen war, vielleicht versuchen wir ausnahmsweise eine Charakterisierung, eine recht enge Bindung an die Vergangenheit und an die Musik nachzurühmen. Was die Vergangenheit anlangt, so lese man beim Triestiner Claudio Magris nach, der klug über den Habsburger Mythos in der Literatur geschrieben und erklärt hat, wie lang und wie sehr sich die Monarchie als Thema und umspannende gemeinsame Anschauung in der Literatur hielt. Zur Musik muß man als Wiener Schriftsteller Fähigkeit haben – und alle Beispiele für diese Behauptung müßten Stückwerk bleiben. Da waren die Strauss-Librettisten Hofmannsthal und Zweig, da war der Janáček-Entdecker und Kafka-Freund Max Brod, war der Offenbach-Retter Karl Kraus, war der Verdi-Biograph Werfel, waren in der unteren Kategorie die Verfasser von Texten fürs musikalische Unterhaltungstheater und fürs Kabarett. Da war zuletzt und vor allem ein Joseph Roth.
Ein Dichter der Zwischenkriegszeit in Wien? Das läßt sich so nicht behaupten, Roth kam nur noch selten nach Wien, lebte und hungerte und trank zuletzt in Paris und war doch unbedingt

ein Schriftsteller, den man zur großen österreichischen Literatur zählen muß. Nicht seiner Themen wegen, nicht der Musik seiner Sätze wegen, nicht seines zuletzt so heldenhaft hervorgekehrten Legitismus wegen. Sondern, weil alles an ihm aus dem österreichisch-jüdischen Raum und Themenkreis und Melodienreichtum war und leidenschaftlich für Wien reklamiert werden muß. Die Jungen, die weder für 1938 was können noch für die seltsame Verlagspolitik nach 1945, diejenigen also, die Joseph Roths Texte allmählich kennenlernten, würden ihn immer als einen Wiener Dichter nehmen, und ich würde diese seltsame und nicht korrekte Rückholung Roths immer verteidigen.

Und? Waren das schon alle Schriftsteller, die man zur österreichischen Literatur zwischen den Kriegen zählen kann? Wo sind da ein Robert Neumann, ein Jura Soyfer, ein Hans Flesch-Brunningen, eine Hilde Spiel, ein Hans Weigel, ein Franz Karl Ginzkey, ein Max Mell? Sie sind nicht einmal oder nur beinahe namentlich genannt worden, und jedem Leser blieb überlassen, sich zu dem Namen auch alle Werke und die Persönlichkeit vorzustellen. So einfach hat es sich der Autor diesmal gemacht. So kursorisch muß er bleiben, wenn er zu einem Ende kommen will: Er kann sogar noch darauf hinweisen, daß er so gut wie keinen Namen der österreichischen Schriftsteller der Zwischenkriegszeit außerhalb der Stadt genannt hat.

Immer noch macht die Gegenwart Entdeckungen, finden junge neugierige Menschen Texte und Schriftsteller, von denen sie nach 1945 nichts gehört haben, die irgendwann vor oder nach 1945 starben und im Ausland oder aber auch in der Heimat unterschätzt waren. Immer noch fällt dem Berichterstatter ein, auf wen er unter keinen Umständen verzichten will in diesem Kapitel – zum Beispiel nicht auf Alexander Lernet-Holenia, dessen »Standarte« man nicht vergessen kann, zum Beispiel nicht auf Heimito von Doderer, dessen Werke freilich alle später geschrieben wurden, auf die eine oder andere Weise aber bereits in der Zwischenkriegszeit existent gewesen sein müssen.

Der geneigte Leser nehme das als einen möglichen Abschluß. Wieviel Wiener Literatur der Zeit zwischen den Kriegen erst im Krieg oder nachher geschrieben wurde, das gehört nicht aufs Feld der Spekulation, sondern wäre äußerst präzise aufzulisten.

Was viele Schriftsteller in der Emigration an Wiener Gedichten und Romanen schrieben, was nach 1945 erst – siehe Doderer – Gestalt annahm und doch eindeutig in die Zeit vor 1938 gehörte – aus alledem ließe sich eine ehrfurchtgebietende Menge Literatur destillieren.

Der Funken neben dem Pulverfaß

Unzweifelhaft gibt es in der Geschichte unserer Stadt wenige Ereignisse politischer Art, die so viel große Literatur provoziert haben wie der Brand des Justizpalastes am 15. Juli 1927.
Weiß jedermann heute noch, wo er nachzulesen hat, wenn er nicht einfach blanke Tatsachen oder parteipolitisch gefärbte Kommentare, sondern über die Zeiten dauernde Literatur zum Justizpalastbrand vor sich haben will?
Elias Canetti hat in seinen Erinnerungen darauf hingewiesen, sein Roman »Die Blendung« sei aus einer Keimzelle entstanden, die dieser besondere Tag in Wien war – der geachtete Schriftsteller war mit vielen politisch engagierten Menschen befreundet, worüber bei ihm, aber auch bei Ernst Fischer und anderen nachzulesen ist.
Heimito von Doderer hat beim akribischen Studium, das er für alle seine Romane betrieb, die Ereignisse des 15. Juli absorbiert und als äußeren Höhepunkt der Handlung in den »Dämonen« erscheinen lassen – von seiner politischen Haltung muß man hier noch nicht berichten, als er die »Dämonen« schrieb, war er ein guter Österreicher und ein großer Schriftsteller.
Manes Sperber hat in seinem erzählerischen Hauptwerk »Wie eine Träne im Ozean« den Brand des Justizpalastes nicht verschwiegen – in seinen Lebenserinnerungen aber kommt er noch

einmal auf ihn zurück und beteuert, daß dieses »Erlebnis nie aufgehört hat zu wirken«. Der gleichfalls fern der Heimat lebende Essayist und Philosoph muß in seiner Bedeutung als ein politisch denkender Schriftsteller wohl nicht hervorgehoben werden; daß und wie er sich von Moskau distanzierte und als aktiver Antifaschist durchs Leben rettete, weiß man wohl recht genau.

Verweist man auf die Schriften eines Karl Kraus, die ja wohl auch nicht zu den aktuellen Antworten auf ein Ereignis zu zählen sind, sondern als wohlüberlegte literarische Polemik gegen ziemlich alle Persönlichkeiten, die nach seiner Ansicht die Tragödie zu verantworten haben, dann hat man eine respektable Liste beisammen und schämt sich beinahe, an dieser Stelle weitere Beobachtungen zum Juli 1927 anzubieten.

Freilich, so einfach darf man es sich wohl nicht machen. Zu viele Zeugnisse sind zu verlesen, zu viele nicht mehr wirklich populäre Gedankengänge sind in Erinnerung zu rufen, und – alle Leser, die einer jüngeren Generation angehören, haben an dieser Stelle zustimmend zu nicken – zu viele Dokumente aus der Zeit sind relativ selten nachgedruckt. Oder kennt wirklich jedermann den Leitartikel der »Arbeiter-Zeitung«, der von sehr vielen als das auslösende Element der Demonstrationen bezeichnet wird? Kennt wirklich jedermann die Einschätzung der Lage, wie sie am Morgen des 15. Juli im Leitartikel der »Neuen Freien Presse« geradezu prophetisch abgedruckt war? Weiß wirklich jedermann die damals offiziell bekanntgegebenen Verluste an Menschen und Material – das klingt nach Kriegsbericht, und ganz so soll es auch hier gelesen werden.

Dubio, meine ich. Ich zweifle heftig an der allgemeinen Kenntnis, und ich will daher wenigstens einige Standpunkte wiedergeben, die jeder für sich einseitig und abzulehnen wären, die aber insgesamt ein Bild ergeben, das der Betrachter immer noch auf seine eigene Weise deuten kann.

Am 14. Juli war am neunten Verhandlungstag der seither berühmt gewordene »Schattendorfer Prozeß« zu Ende gegangen. Man hatte über eine Auseinandersetzung während einer Versammlung der Schutzbündler und der Frontkämpfer in dem kleinen burgenländischen Ort zu urteilen – liest man eine recht leidenschaftslose Schilderung der Ereignisse am 30. Jänner 1927, dann begreift man rasch, wie damals politische Veranstaltungen vor sich gingen und wohin sie führen konnten.

Für den Nachmittag dieses Tages war in das Gasthaus eines gewissen Josef Tscharmann eine Versammlung der Ortsgruppe Schattendorf der Frontkämpfervereinigung einberufen – der Besuch von Wiener Frontkämpfern und Abordnungen aus umliegenden Ortschaften war angekündigt. Für denselben Sonntagnachmittag war eine Versammlung, zu der Mitglieder des Republikanischen Schutzbundes angesagt waren, in einem nahe gelegenen Lokal des Paul Moser angesetzt. Schon gegen 14 Uhr trafen die Parteigänger beider Organisationen sozusagen aufeinander, außer ortsüblichen Beleidigungen aber gab es keine Auseinandersetzungen.

Auch ein Vorbeimarsch des Schutzbundes am Lokal der Frontkämpfer um vier Uhr nachmittags wäre beinahe folgenlos geblieben, hätten nicht die letzten im Glied der marschierenden Sozialdemokraten zuerst heftig »Pfui« gerufen und anschließend die Frontkämpfer aufgefordert, »auf die Gasse zu kommen und dort die Kräfte im Raufhandel zu messen«. So aus dem Protokoll; man kann sich diese Aufforderungen in ihrer plastischeren Form immer noch vorstellen.

Mehrere Mitglieder der Frontkämpfer allerdings hatten anderes im Sinn; die Wirtssöhne Josef und Hieronymus Tscharmann, Johann Pinter und Georg Schuh hatten Gewehre parat. Sie schossen aus einem Fenster in die vorbeiziehende Menge, und sie trafen. Und zwar tödlich. Fünf Personen wurden verletzt, zwei getötet – ein 40jähriger Hilfsarbeiter und ein achtjähriger Bub, der gegenüber dem Gasthaus lediglich auf den Vorbeimarsch wartete, waren die Toten.

Was eine politische Wirtshausrauferei hätte werden können, wurde ein Scheibenschießen lokaler Schattendorfer Frontkämpfer, die böse Folgen nicht fürchteten. Schließlich hatten sie Gewehre und befanden sich in ihrem eigenen Haus – ihre erste Verantwortung vor Gericht lautete demnach auch, sie hätten ungezielt und »in Besorgnis eines Angriffs auf das Haus« geschossen.

Der Prozeß, vom ersten Tag an lebhaft kommentiert und von allen politischen Lagern als eine

15. Juli 1927, bevor die Polizei zum Gegenangriff übergeht: Demonstranten haben sich auf der Ringstraße »Material« besorgt und dringen in den Justizpalast ein.

Möglichkeit, die Unmenschlichkeit der Gegenseite deutlich zu machen, voll begriffen und genützt, blieb auf den ersten Seiten aller Tageszeitungen, wurde nur durch Berichte von parlamentarischen Diskussionen ergänzt und war deutlich mehr als ein Prozeß gegen zwei schießwütige Burgenländer. Die mehr als handfesten Auseinandersetzungen zwischen Schutzbund und Frontkämpfern wurden auch während der Prozeßdauer gemeldet – man nannte sie »große Prügeleien«, und zu dem Aufeinandertreffen der beiden Formationen kamen auch noch andere Raufereien, so eine zwischen Arbeitern und Hakenkreuzlern. »Es ist unmöglich, daß die Krise der öffentlichen Ordnung fortdauert. Genug und übergenug der Prügel!« schrieb man und schrieb doch erst den 11. Juli.

Zum »Freispruch im Schattendorfer Prozeß« schrieb schließlich in ihrer Ausgabe vom 15. Juli 1927 auf der ersten Seite die »Neue Freie Presse«, was man als prophetisch bezeichnen kann:

»Schließt einen neuen Burgfrieden. Mindestens für das Burgenland. Das sollte die wahre Verurteilung der Angeklagten sein, die gestern von den Geschworenen freigesprochen wurden. Erkennt die ganze Größe der Gefahr; begreift, zu welcher phantastischen Groteske es führen muß,

wenn neu erworbenes Land Spielball wird bewaffneter oder halb bewaffneter Organisationen; denkt daran, daß wir die ernste sittliche Verpflichtung haben, die Bevölkerung zu Österreichern zu machen, nicht nur nach der Farbe der Grenzpfähle, sondern Österreichern des Herzens. Die Toten stehen nicht wieder auf, und tief muß es jeden berühren, daß das Vergehen keine Sühne gefunden hat. Aber den einen Dienst können wir diesen Opfern wilder Leidenschaft erweisen, die eine Heiligung kann dieses Unglück verklären, daß wir uns selbst das Versprechen geben: Nie wieder Krieg gegen die eigene Bevölkerung! Die Zeit der Privatfehden muß abgeschlossen werden für immer, mindestens, wir wiederholen es, im Burgenland, Urfehde muß verkündet werden wie nach den blutigen Zerwürfnissen vergangener Jahrhunderte.
Schafft inneren Frieden, das ist der Schluß, der aus dem Verdikt der Geschworenen zu ziehen ist. Denn dieses Urteil, das sicher sehr anfechtbar erscheint, sicher von vielen angefochten werden wird, es ist doch nur ein Beweis, daß die Geschworenen in dem Hin und Her, in dem Chaos des Hasses, in dem Wirbel dieser Raufereien, nicht mehr die Straße finden konnten für die Anwendung des Strafgesetzes.
So ist diese ganze Schattendorfer Tragödie eine klare Illustration des Elends, das die Bundespolitik in Österreich erzeugen muß. Die Bandenpolitik verblendet die Augen, das widerwärtige Hakenkreuzlertum fühlt sich gerechtfertigt durch die Repressalien der anderen, und schließlich ist der Einzelne nichts anderes mehr als ein willenloses Glied in der Kette und seine Übeltat, sie ist nur der Funke, die Entladung der übermächtigen Spannung. Die politischen Führer, die behaglich am grünen Tisch sitzen, wohl behütet in ihren Amtslokalen, sie vergessen eben ganz, daß, wenn sie Wind säen, Sturm geerntet wird, daß die Volksgesamtheit die entsetzlichen Schäden dieses Sturmes erleiden muß.
So hat eine entsetzliche Mordtat geschehen müssen, ohne daß Strafe dafür eingetreten wäre, so haben die Geschworenen nur der Empfindung Folge geleistet, daß der allgemeine Terrorismus den bösen Willen ausschalte. Das öffentliche Bewußtsein wird sich gewiß nicht gänzlich diesem Wahrspruch anschließen. Die Parteien dürfen jedoch ihre eigenen Verbrechen nicht den Geschworenen auflasten. Die Schattendorfer Schüsse müssen die dringende Mahnung bilden zur Wiederkehr der Besinnung.«
Der Leitartikel der »Arbeiter-Zeitung« zum 15. Juli liest sich anders. Er stammt von Friedrich Austerlitz und ist in Expertenkreisen wahrscheinlich noch Wort für Wort bekannt. Man sollte ihn jedoch auch hier recht ausführlich zitieren und so jedem Interessenten zu verstehen geben, wie weit sich die Führer der Sozialdemokratie in Wort und Schrift treiben ließen, ehe sie mit einigem Entsetzen feststellen mußten, daß sie die Masse ihrer Parteifreunde um einige Schritte weitergetrieben hatten, als sie es tatsächlich vorgehabt haben wollten.

Die Mörder von Schattendorf freigesprochen!

Nichts wird den drei Angeklagten, die am 30. Jänner in Schattendorf in eine Menschenmenge hineingeschossen, mit vollem Vorsatz die todbringenden Schüsse auf Menschen abgefeuert haben, die zwei Menschenleben vernichtet und fünf Menschen verletzt haben, nichts wird ihnen geschehen, kein Haar wird ihnen gekrümmt werden: die eidbrüchigen Gesellen auf der Geschwornenbank haben sie von allen Schuldfragen freigesprochen, und unter dem Siegesgeheul der angesammelten Frontkämpfer sind sie, die zwei Menschenleben auf dem Gewissen haben, sofort in Freiheit gesetzt worden. Eine Schurkerei ist diese Freisprechung, wie sie in den Annalen der Justiz wohl selten, vielleicht noch nie erlebt worden ist.
Denn die Wahrheit, die aus dieser Freisprechung, die die ganze Rechtsprechung schändet, so erschütternd und aufreizend hervorgeht, ist die, daß Hakenkreuzler und Frontkämpfer, wenn sie auf Arbeiter schießen, wenn sie Sozialdemokraten ermorden, der Freisprechung anscheinend immer gewiß sein können. Der Mord an Birnecker, der Mord an Still, der Mord an Kovarik, sie alle sind ungesühnt geblieben. Und so konnten die Frontkämpfer in Schattendorf schon annehmen, daß auch ihnen nichts passieren werde, wenn sie den bereits ermordeten Sozialdemokraten noch etliche zugesellen werden, was sie ganz offensichtlich dazu geführt hat, sich bei ihrer Schießerei ja keinen Zwang aufzuerlegen. Weshalb auch? Diese feine Justiz wird es sich vielleicht als eine besondere Pflichterfüllung anrechnen, daß gegen die Schattendorfer Mörder die Anklage erhoben worden ist, und mit Stolz auf ihre Unbeugsamkeit darauf hinweisen, daß sogar Frontkämpfer, Angehörige also der gehätschelten Leibgarde der Regierungsparteien, angeklagt werden, wenn sie Menschenblut vergießen, selbst dann angeklagt werden, wenn die von ihnen Erschossenen Sozialdemokraten sind. Aber was neben dem Verfahren im Gerichtssaal dazu getan werden konnte, um die Geschworenen zu verwirren, zu beeinflussen, ihnen indirekt die Überzeugung zu vermitteln, es sei im Grunde ein wohltätiges Werk, auf Schutzbündler zu schießen, das ist getan worden. Schon daß es den Frontkämpfern ermöglicht wurde, die ganze Verhandlung mit dem unverfrorenen Ausdruck ihres Beifalls und Mißfallens zu akkompagnieren und derart in dem Saale, in dem die Hoheit des Gesetzes walten soll, die richtige Hassesstimmung gegen den Republikanischen Schutzbund zu erzeugen, aus der heraus sich allmählich die Geschwornenbank in eine richtige Frontkämpferbank

Friedrich Austerlitz, Chefredakteur der Arbeiter-Zeitung, wortgewaltig und imposant.

Folgende Doppelseite: Die Volkswehrkapelle spielt auf: »Wählet nur Sozialdemokraten«, 1920.

verwandelte, schon das war eine Vorbereitung für den lumpigen Wahrspruch. Die schamlosen Schießereien des hakenkreuzlerischen Advokaten, die unseres Bedünkens zu einer Nichtigkeitsbeschwerde wohl ausreichen würden, hatten dieselbe Bestimmung: die „Antimarxisten" auf der Geschwornenbank zu einer unauflöslichen Einheit zusammenschmieden, die sich jeder Prüfung des Tatbestandes entbunden fühlt und ins Geschwornenzimmer schon mit dem Vorsatz geht, die Angeklagten, die doch nur Sozialdemokraten umgebracht haben, unter allen Umständen freizusprechen; derart frech hat sich die kunstgemäße Beeinflussung der Geschwornen nie hervorgetraut wie in diesem Prozeß, die ärger ist, als wenn die Geschwornen, die die Mörder freigesprochen haben, bestochen worden wären. Was aber noch zu leisten war, das hat die Regierung durch ihre Zeitungen besorgt; denn an der infamen Hetze der zwei Regierungsblätter, des christlichsozialen, das Herr Seipel, des großdeutschen, das Herr Dinghofer befehligt, ist die Regierung geradezu unmittelbar mitschuldig. Diese Hetze war sorgsam vorbereitet angelegt.
Aber ihnen allen, die der Geduld des arbeitenden Volkes mit den Freisprechungen der Arbeitermörder eine so schwere Belastung zufügen, ihnen allen sei gesagt, daß sie da ein frivoles, ein gefährliches Spiel treiben. Denn wenn die Arbeiter erkennen müßten, daß es für sie in dieser kapitalistischen Ordnung keine Gerechtigkeit gibt, daß die Justiz zur Komödie herabsinkt, wenn ein den arbeitenden Menschen zugefügtes Unrecht zu sühnen ist, dann wird der Glaube an diese Gerechtigkeit vernichtet und das Vertrauen zu ihr verschüttet. Denn die Versagung der Gerechtigkeit ist das Schlimmste, was den arbeitenden Menschen angetan werden kann, und wenn sie das einmal erkennen und ihr Bewußtsein von dieser niederdrükkenden Tatsache erfüllt wird, so ist es um die Rechtsordnung geschehen. Die bürgerliche Welt warnt immerzu vor dem Bürgerkrieg; aber ist diese glatte, diese aufreizende Freisprechung von Menschen, die Arbeit getötet haben, weil sie Arbeiter getötet haben, nicht schon selbst der Bürgerkrieg? Wir warnen sie alle, denn aus einer Aussaat von Unrecht, wie es gestern geschehen ist, kann nur schweres Unheil entstehen.

Nach diesen und allen anderen Zeitungen vom Morgen des 15. Juli 1927 erschienen einmal zwei Tage keine mehr. Erst am 18. Juli konnte man als sozusagen ruhigste Meldung lesen: »Das Ergebnis des blutigen Freitag. Der Aufruhr, der Freitag in den Vormittagsstunden ausbrach und bald darauf ganz Wien erfaßte, vorübergehend auch zu einem Generalstreik geführt hatte, hat vorläufig zu folgender Situation geführt: Vierundachtzig Tote, fünfhundert meist Schwerverletzte. Fortdauer des Eisenbahn-, Telephon- und Poststreiks. Wiederaufnahme der übrigen Arbeit. Keine Gefährdung der Approvisionierung.«
Ungefähr weiß man wohl, was sich zwischen dem Erscheinen dieser beiden Ausgaben der Wiener Tageszeitungen zugetragen hat? Man wird es immer nur ungefähr wissen, denn sämtliche Dokumente, sämtliche Augenzeugenberichte, sämtliche damals geschriebenen oder später verfaßten Zeugnisse ergeben ein Bild, das bis auf den heutigen Tag sehr verschieden gesehen werden könnte – gäbe es da nicht auch eine sozusagen offizielle Berichterstattung, die sich nach Jahrzehnten als die von Staats wegen anerkannte durchgesetzt hat.
Das will heißen, daß tatsächlich der Brand des Justizpalastes und die unmittelbar darauf anschließende Menschenhatz, der sich die Wiener Polizei mit Grausamkeit hingegeben hat, aller objektiven Berichterstattung widersetzt. Es kommt weiterhin, auch mehr als ein halbes Jahrhundert später, auf den Betrachter an, und wenn derselbe sich selbst nicht gern belügt, dann wird er schließlich zugeben müssen, daß er beim besten Willen nicht imstande ist, Stellung zu beziehen – es hören sich die Berichte aus 1927 zu verschieden an, man kann aus den Dokumentationen zuviel Verschiedenes herauslesen, sie geben als einziges Gemeinsames wirklich nur den Eindruck, es habe sich um ein Ereignis gehandelt, das nie aufgehört hat zu wirken.
Zwei Standpunkte, die völlig konträr sind, immerhin hier in Kürze wiedergegeben. Da ist einmal Karl Kraus, der für seine Verhältnisse aktuell zum Justizpalastbrand schreibt. »Die Fackel« vom Oktober 1927 steht unter einem einzigen Titel. »Der Hort der Republik«. Kraus, der erst im Juni eine Art Nachklang zu seinem Plakat gegen den Zeitungsbesitzer Bekessy und

WÄHLET NUR SOZIALDEMOKRATEN

Der Justizpalast brennt: Augenzeugen berichten heute noch von diesem Ereignis, ihre Aussagen widersprechen einander, wie es nur angesichts eines historischen Ereignisses möglich ist.

dessen Flucht ins Ausland erscheinen lassen konnte, der konsequenterweise einen zweiten Versuch, in breitester Öffentlichkeit aktiv zu werden, mit seinem Plakat gegen Wiens Polizeipräsidenten Schober unternommen hatte – und den Rücktritt Schobers nicht erreichte, vielmehr weitere Dankadressen an den Mann provozierte, der die Polizeiaktionen am 15. Juli 1927 zu verantworten hatte –, Karl Kraus widmete 92 Seiten einer seiner großen Dokumentationen und dem eigenen Kommentar zu den Geschehnissen.

Liest man, was Kraus aus Zeugenaussagen, Aktennotizen, Zeitungsmeldungen zum Ablauf des Tages kleisterte, so ist man so lang erschüttert und ohne jede Einschränkung auf seiten der Wiener, die an diesem Tag von der Wiener Polizei verletzt, getötet, in Scharen durch die Stadt getrieben wurden. Bis man aus dem sehr bösen Wahrtraum erwacht und sich erinnert, da sei doch noch etwas gewesen, da habe es ja vor den Polizeiaktionen so etwas wie eine Demonstration und einen wienerischen Sturm auf die Bastille gegeben.

Bei Kraus setzt das Szenarium effektvoll mit den Lobpreisungen der Polizei und des Wiener Polizeipräsidenten ein, werden die Parlamentarier zitiert, die einerseits Polizisten auf wehrlose neugierige Wiener schießen sahen und anderseits sich alterieren, weil in Debatten von 100 Toten gesprochen wird, in Wahrheit aber nur 85 oder 86 Todesopfer zu beklagen sind. Dann folgen Schilderungen. Einzelne Szenen, die ganz gewiß alle stattgefunden haben und von denen wohl nicht eine einzige zu entschuldigen und jede zu erklären ist. Für denjenigen, der die Technik des Karl Kraus nicht kennt, wenigstens ein kurzer Ausschnitt. Zwei Zitate, ohne besondere Trennung besonders wuchtig in der Aussage.

»Ein Arzt der Rettungsgesellschaft teilt mit, daß

Aufräumungsarbeiten im total zerstörten (und aller Akten ledigen) Justizpalast.

sich unter den in seinem Blutrayon ermordeten Personen auch eine hochschwangere Frau und drei kleine Knaben befanden. Einer von ihnen war rittlings auf den Schultern des Vaters gesessen, als ihn die tödliche Bleikugel traf.
Die sechzehnjährige Hilfsarbeiterin Maria H. wurde Freitag um 7 Uhr abends beim Schottentor verhaftet, weil sie Rufe gegen die Polizei ausgestoßen hatte. Sie wurde zur Polizeidirektion gebracht; unterwegs stieß sie ein Wachmann mit dem Gewehrkolben in das Kreuz. Als sie schrie, packte sie ein anderer brutal am Arm und rief: ›Halt die Goschen, sonst hau' ich dir eine auf den Schädel, daß du hin bist!‹ Auf der Polizeidirektion stieß sie ein Wacheorgan in den Rücken und rief: ›Geh' schon, Canaille!‹ – ›Ich spreche den Polizeiorganen für ihr energisches und doch maßvolles Verhalten den Dank und die Anerkennung der Bundesregierung aus.‹«
Hat man das gelesen und tief geschluckt, dann finden sich alsbald auch technische Erläuterungen, die der Dichter der »Letzten Tage der Menschheit« nicht minder effektvoll vorträgt. Denn eine der besonderen Fragen zum Polizeieinsatz rund um den Justizpalast und bald in ganz Wien war schließlich die Frage nach der ausgegebenen Munition. Nach sozusagen gesicherten Aussagen hat man in den Kasernen an die ausrückende Polizei Scheibenschießmunition ausgegeben, also Geschosse, die insbesondere bei Gellern – bei vom Boden oder Wänden abprallenden Schüssen – außerordentlich schlimme Wunden reißen. Nach heute auch nicht anzweifelbaren Meldungen der Polizeidirektion war diese Munition nicht ausgegeben worden, war die immerhin vom Abgeordneten Otto Bauer im Parlament vorgetragene Beschuldigung zu widerlegen.
Liest man Kraus und die »Fackel«, hat man den sicheren Eindruck, wie immer in der Geschichte

lüge und verschleiere die Polizei im Kleinen wie im Großen, was geschehen ist – und sieht die Opfer der verbrecherischen Polizeiaktion auf der Ringstraße und anderswo in Wien verbluten.
Legt man die »Fackel« weg, dann ist man ein überzeugter Anhänger der Theorie, die Geschehnisse rund um den Justizpalast seien ein vollkommener Ausdruck eines wahnsinnig gewordenen Polizeiapparates gewesen.
Und man braucht ziemlich lange, bis man seine Zweifel wiederfindet, die wenigstens ein Bruchteil aller eigenen Gefühle zu diesem Tag ausmachen müssen.
Als Chronist nimmt man sich das Material her, aus dem auch Karl Kraus seinen Bericht zusammengestellt hat, und liest von Anfang an, nicht erst vom Polizeieinsatz weg. Und stellt sich eine dramaturgisch einprägsame Szene vor.
»Wie alle anderen Angestellten der Stadt Wien, veranstalteten auch die der städtischen Elektrizitätswerke Freitag vormittag einen Protest gegen den Freispruch im Schattendorfer Prozeß. Die Wirkung dieser Demonstration war sehr tiefgreifend, da durch diese der Straßen- und der Stadtbahnverkehr in ganz Wien lahmgelegt wurde. Das in der Zeit des stärksten Verkehrs, wo Zehntausende im Stadtinneren Beschäftigte von den peripher gelegenen Bezirken dem Zentrum zustreben.
Nach 8 Uhr sammelten sich die Angestellten und die Arbeiter der städtischen Elektrizitätswerke in der Mariannengasse zu einem geschlossenen Zuge zunächst zum Landesgericht. Als sich etwas vor 9 Uhr der Zug in Bewegung setzte, war er einige tausend Mann stark. Er ging über die Alserstraße, Universitätsstraße und über den Ring zum Justizpalast. Vor dem Landesgericht blieben die einzelnen Gruppen stehen und schrien: Nieder mit der Schandjustiz! Nieder mit dem Faschismus!
Dann zog die Menge zur Universität. Hier wurde plötzlich die Parole ausgegeben, zu stürmen. Die Demonstranten drängten die Freitreppe hinauf unter den ständigen Rufen: Nieder mit den Arbeitermördern! Nieder mit den Hakenkreuzlern! Wir werden diese Schießbude ausräumen! Die Universitätsdiener schlossen rasch die Tore und zogen die eisernen Querstangen vor.
Und während dieses Tobens an den Toren fanden an der Universität Rigorosen und Promotionen statt.
Nun setzte sich der Zug gegen den Justizpalast in Bewegung. Der gesamte Verkehr auf der Ringstraße mußte eingestellt werden. Unter fortwährenden Rufen gegen die Regierungsmehrheit, gegen die Hakenkreuzler und namentlich gegen das gestrige Urteil gelangte der Demonstrationszug zum Parlament.
Hier kam es zu einer Wiederholung der stürmischen Szenen. Einem starken Wacheaufgebot gelang es, das Eindringen der Demonstranten in das Parlament zu verhindern. Andere Demonstranten zogen gegen die Stadiongasse, wo gegenwärtig das Straßenbahngeleise erneuert wird und Stein- und Schotterhaufen liegen. Es wurde dort ein starker Wachekordon gezogen, um zu verhindern, daß sich die Demonstranten mit Steinen bewaffnen können. Alle Anstrengungen der Polizei schienen aber vergeblich, bis in einem sehr kritischen Augenblick eine große Abteilung berittener Polizei herangesprengt kam. Zwischen ihnen und den Demonstranten kam es zu einem heftigen Handgemenge. Die Wache zog blank und hieb auf die Demonstranten ein. Drei Verletzte wurden in die Wachstube in die Bartensteingasse gebracht.
Die schon erwähnte Attacke der berittenen Polizei auf die am Parlament vorüberziehenden Elektrizitätsarbeiter, verbunden mit der Verwundung zahlreicher Demonstranten durch Säbelhiebe, hatte die Leidenschaft der Menge jäh zum Äußersten entflammt. ›Zum Justizpalast‹ war die Parole. Ein Teil ging auf das Gebäude selbst los, das nur von einer kleinen Abteilung Polizei geschützt war, alle übrigen Demonstranten, die sich durch starken Zuzug aus der Vorstadt rasch vermehrt hatten, bereiteten sich darauf vor, einen Wachesukkurs abzuhalten. Aus den Parks und von der Ringstraßenallee wurden die Gartenbänke herbeigeschleppt und quer über die Straße geschichtet. Zäune und Eisengitter brach man los, und Gerüste wurden demoliert und zu Straßenbarrikaden umgewandelt.
Das kleine Häufchen von Polizei im Justizministerium wurde immer ärger bedrängt. Die Menge schrie und brüllte nicht nur gegen die Justiz und gegen die Arbeitermörder, sondern begann auch

auf die Polizei zu schimpfen, die eine solche Justiz schütze und die eben mit Säbel auf Arbeiter losgezogen sei. Bald ging man vom Schreien zu Taten über.

Die vereinzelten sozialdemokratischen Ordner oder die wenigen Schutzbündler, die sich unter der Menge befanden, versuchten, beruhigend zu wirken. Ihre Worte verhallten aber, und das Kommando und alle Macht ging in die Hände junger Kommunisten über, die von nun an die Menge anfeuerten und ihr mit Taten vorangingen. Um sich für die Schüsse der Polizei zu rächen, inszenierten sie einen Sturm auf die Wachstube in der Lichtenfelsgasse. Dort befanden sich einige Verwundete. Die Menge stürmte das Lokal und mißhandelte die wenigen Wachleute in furchtbarer Weise.

Tollwütige Jugend hatte inzwischen die Parole ausgegeben: Sturm auf den Justizpalast! Die Wache des Justizpalastes hatte sich in das Gebäude zurückgezogen, und einzelne berittene Abteilungen waren als Hilfe erschienen. Sie ritten Attacken und verwundeten einzelne Leute, hinter ihnen drängte die Menge aber von neuem aus allen Seiten hervor. So sah sich die berittene Wache schließlich gezwungen, das Feld zu räumen.

Nun war die ganze Gegend um den Justizpalast im Besitz der Menge, deren Führung kommunistische Jugend an sich gerissen hatte. An dem Haupteingang arbeitete eine Schar von etwa zwanzig Burschen mit Eisenstäben und verschiedenen Instrumenten. Die Gitterstäbe wurden verbogen und zerbrochen, und um etwa halb ein Uhr gelang es, im Haupttor eine so große Öffnung zu schaffen, daß einzelne unter dem Jubelschrei der Menge hindurchkriechen und in das Gebäude gelangen konnten.

Jetzt ging es gegen die Justiz. Aktenbündel wurden ergriffen und durch die Fenster auf die Straße geworfen. Immer mehr Blätter und Bücher flatterten auf die Straße.

Jenen Wachleuten, die man in der Wachstube Lichtenfelsgasse erwischt hatte, und jenen, derer man beim Justizpalast habhaft geworden war, hatte man Kleidungsstücke und Säbel entrissen. Nun baumelten von den Gaskandelabern Uniformröcke von Polizisten, zerrissene Kappen und verbogene Säbel.

Eine »Replik« auf das Jahr 1848: Uniform und Waffen eines Polizeibeamten werden an einem Kandelaber aufgehängt. 1848 tat man das noch mit dem Kriegsminister Graf Latour.

Als der Akten immer mehr wurden, die auf die Straße flogen, häufte man sie zusammen und steckte diesen Justizscheiterhaufen in Flammen. Ein wahrer Taumel erfaßte die Menge. Sie umstand dieses Johannisfeuer freudestrahlend und berauscht. Brand! Feuer! war die Losung. Man begann im Hause selbst Feuer zu legen und erinnerte sich bei dieser Gelegenheit der eingesperrten Wachleute, die man ausräuchern wollte. Vergebens bemühte sich die Feuerwehr, durch die Reichsratsstraße vorzufahren, um den Brand zu löschen. Gerade dort, Ecke Reichsratsstraße und Schmerlingplatz, war die kommunistische Ecke, die das Gebäude brennen sehen wollte und

Das Wachzimmer beim Justizpalast am 15. Juli 1927: Die Menge hatte bei ihrem »Sturm auf die Bastille« erst einmal wenig Ordnungsmacht gegen sich – und demolierte deren Unterstand buchstäblich.

die Feuerwehr nicht durchfahren ließ. Sechs mächtige Feuerwehrautomobile standen hier hintereinander untätig, während einige Schritte davon ein Gebäude an allen Ecken brannte.

Um die Mittagszeit erschien Abgeordneter Dr. Deutsch, der mit dem Schutzbund an Stelle der Polizei den Schmerlingplatz räumen und der Feuerwehr Weg machen wollte. Gleich nach ihm erschienen unter Führung des Bürgermeisters Seitz und der Stadträte Breitner und Professor Dr. Tandler mehrere sozialdemokratische Abgeordnete. Ratlos standen sie zuerst hinter dem Parlament, bis sie sich entschlossen, der Feuerwehr zu Hilfe zu kommen. Abgeordneter Dr. Deutsch und einige Schutzbündler bestiegen den ersten Wagen der Feuerwehr und wollten ihn durch die Menge führen. Die Kommunisten winkten mit ihren Prügeln aber ganz energisch ab. Nun wiederholten Bürgermeister Seitz, von den Stadträten und Abgeordneten Dr. Deutsch unterstützt, den Versuch, den Feuerwehrwagen über den Platz zu führen. Das Eingreifen der Feuerwehr erscheint immer nötiger, denn es steigen nicht nur die Feuersäulen der Scheiterhaufen bis an den Giebel des Hauses empor, sondern auch aus dem Gebäude lodern bereits Flammen, und aus dem Dachstuhl, besonders aus der Eckkuppel, lodern sie empor. Aber auch der Bürgermeister erweist sich als zu schwach.

Gegen 2 Uhr ging die Meldung rasch weiter, daß durch die Bartensteingasse Bundesheer mit Gewehren anrücke. Es zeigte sich aber bald, daß kein Militär herankam, sondern Sicherheitswache, die mit Mannlichergewehren ausgerüstet worden war. In Autos wurden weitere Gewehre für die übrige Wache herangeschafft, während kleine Schutzbundabteilungen in Straßenbahnzügen herbeirollten.«

Und damit genug. Man kann die Ereignisse bis zum Fallen der von Karl Kraus für immer festgehaltenen Schüsse viel ausführlicher darstellen, kann die Verzeichnisse des verbrannten Justizgutes vorbringen, kann von den Mißhandlungen berichten, denen Richter und Prozeßparteien im Justizpalast ausgesetzt waren, kann darauf hinweisen, daß sich unter denjenigen, die sich lange vor dem Ausbruch des befristeten Polizeikriegs an Leben bedroht sahen, nicht nur Wahrer von Recht und Ordnung, sondern recht biedere Beamte und völlig Unbeteiligte befanden. Man käme auch damit zu keinem Ende, sondern immer nur zu einem einzigen Tatbestand.

Das Urteil, das zwei Mörder im Burgenland in die Freiheit entließ, war das Signal zu einem Ausbruch an Gewalt und Gegengewalt, wie man ihn bis dahin in der Ersten Republik zwar immer wieder beschworen oder gefürchtet, jedoch noch nicht erlebt hatte. Von diesem Ausbruch an waren Gewalt und Gegengewalt keine Vokabel in Leitartikeln mehr, sondern reale Ausdrücke für etwas, das geschehen war und das eine Stadt, ein Land schließlich auch überlebt haben. Das heißt, wenn man ausnahmsweise einmal sich's auf unsere Gegenwart umdenkt: Bis heute ist der Einsatz gewisser Waffen zwar möglich und Gegenstand der heftigsten Debatten. Irgendwann aber, muß man als Pessimist und Menschenbeobachter fürchten, werden diese Waffen eingesetzt werden. Überlebt auch nur ein Teil der Menschheit diese Katastrophe, dann ist vor allem nicht zu hoffen, dieser würde sich nachher zusammenschließen und eine neue, eine bessere, eine gemeinsame Welt erschaffen. Ganz im Gegenteil, er würde in der Erfahrung, daß man auch das überleben kann, in einer noch weitaus waffenstarrenderen Welt zu existieren suchen – bis die Welt sich doch ausrottet. Irgendwann.

Die politische Geschichte der Ersten Republik ist hier nicht zu schreiben, es wäre dies weder ein Unternehmen für den Chronisten der Stadt Wien noch ein Versuch, der in einem einzigen Band unternommen werden könnte. Die politische Geschichte der Stadt Wien aber ist ohne den Justizpalastbrand und seine Folgen nicht einmal zu denken – weshalb man auch zu berichten hat, daß von dem Augenblick an, da die Führer der Sozialdemokratie erlebt hatten, was Straßenkämpfe in großem Stil wirklich sind, sie zwar nicht gemäßigt wurden, jedoch vorsichtig in ihren Befehlsausgaben zu weiteren Auseinandersetzungen.

Wem das Politik für den kleinen Moritz scheint, dem ist erstens mitzuteilen, daß alle Politik sich zuletzt als für den kleinen Moritz gemacht erweist und zweitens der Gedanke als nicht so weltfremd vorzuweisen. Die Vorsicht, mit der in den folgenden Jahren in der Sozialdemokratie aktiviert wurde, die Behutsamkeit, mit der Grenzen zu den Kommunisten gezogen wurden, die Bedachtsamkeit, mit der junge Hitzköpfe à la Ernst Fischer von den entscheidenden Positionen ferngehalten wurden – all das läßt sich doch auch aus einer großen Verantwortlichkeit der Parteiführer erklären, die den Aufruhr vom 15. Juli 1927 nicht ausschließlich als einen Ausbruch der Naturgewalten sahen, sondern auch als einen Straßenkampf, wie er von ihnen nicht herbeigeführt werden sollte.

Freilich, auch die Regierungspartei hatte aus diesem besonderen Datum ihre Schlüsse zu ziehen, und wer die Geschichte des Bundeskanzlers Seipel und die Geschichte der Heimwehr kennt, der kann unschwer zu dem naiven Schluß kommen, es hätte beiden Gruppierungen geschadet, daß sie nach dem Urteil einer durchaus beachtlichen Menge von Österreichern den Brand des Justizpalastes und die folgenden Straßenkämpfe »siegreich« überstanden. Es war möglich, daß Gefolgsmänner von Ignaz Seipel Broschüren erscheinen lassen konnten, in denen das Geschehen so gezeichnet wurde:

»Dieser Sturm wurde nicht von der sozialdemokratischen Parteileitung angeordnet, aber seelisch in jahrelanger Arbeit vorbereitet. Und so verbrannten sie den Justizpalast als Sinnbild der bürgerlichen Gerechtigkeit, töteten Polizisten und verletzten deren Hunderte als Protest gegen die bestehende Ordnung und gingen daran, mit

Folgende Seiten: Arbeitslose betteln . . .

Bitte um Arbeit!
Von Beruf
Maschineningenieur

A CECHOTA

Benzinkannen und Revolvern das Zeitalter des Sozialismus in Österreich einzuweihen.
So kam, was kommen mußte.
Von den marxistischen Führern und Unterführern wurde natürlich keiner getötet oder verletzt, aber neunzig im Straßenkampf getötete und viele hundert schwerverletzte Proletarier blieben auf dem Platz.
Und zum zweiten Mal innerhalb des kurzen Zeitraumes von fünf Jahren blickte die ganze Welt mit Beklemmung auf die alte Kaiserstadt, in der Tod und Bürgerkrieg zum grauenhaften Walzer aufspielten.
Und die bange Frage war:
Wird das Bürgertum diesem Ansturm trotzen?
Diese bangen Fragen lagen drückend über dem angstvoll verharrenden Europa.
Aber Ignaz Seipel gab – zum zweiten Mal innerhalb fünf Jahren – Europa die Ruhe wieder.
Mit dem zielsicheren Willen und den eisernen Nerven, durch die er fünf Jahre vorher Österreich aus der Katastrophe der Inflation und Europa vor einem bösen Ansteckungsherd gerettet hatte, löschte Ignaz Seipel den revolutionären Brand in Wien.
Der marxistische Spuk war verflogen.
Europa atmete auf.
Ignaz Seipel erwies sich zum zweiten Male als Herr über den Vulkan.«
Selbst eine derart primitiv geschriebene Epistel, die anschließend noch berichtet, was teilweise durchaus wahr ist und auf die eine oder andere Art parteioffiziell. Daß nämlich von den Juliereignissen an Seipel als der »Prälat ohne Milde« so angegriffen, so beleidigt, so zum Feindbild gemacht wurde, daß er ein für allemal das Symbol der zu vernichtenden oder staatstragenden – man kann da einsetzen, was man einsetzen will – Macht in Österreich wurde.
Was dieses Wort vom Prälaten ohne Milde anlangt, so weiß man hoffentlich, daß es aus einer parteitaktisch erlaubten, jedoch vor der Geschichte wenig haltbaren Zitierung der Rede Seipels zum Justizpalastbrand entspringt. Der ganze Satz, der eine Rede krönte, in der Seipel allen Instanzen, auch den staatlichen, ihr Teil an Schuld zumaß und immer wieder betonte, was alles hätte geschehen können, um die Folgen des Schattendorfer Urteils anders aussehen zu lassen.

Eine Rede im Parlament, demagogisch und auch unvollständig zitiert, machte aus Ignaz Seipel den »Prälat ohne Milde« – der Staatsmann ging an diesem Wort seiner Gegner zugrunde.

»Noch eine Bitte habe ich an Sie: Verlangen Sie vom Parlament oder der Regierung nicht, was Milde scheint an den Schuldigen der Unglückstage, aber grausam wäre gegenüber der verwundeten Republik, verlangen Sie nicht, was ausschauen könnte wie ein Freibrief für solche, die sich gegen die Republik empörten, verlangen Sie nicht, was den Demonstranten und denen, die sich ihnen anschließen, den Mut machen könnte, ein andermal wieder so etwas zu tun, weil ihnen ohnehin nicht viel geschehen ist. Es liegt uns nichts ferner, als hart sein zu wollen, aber fest wollen wir bleiben. Fest sein heißt nicht hart sein, aber mild heißt manchmal schwach sein, aber es muß für beides Tag und Stunde richtig gewählt werden.«
Das ist das volle Zitat, aus dem man den »Prälaten ohne Milde« destillierte. Daß Otto Bauer in seiner Entgegnung noch etwas unsicher davon

sprach, der Bundeskanzler habe einen falschen Weg gesucht, er habe das Land in der entscheidenden Stunde kleinlich regiert und Autorität vermissen lassen, ist ebenso festgehalten. Es dauerte Tage, bis endlich das Schlagwort gefunden war, an dem Bundeskanzler Seipel zugrunde ging: Es gibt aus seiner Umgebung Zeugen, die berichtet haben, wie ihn von allen Vorwürfen, die gegen ihn erhoben wurden, dieser eine allein verletzte. Die begriffen, daß der von sozialdemokratischer Seite begonnene und angeregte Kirchenaustritt, der dem Prälaten ohne Milde galt, die Wunde war, die in Ignaz Seipel weiterschwärte.

Keine Tragödie ohne ein Satyrspiel: Dr. Otto Myrbach, Observator der Zentralanstalt für Meteorologie, schrieb einen Aufsatz »Politische Katastrophen und kosmische Phänomene« und wies nach, daß es Zusammenhänge zwischen den Sonnenflecken und politischen Krisen gibt. Er zeigte sich wie einige von ihm zitierte andere Wissenschaftler davon überzeugt, daß man die Zyklen der Sonnenflecken zu beobachten habe, um schließlich zu dem Schluß zu kommen, etwas wie die verderbenbringenden Strahlen der Sonne habe in Schattendorf und am 15. Juli »Verstand und Gewissen der Menschen gelähmt« und so Elementarereignisse zugelassen.

Keine Wiener Szene ohne Hinweise auf alle Nebenaspekte, die sich aus einer Tragödie ergeben: Am 21. Juli bereits wies man darauf hin, daß unter den verbrannten Akten im Justizpalast auch Berge von Briefen und Liebesbriefen waren, die als Beweismaterial für Ehescheidungsprozesse vorgelegt waren – viele anhängige Verfahren somit nicht weiterzuführen seien und die Zerstörung der Akten wohl am besten ein neues reformiertes Verfahren in Scheidungsangelegenheiten mit sich brächten. In der Tat erinnerten die Stellungnahmen, die angesehene Juristen nach dem ersten Schock abgaben, an völlig andere Bemerkungen, die Jahrzehnte später von angesehenen Wiener Architekten gemacht wurden, als das zerstörte, ausgebrannte Wien daranging, die Trümmer des Zweiten Weltkrieges wegzuräumen und die Stadt neu aufzubauen. Hier wie dort wollten diejenigen, die sich mit der Materie auskennen, aus einem Elementarereignis wenigstens eine minimale positive praktische Folgerung ziehen. Sinnlos, darauf hinzuweisen, daß weder die Architekten nach 1945 noch die Juristen im Jahr 1927 etwas erreichten. Gesetzesreformen, wie sie ihnen vorschwebten, waren den Parteien, waren der Öffentlichkeit längst nicht so wesentlich wie weitere Debatten über die Ursachen des Brandes, des Schattendorfer Prozesses, der Auseinandersetzungen zwischen Schutzbund und Heimwehr.

Die weiteren Folgen dieses Unglückstages, an dem in Wien wieder einmal die am wenigsten im Lied gepriesenen Eigenschaften des Wieners zum Vorschein kamen und Polizisten sich benahmen wie die Tiere, dürften bekannt sein. Wiens Bürgermeister Karl Seitz ordnete die Aufstellung einer Gemeindewache an, in der nur die verläßlichsten Elemente des Republikanischen Schutzbundes aufgenommen werden sollten – eine weitere Bewaffnung von potentiellen Bürgerkriegern also, gegen die die Regierung a tempo mit Klagen beim Verfassungsgerichtshof vorging. Jedoch auch rechts im Land und in der Stadt hatten die militärischen Organisationen hohe Zeit, die Heimwehr, ursprünglich als Grenzschutz gegründet, wurde ein gleichberechtigter Partner der Christlichsozialen, die bis auf den heutigen Tag schwer entscheiden können, wie glücklich sie über diese Partnerschaft waren.

In welchen Größenordnungen man sich die bewaffneten Organisationen außerhalb von Polizei, Gendarmerie und Heer vorzustellen hat, wurde ein Jahr später bei den Aufmärschen in Wiener Neustadt, der großen Kraftprobe der Republik, bewiesen: 14.800 Mann Schutzbund (die Wiener waren gar nicht ausgerückt) und 21.000 Mann in Zivil, die sich allerdings zu den Zielen des Schutzbundes bekannten, marschierten um die Mittagsstunde durch Wiener Neustadt, als die 19.999 Mann der Heimwehr ihren Aufmarsch bereits beendet hatten. Um alle Zusammenstöße zu verhindern, war aus ganz Österreich Gendarmerie mit 2500 Mann und zudem genügend Militär nach Niederösterreich gebracht worden: Wiener Neustadt und Umgebung waren von Infanterie, Kavallerie, Pionieren und Artillerie besetzt worden. Ein Funken, der in diesem Pulverfaß gezündet hätte, hätte ohne Zweifel die Republik in Flammen gesetzt.

Daß bei den kleineren, relativ kleineren Ver-

Ein Dokument, wie man es aus den Jahren vor und nach 1927 immer wieder und in bestürzenden Mengen sehen kann: Österreich wurde von Aufmärschen und Paraden der Heimwehr und des Schutzbundes erschüttert.

sammlungen und Aufmärschen in ganz Österreich immer wieder »blutige Auseinandersetzungen« registriert wurden, versteht sich. Daß auf beiden Seiten auch Politiker agierten, die dem Treiben ein Ende machen wollten, darf nicht vergessen werden. Zu den konzilianten Sozialdemokraten zählte damals wie bei allen anderen Gelegenheiten Karl Renner, der sich im Parlament von Ignaz Seipel eine böse Antwort holen mußte. Renners Frage »Ist die Bundesregierung bereit, Verhandlungen mit den parlamentarischen Parteien über die innere Abrüstung einzuleiten?« erhielt Seipels Antwort: »Die Regierung erwartet aber, daß nicht nur der Kampf zwischen Formationen eingestellt wird, die im militärischen Schritt aufmarschieren. Sondern daß auch sonst der Friede in unserem Volke hergestellt werde. Wir müssen vor allem die Sicherheit haben, daß es keinen Terrorismus mehr gibt, keinen Betriebsterror, keinen Organisationsterror, keinen Versammlungsterror, und es müssen gesetzliche Grundlagen für die rücksichtslose Verfolgung jedes derartigen Terrorversuches, von welcher Seite immer der terroristische Akt kommen mag, geschaffen werden.«

Ein halbes Jahrhundert später liest man aus der Frage Renners nicht ausschließlich Sorge um Ruhe im Land und aus der Antwort Seipels zweifellos auch Demagogie.

Man darf am ehesten den Berichten eines Mannes wie Leopold Kunschak trauen, der als ein wesentlicher Mandatar der Christlichsozialen seine Bedenken gegen die Heimwehr vortrug und in seinen Erinnerungen aufzählt, welche Versammlungen in Wien, bei denen er sprechen wollte, von Heimwehrlern gestört oder aufgelöst wur-

den – in Hietzing, in den Mariensälen im 14. Bezirk gab es Kundgebungen gegen ihn, und trotzdem bezeichnete er die Situation im Land als unhaltbar. Für Kunschak ist die nächste politische Zäsur der Rücktritt Ignaz Seipels, der am 4. April 1929 erfolgte.
Allein die weiteren politischen Ereignisse ergäben mehr als ein Buch und haben bisher im Grunde nur Erinnerungsbücher einzelner bedeutender Politiker ergeben, noch keine Zusammenschau, von der man bewundernd sprechen müßte. Allein die Daten, die man immerhin nachlesen kann, verdeutlichen einem, daß nicht nur Österreich, wo draußen auf dem Land und in den Industriegebieten ein Kampf auf den anderen folgte, sondern auch Wien, wo immer neue Regierungen gebildet werden mußten und Aufmärsche das Stadtbild mitbestimmten, ein krisengeschüttelter Ort gewesen ist.
Und doch soll der 15. Juli 1927 der Angelpunkt gewesen sein, wo sich die Tragödie zeigte und erfüllte und alles andere nur Nachspiel? In theatralischem Sinn wird's schon stimmen. Daß alle Zeugen aus der Zeit noch sehr persönliche Daten anzuführen haben und alle politischen Beobachter die eine oder andere parlamentarische Auseinandersetzung wichtiger einordnen, ist selbstverständlich. Doch alle sind bereit, den brennenden Justizpalast und die in die Menge schießende Wiener Polizei als das – im schlimmsten Sinn des Wortes – große Spektakel zu erkennen, das jedermann hätte erkennen lassen müssen, daß in der Ersten Republik unvereinbare Anschauungen bestanden.

Musik, oder: Die Fortsetzung der Revolution

Einmal im Jahrhundert ist selbst die Musikstadt Wien für eine kurze, überschaubare Periode eher eine Stadt der bedeutenden Interpreten und der wohlfunktionierenden musikalischen Institutionen – da sind die sogenannten Großen gerade gestorben und die bald so bezeichneten Nachfolger noch nicht eingetroffen. Da heißt es, den Enthusiasmus im Publikum wachhalten und darauf warten, daß die Stadt eine neue Generation von welterschütternden Maestri anlockt.

Im neunzehnten Jahrhundert läßt sich nach dem Tod Franz Schuberts und vor der Ansiedlung von Anton Bruckner und Johannes Brahms eine solche Periode deshalb etwas undeutlicher erkennen als vorher und nachher, weil Johann Strauß und seine produktiven Söhne am Werk waren und wenigstens unsereins gelernt hat, diese als Genies zu ehren und als Komponisten, die in einem Atemzug mit Schubert und mit Bruckner genannt werden können – tatsächlich hat ja Johann Strauß Vater Walzer in ein und demselben abhandengekommenen Heft mit Franz Schubert veröffentlicht und Johann Strauß Sohn nicht nur die Freundschaften seines Vaters übernommen, sondern auch neue provoziert – Brahms zählte schließlich zu seinen gleichwertigen Gesprächspartnern, und Bruckner verehrte ihn, wie's bei Gott angebracht war.

Wer meint, die Zwischenkriegszeit als eine ähnliche Periode in unserem Jahrhundert hören zu können, der irrt. Oder er hat wie auf so vielen anderen Gebieten dank schlimmer Geschichtsschreibung und durch den großen Zerfall 1938 nie erfahren oder schon wieder vergessen, was nach dem Kriegsende in Sachen Musik im Wasserkopf Wien weiter existierte.

Tatsächlich war die Musikstadt Wien in der Zeit, die man unter mehreren Bezeichnungen kennt und zumeist einfach als eine besonders schwierige bezeichnet, voll Leben und vor allem voll Komponisten. Und daran wollen wir auch weiterhin nicht zweifeln: Nur die Komponisten machen aus einer Stadt eine Musikstadt.

Um nur ein wenig auszuholen. Zur Jahrhundertwende waren Bruckner vier und Brahms drei Jahre tot, Johann Strauß verabschiedete sich Mitte 1899, und Carl Millöcker am letzten Tag desselben Jahres. Die treuesten Freunde und in der Öffentlichkeit wirkenden Verehrer aber übten ihre Ämter aus und sorgten dafür, daß sie alle unvergessen und wirksam blieben. In der Gesellschaft der Musikfreunde war Eusebius Mandyczewski der Nachlaßverwalter von Johannes Brahms und ein strenger Kompositionslehrer des Konservatoriums zugleich. In der Hofoper war Gustav Mahler artistischer Leiter, und wenngleich man ihn gewiß nicht als den Erben Anton Bruckners ansehen möchte, so war er immerhin ein dankbarer Schüler und auf seine Art doch einer, der recht deutlich Symphonien in der Zeit nach Bruckner schrieb. Die Herren Erben von Strauß und Millöcker aber sind alle gar nicht unterzubringen hier, sie schrieben sich die Finger wund und belieferten die Operettentheater mit genügend neuem Material, das später unter dem Sammeltitel Silbernes Zeitalter der Operette zusammengefaßt wurde – wir werden's nicht vergessen.

Zur gleichen Zeit aber lebten und komponierten in der Stadt schon diejenigen, denen man eine Revolution der Musik zuschreibt. Arnold Schönberg hatte die »Verklärte Nacht« noch im neunzehnten Jahrhundert komponiert, Alban Berg war zwar noch nicht sein Schüler, begann aber bereits seine ersten Kompositionsversuche; Anton von Webern nahm schon Unterricht – und war quasi auf dem Weg nach Wien, auf dem Weg in das zwanzigste Jahrhundert, das auf besondere Weise von den drei Komponisten geprägt werden sollte.

Warum ich nicht 1918 beginne, sondern bis in die ersten Tage des Jahres 1900 zurückzwinge? Weil ich daran erinnern möchte, daß alle die Musiker, die den Untergang der Habsburger Monarchie in Wien erlebten und überlebten, noch unter Franz Joseph I. ihre Werkstatt aufgeschlagen hatten. Daß sie, denen wir beinahe bis zum Jahre 1938 immer wieder begegnen werden, durchaus keine Nachkriegsgeneration waren, sondern eine Versammlung von Persönlichkeiten, die ganz im Gegenteil noch mit dem gewissen Etwas ausgestattet waren, das man im Sprachgebrauch Vorkriegscharakter nennt. Derjenige, der ihre Wirksamkeit aufs Genie, aber auch auf die besondere Zeit, in der sie aufwuchsen, zurückführt, wird gewiß nicht irren.

Schönberg hatte auch Auslandserfahrung hinter sich – seine erste Berliner Periode war abgeschlossen – und gehörte schon zur Klientel des Musikverlages Universal Edition, hatte seine treuesten Verehrer um sich und sehr kämpferische Mitstreiter in sehr vielen Journalen. Die Fronten für Auseinandersetzungen zwischen der neuen »Wiener Schule« und Musikern und Theoretikern alten Schlages waren längst abgesteckt, die Rollen säuberlich verteilt.

Um Namen jetzt schon nicht mehr zu verheimlichen: Erich Wolfgang Korngold komponierte schon und wurde aufgeführt, die ersten Skandale bei Aufführungen Arnold Schönbergs hatten stattgefunden. Die Kritiker Max Graf und Julius Korngold befehdeten einander. Hüben und drüben suchte man Parteigänger und fand sie – mitten im Krieg und so, als gäbe es vor 1918 und nachher doch auch Themen, die heftigste, bis vor's Gericht führende Zwistigkeiten rechtfertigten.

Trotzdem vielleicht zuerst das Heitere?

Daß die Heroen der Silbernen Operette im Weltkrieg absurd patriotische Revuen oder Singspiele fabrizierten, weiß man vor allem aus der Lektüre der »Fackel«. Was man von »Gold gab ich für Eisen« heute noch weiß, das sind die Titel, die Textzeilen, die Karl Kraus mit Abscheu zitierte oder in den »Letzten Tagen der Menschheit« verewigte. Keine noch so begei-

Richard Tauber, Mozarttenor und Lehárs Operettenheld – wie alle seine Kollegen stand er nebstbei auch noch für Reklame zur Verfügung.

sterte Operettenforschung hat bis auf den heutigen Tag gewagt, zu rekonstruieren, was sich auf den Bühnen Wiens an patriotischem musikalischen Unterhaltungstheater abspielte. Es hatte ausgespielt, als der Krieg zu Ende war und als die bedeutenderen Komponisten erst einmal von den Tantiemen leben mußten, die ihnen für ihre Vorkriegserfolge aus dem jetzt nicht mehr feindlichen Ausland zuflossen.

Vielleicht darf man dem geneigten Leser helfen und ihm in Erinnerung rufen, was die beliebtesten der Herren Komponisten noch vor dem Krieg geschrieben hatten und womit sie ihr Geld in den ersten Jahren der Ersten Republik machten?

Franz Lehárs »Lustige Witwe« hatte 1905 im Theater an der Wien den Auftakt zum Silbernen Zeitalter eingeläutet. Jeder weiß die Geschichte dieses Welterfolges, der nicht am Premierenabend entschieden wurde, sondern erst nach einer Durststrecke und dank entschiedener Propaganda eines Theaterfaktotums zustande kam: Man hätte die Operette, die es in Wien und bald darauf auf der ganzen Welt auf Rekordzahlen brachte, beinahe wieder abgesetzt, man hätte die ersten dreißig schlecht besuchten und wenig akklamierten Aufführungen beinahe nicht überstanden.

Lehár aber schrieb anschließend den »Rastelbinder« und den »Grafen von Luxemburg« und mit diesen keine Welterfolge. Erst 1925 hatte er mit »Paganini« einen großen und etwas später mit dem »Land des Lächelns« seinen zweiten unerhörten Erfolg, und was er dann noch komponierte, das waren Variationen zu seinen Dauerbrennern, Operetten für den Tenor Richard Tauber und die vom Komponisten selbst heißgeliebte Oper »Giuditta«, die immerhin in der Wiener Staatsoper ins Programm genommen wurde, um dem Besucherschwund entgegenzuwirken. Dergleichen war zwischen den Kriegen gestattet und geschah schon in einer Zeit, die Operettenhelden vergötterte – Tauber sang Mozart und Lehár und mußte für »Giuditta« nicht einmal das Haus wechseln. Lehár aber war und blieb ein allseits vergötterter Komponist, dessen Erfolge einen Richard Strauss ärgerten oder Giacomo Puccini faszinierten, dessen Weltruhm unbestritten war, aus dessen Tantiemen nebstbei Komponisten der Avantgarde unterstützt wurden. Für den politischen Leser sei's angefügt, damit hier wirklich alle Komponenten immerhin ins Spiel gebracht wurden, daß Lehár auch der große Schwarm Adolf Hitlers wurde und blieb und daß sich das weder für den Komponisten noch für seinen Anhänger besonders günstig auslegen läßt: Der junge Mann, dem Großwien ein Greuel, die »Neue Freie Presse« ein Judenblatt und die ihm selbst entgegengebrachte Mißachtung ein Brandmal war, gab sich später als der treue Gefolgsmann Richard Wagners und hörte doch vor allem immer wieder die »Lustige Witwe«. Der Komponist, der rechtzeitig vom Wohlwollen des Führers erfuhr, schwor zwar seinen jüdischen Librettisten nicht ab, tat aber eine Nuance zu viel, um Adolf Hitler zur rechten Zeit gefällig zu sein ...

Noch aber sind wir nicht in dieser nur für Hitler rechten Zeit, noch sind wir bei der Operette nach dem Krieg und also nicht nur bei Franz Lehár, sondern auch bei seinen zahlreichen kom-

Giacomo Puccini, den die Erfolge Lehárs der Überlieferung nach faszinierten ...

merziellen und nicht einfallslosen Konkurrenten. Da war Oscar Straus, der seinen vorprogrammierten Gegenerfolg zur »Witwe« auch vor dem großen Krieg geschrieben hatte – nach dem »Walzertraum« gelang ihm zwar kein Werk in diesen Dimensionen mehr, das weiß man. Doch auch er schrieb fleißig weiter und vor allem nach dem Krieg.
Da war vor allem Emmerich Kalman, der mit seiner »Csardasfürstin« 1915 sich ein für allemal etablierte, dann ein entsprechend luxuriöses Leben in Wien und Berlin führte und nichts Rechtes schrieb, ehe er 1924 die »Gräfin Mariza« herausbrachte und bewies, wie man alle Ingredienzien der ungarisch-österreichischen Operette weiter verwenden konnte. Immerhin, er bot der so harten Zeit kein reinrassig altes Stück, sondern ließ wenigstens den Liebhaber adelig, aber verarmt sein. Sogar verspottet von den neureichen Verehrern seiner Angebeteten und im dritten Akt erfolgreich aus zwei Gründen: Einerseits, weil er sich als immerhin beinahe ebenbürtiger Partner präsentieren konnte, aber doch auch, weil er sich bis dahin als erfolgreicher Gutsverwalter tapfer durch die Operette geschlagen hatte.
So viel Konzession ans Jahr 1924 machte Kalman immerhin. Was er aber komponierte, war völlig unabhängig vom Zeitgeschehen oder Zeitgeist und hätte wahrlich ein Jahrzehnt früher auch schon gezogen. »Grüß mir die reizenden Frauen im schönen Wien« war ein Schlager, der die patriotische Entsprechung in allen Singspielen seit der Raimundzeit vorzuweisen hatte. »Komm mit nach Varasdin« war die notwendige nationale ungarische Komponente und ließ jeden begeisterten Zuhörer kurz vergessen, daß zwischen Wien und Budapest eine endgültige Trennung stattgefunden hatte. »Komm, Zigan, komm, Zigan, spiel mir was vor« schließlich war keine Reaktion auf die Weltuntergangstimmung 1924, sondern die zeitgemäße Variation auf den zu allen Zeiten in Wien hoch geschätzten Volkssängerton, der jedermann auffordert, das G'wand des Sängers zu verkaufen, weil dieser in den Himmel fahren möchte.
Es hat in einigen Kulturgeschichten der Operette, die freilich alle anderswo als in Wien geschrieben wurden, genügend Hinweise darauf gegeben: Gesellschaftskritik schien in dem Genre nicht angebracht, die verarmten Adeligen mußten zuletzt immer reich heiraten oder zum Wohle ihres Landes auf eine unstandesgemäße Heirat verzichten, die Probleme, die ein massenweise herbeiströmendes Publikum hatte, wollte es nicht auf der Operettenbühne sehen. Franz Lehár, der eine »Arbeiteroperette« schrieb, hatte mit diesem Genre keinen Erfolg und ließ es wieder. Emmerich Kalman war besser beraten und setzte auf die »Gräfin Mariza« zwei Jahre später die »Zirkusprinzessin«, in der man zwar einen Hinweis auf furchtbare Verhältnisse im armen Rußland erhält, vor allem aber wieder einen Lehrgang, wie man Champagnerpfropfen knallen läßt und wie die Tanzfreude in den besseren Kreisen weiterhin unwiderstehliche Sai-

sonwalzer fordert. Da ist der Unterschied zwischen der Zeit vor 1918 und der um 1926 einfach nicht zu finden. Wer's besser weiß, der kann den Gewinn ganz alleine einstreifen.
Und weiter und immer noch bei dem Genre Operette, das man vor allem deshalb nicht gering schätzen soll, weil sich bis in die Gegenwart und wahrlich weit über die Grenzen dieser Stadt die allgemeine Anteilnahme an den Stücken gehalten hat und es mir recht verlogen schiene, diesen anhaltenden Erfolg aus Scham zu vergessen, wenn von Musik in der Zwischenkriegszeit und in Wien die Rede ist: Wer nicht wie Lehár und Kalman immer mondäner und verruchter wurde, der schwamm schon damals auf der Nostalgiewelle und erzählte von der Operettenbühne herunter äußerst einprägsam von der guten alten Zeit. Zum Beispiel Edmund Eysler, der als Komponist anerkannt und als seriös eingestuft war, als er plötzlich in Schulden geriet – er hatte die Bürgschaft für einen Verwandten übernommen – und gezwungen war, einen Erfolg zu produzieren. Er komponierte die »Goldene Meisterin«, die 1927 herauskam und in einer beinahe zeitlosen Zeit, in einem seltsamen Irgendwann spielt: Eyslers Musik erinnerte ein wenig an Lanner, die einfache Fabel spielte erst einmal in Augsburg, wurde aber für Eysler nach Wien verlegt, und der ganz große, erforderliche Erfolg war da. Eine Unzahl von Variationen zum Thema Alt Wien wurde nach der »Goldenen Meisterin« fabriziert, und nur dem Ungeschick der Komponisten ist es zu verdanken, daß wir nicht einmal die Titel kennen.
Gleichzeitig aber wurde auch eine Serie von Zweitoperetten aufgelegt, von denen man einerseits die Titel, anderseits die Musik, jedoch nicht die Zusammenhänge zwischen Titel und Musik im Kopf hat: Die Dynastie Strauß wurde ausgeraubt und umgeschrieben und verschandelt und mit ziemlichem Erfolg auf kurze Zeit wieder auf die Operettenbühne gebracht. Unzählige Stücke wurden geschrieben, zu deren dummen Libretti quicke Musiker die manchmal entsprechende, manchmal nur einfach zündende Strauß-Musik zurechtschneiderten. Beispiele?

Pour l'amour

Lied aus der Operette „Die Zirkusprinzessin"

Text von Julius Brammer und Alfred Grünwald, Musik von Emmerich Kálmán

Folgende Doppelseite: Stellenvermittlung 1928.

»Casanova« hatte 1928 Uraufführung, »Walzer aus Wien« 1930, »Freut Euch des Lebens« 1932, »Die Tänzerin Fanny Elßler« 1934 und »Drei Walzer« 1935. Keine dieser synthetischen Strauß-Operetten überlebte den ersten »Run«, alle die verwendeten Strauß-Melodien kehrten wieder ins ursprüngliche Arrangement und Milieu zurück und werden bis auf den heutigen Tag gespielt. Eine Verwertungsgesellschaft wienerisch-ungarischer Zusammensetzung kassierte kurzfristig und löste sich, wenn dieses Bild aus dem Kommerz gestattet ist, wieder auf, ehe es zu genaueren Buchprüfungen gekommen war. Musik von beiden Johanns, aber auch von Josef Strauß, war noch einmal nutzbringend verwendet worden – hier wird nicht einmal polemisiert gegen diesen Versuch, denn er hat Strauß Vater und Sohn nicht geschadet, hat nicht einmal die fatale Nebenwirkung gehabt, die man dem »Dreimäderlhaus« immerhin vorwerfen muß: Franz Schubert war als Figur nach den ersten fünf Jahren Operettenexistenz kaum noch erkennbar, die Dynastie Strauß blieb über all die Jahre der Zweitoperetten die Dynastie Strauß.

Zwei Beispiele dafür, wie man zwischen den Kriegen und in einem von ernsthaften oder gar bissigen Beobachtern als längst tot bezeichneten Genre so etwas wie frischen Wind blasen und zugleich heftigst reaktionär sein konnte. Zwei Beispiele, die jedem Leser ganz gewiß so vertraut sind, daß man über sie schreiben kann, ohne Notenbeispiele anbringen zu müssen:

»Das weiße Rössl am Wolfgangsee« wurde zwar in Berlin uraufgeführt, ist aber unzweifelhaft eine Wiener Operette. Freilich eine, die von noch sehr viel mehr Autoren geschrieben und komponiert wurde als irgendein Musical der Gegenwart: als Librettisten gibt man heute noch Erik Charell, das altbewährte Schreiberduo Blumenthal & Kadelburg, Hans Müller (er kommt bei Karl Kraus immer wieder vor und war nicht nur ein erfolgreicher Bühnenautor, sondern nebstbei auch der Bruder von Ernst Lothar und ein Großneffe Eduard Hanslicks; die weiteren verwandtschaftlichen Beziehungen erspare ich mir hier) und Robert Gilbert zu. Auf dem Programmzettel der Berliner Premiere sind wenigstens die wichtigsten Komponisten der Melange genannt: Ralph Benatzky, Robert Stolz und Robert Gilbert teilen sich in die Ehre, jedoch nicht ausschließlich auf dem Sektor Tantieme – die Fama kennt noch ein paar andere, und die Geschichte des »Weißen Rössl« kennt immer neue Mitautoren und Mitkomponisten, denn immer wieder hat man bearbeitet und zusätzliche Schlager eingebracht. Und selbstverständlich müßte man, wenn's mit rechten Dingen zuginge, auch Joseph Haydn und die Dynastie Strauß wieder nennen, denn einer der effektvollsten Momente der Operette ist allemal der grandiose Auftritt des alten Kaisers, der sich gemeinsam mit dem gerührten Publikum die Volkshymne anhören muß. Und was an Militärmärschen auf dem Platz vor dem »Weißen Rössl«, bei der Anlegestelle des Dampfers, gespielt wird, das beginnt immer beim Radetzkymarsch – und dann erst kommen alle anderen altösterreichischen Komponisten zum Zug.

Heute sind alle Kämpfe um die Tantiementeilung überstanden, die Komponisten und Textautoren haben's nicht erlebt, ihre Erben aber scheinen sich geeinigt zu haben. Und bilden eine Interessensgemeinschaft, die sich wenigstens nicht sonderlich anstrengen muß, ihr Kapital zu mehren – die Aufführungen des »Weißen Rössl« sind immer noch respektabel und halten Vergleiche mit den Zahlen aus der Zeit zwischen den Kriegen stand: Im Großen Schauspielhaus in Berlin spielte man die Operette vom November 1930 an in 416 ausverkauften Vorstellungen. London erwarb alsbald die Rechte auf eine photographisch getreue Nachbildung auf der Bühne und ließ 651 Vorstellungen en suite registrieren. New York war damals noch nicht ganz so exzellent, was die Verwertung von Operettenerfolgen anlangt, die erste Aufführungsserie des »Weißen Rössl« riß schon nach 223 Vorstellungen ab. Die Wiener Zahlen, wissen die Verleger, die Wiener Zahlen werden Jahr für Jahr erhöht. Klänge es nicht ein wenig drohend, müßte man es schon so formulieren: Das »Weiße Rössl« lebt.

Ein ganz anderer Welterfolg, der von Wien ausging, ist »Sissy« von Fritz Kreisler. Der berühmte Geiger, einer der ganz wenigen Wiener Virtuosen, die Weltruhm erlangten, hatte zu seinem Vergnügen viele kleine Kompositionen geschrieben, denen er erst einmal Pseudonyme

Wien hat in diesem Jahrhundert nur einen internationalen virtuosen Geiger hervorgebracht: Fritz Kreisler, der nebstbei komponierte und einer der liebenswertesten Kollegen war. Ein Künstler von Format.

als Autoren schenkte – erst, wenn das Publikum sie jubelnd akzeptierte, gab er zu, sie selbst geschrieben zu haben. In heftiger und angenehmer Zusammenarbeit mit den Brüdern Marischka – legendäre Operettenhelden als Theaterbesitzer, Tenor, Librettist, Regisseur, und das in immer wechselnder Gestalt – schrieb er sein »Singspiel« von der großen, ersten Liebe Kaiser Franz Josephs. Und siehe da, eine geistreiche und gehaltvolle Musik hatte im Zusammenhang mit einer rührseligen und manchmal unfreiwillig komischen Geschichte einen Erfolg, der sich durch Generationen hielt. Zuerst war »Sissy« im Wiener Raimundtheater die Attraktion, und die blutjunge Paula Wessely und der sehr junge Hans Jaray waren die Urbilder: Die Reinhardt-Schauspielerin, längst eine anerkannte Künstlerin, mit der sich bei den Salzburger Festspielen Scharen anlocken ließen, spielte die Tochter des Herzogs Max in Bayern. Und der in Salons beliebte Schauspieler, von dem man auch nicht annahm, daß er ein Operettenheld werden könnte, verwandelte sich in den schüchternen Franz Joseph, der im Lauf der Geschehnisse gegen seine kaltherzige, intrigante Mutter seinen Willen durchsetzt und eine Liebesheirat eingeht

Die junge, geliebte Paula Wessely – sie war Max Reinhardts Gretchen, aber auch die erste »Sissy« in Kreislers Singspiel von der Liebesheirat Franz Josephs I.

– der Trick der Herren Librettisten besteht nämlich daraus, dem Publikum vorzuschwindeln, die Verbindung des jungen Monarchen mit der jungen Sissy sei so etwas wie ein Sieg der Liebe über Staatsraison. Und die Beglückung des Publikums resultiert aus der Erkenntnis, der gute alte Herr in Schönbrunn sei wenigstens in seiner Jugend »einmal verliebt« gewesen. Mit einer gewissen Hochachtung muß man zugeben, daß da alten Theaterhasen etwas ganz Besonderes gelungen ist: Sie haben Effekte erzielt und kaum Geschichtsfälschung betrieben.

Marischka, der Tenor, zog sich in dieser Uraufführung am Vorweihnachtsabend 1932 aufs Altenteil zurück und spielte den Vater der Paula Wessely. Es hat sich ausgezahlt. Für Freunde akustischer Raritäten: Es gibt eine Rundfunkaufnahme eines Duetts Wessely-Jaray, und wenn man es hört, versteht man sofort, welch ein triumphaler erster Abend diese »Sissy« gewesen sein muß.

Immerhin, wir haben vorläufig nichts getan, als ein wenig über Operetten zu erzählen, und sind bis ins Jahr 1932 vorgedrungen; der Leser möge einmal bedenken, wie sich zu dieser Zeit die Welt präsentierte, was in Österreich schon alles passiert war – in Wien gab es Hunger und alle Voraussetzungen für einen Bürgerkrieg, der ja zwei Jahre später ausbrach. In Wien jubelte man »Sissy« zu und selbstverständlich wiederum der Hymne Joseph Haydns, zu deren Melodie man insgeheim noch immer »Heil Franz Joseph, Heil Elisen« sang.

Daß Robert Stolz um diese Zeit seine Operetten schon als Filmschlager komponierte und mit »Zwei Herzen im Dreivierteltakt« ganz auf der Linie der Geschichten aus der guten alten Zeit und pfeilgerade in allen Herzen der Kinobesucher war, daß allen Klagen junger – damals junger – Kabarettisten zum Trotz das Genre nicht umzubringen war, muß kaum bewiesen werden. Die Wiener Operette in Text und Melodie blieb unangefochten – und überstand nebstbei auch das Jahr 1938, denn einerseits war Adolf Hitler, wie schon bemerkt, ein Verehrer von Franz Lehár, und anderseits übte man sich nach dem »Anschluß« via Operette in dem relativ ungefährlichsten Widerstand, der in der Nazizeit zu registrieren war.

Vom Niedergang der Operette also kann, wenn man die Kunstform nicht zu edel nimmt, wenn man sie als Unterhaltungstheater gelten läßt und zugibt, daß sich wellenförmig ausbreitende Melodien einfach nicht nur als trivial abtun lassen – vom Niedergang kann guten Gewissens nicht gesprochen werden. Die Zeit zwischen den Kriegen hat in Wien viel wesentliche Musik hervorgebracht. Aber auch viel erfolgreiche, lukrative, ziemlich beständige Operettenmusik.

Die Querverbindungen zwischen Kunst und Politik, durchaus notwendig, wenn man eine größere Zeitspanne nicht chronologisch, sondern nach Fachgebieten nachvollziehen möchte, drängt sich beim Stichwort Operette und bei den Jahreszahlen aus dem oben geschriebenen Strauß-Absatz immerhin auf.

In Österreich gab's, als die Verschnitte aus Melodien der Dynastie Strauß wieder in Mode kamen, auch eine ernsthafte legitimistische Bewegung, die ein eigenes Informationsblatt herausgab, Otto von Habsburg in Uniform und mit Goldenem Vließ zeigte und österreichische Gemeinden dazu anhielt, dem Sohn des letzten Kaisers die Ehrenbürgerschaft zu verleihen – eine entsprechende, Jahr für Jahr ergänzte Tabelle wies aus, wie viele Österreicher solchermaßen bereits wieder Otto von Habsburg ihre Hochachtung ausgedrückt hatten.

Es liest sich abschätzig, ist aber doch nicht ganz so gedacht: Der alte legendäre Beamte, der einmal meinte, das Ende der Dynastie Strauß und das Ende der Monarchie seien untrennbar miteinander verbunden, wäre da zu ergänzen. Das Aufflackern einer Bewegung, die in Otto von Habsburg eine ernsthafte politische Persönlichkeit fürs Land sah, ist in Zusammenhang zu bringen mit der Operettenmode, die sich der Strauß-Melodien wieder bediente. Beiden Strömungen war auch, das zeigte die Geschichte und der Kassenrapport, keine langfristige Wirkung beschieden. Das »rote« Wien der Nachkriegszeit hat freilich die Operette nicht als Inbegriff der wienerischen Kunst gesehen – wir lesen allenthalben von den bedeutenden Versuchen, eine »Arbeiterkultur« zu entwickeln und zu fördern.

Allerdings, wie auf sehr vielen anderen Gebieten auch, ist die Geschichtsschreibung zu diesem Thema bisher nicht sehr seriös vorgegangen. Man weiß, wenn man je über Musik und Sozialdemokratie etwas gelesen hat, daß der Musikkritiker der Arbeiter Zeitung, Dr. David Bach, die treibende Kraft einer Institution war, die man »Arbeiter-Symphonie-Konzerte« nannte, und daß Anton von Webern eine Zeitlang der hoch geschätzte Dirigent dieser Konzerte war.

Das liest und erinnert sich gut und läßt den Eindruck entstehen, daß die unzweifelhaft wichtigsten Musikschriftsteller – gemeinsam mit David Bach erarbeitete Max Graf, der treue Gefolgsmann Bruckners, aber auch der Wiener Schule, die Programme – und die wesentlichsten Komponisten daran gingen, eine eigene Arbeiterkultur ins Leben zu rufen. Der Eindruck wäre falsch, alle die Protagonisten des Kulturlebens versuchten damals äußerst pragmatisch, den Arbeitern das Verständnis dafür nahezubringen, was man viel später einmal Hochkultur nannte. Volksbildung, wie sie auch auf musikalischem Gebiet betrieben wurde, wie sie von Anton von Webern auch in ungezählten Vorträgen in Volkshochschulen praktiziert wurde, war nach sozialdemokratischem Verständnis nichts weiter als die Heranbildung einer breiteren, einer neuen Publikumsschicht. Die Diskussionen, die sich in Musikerkreisen anderswo abspielten, die einen Hanns Eisler über Musik als Instrument der politischen Propaganda nachdenken ließen, fanden in Wien spürbar nicht statt.

Man darf so etwas doch auch kommentieren? Als sich die Erste Republik entschloß, alle »Verpflichtungen« zu übernehmen, die in der Monarchie der Musik gegenüber entweder der Kaiser oder die eine oder andere vom Kaiserhaus wohlwollend unterstützte Institution eingegangen war, übernahm man de facto das gesamte Musikleben, wie es einmal war. Man übernahm die Verträge, Finanzen und weiteren Forderungen der Hofoper ebenso wie die seriöse Weiterführung des Konservatoriums der Gesellschaft der Musikfreunde, man übernahm die Garantie, ein ziemlich blühendes Konzertleben aufrecht zu erhalten, und man sorgte, so gut es ging, um die Existenz der lebenden Komponisten. Das alles war zuerst einmal eine so schwere, so teure, so unübersichtliche Aufgabe, daß die Verantwortlichen wahrlich keine Zeit zu einschneidenden Reformen hatten – auch Sozialdemokraten aber waren mitunter Musikfreunde und waren als solche nur gemäßigt politisch denkende Menschen. Ihnen genügte, den Reichtum an Musik, wie er vorhanden war, fortan auch der Arbeiterschaft zugänglich zu machen. Daß dieser eine andere, eine sympathischere und also auch verständlichere Musik zu komponieren wäre, das war ein Gedankengang, den kein Wiener Musikfreund, auch kein »Roter«, je vollzogen hat.

Wieder ausgeglitten in die Gegenwart: Auch in den Jahren der sozialistischen Alleinregierung hat man's nicht anders gehalten. Die Kultur, einmal vergröbert dargestellt, sollte allen zur Verfügung stehen. Sich aber dieser vielen neuen Menschen wegen nicht verändern, sondern ihr Eigenleben fortsetzen. So wurde es zwar nicht lauthals propagiert, so wurde es aber gehalten.

Damals wie heute: Die mechanische Wiedergabe der Musik bemühte große Namen für eine Reklame, die immer hart am Rand der Komik ist.

Wo man auch anno dazumal weiterging und wo man durchaus versuchte, einer neuen Generation auch neue Kunstbegriffe einzuprägen, dort war die Sozialdemokratie zwar am Rande existent, dort handelte es sich aber erst einmal um eine völlig private Institution – die legendäre Schule der Eugenie Schwarzwald, in der allein von den Musikern Schönberg ebenso lehrte wie Egon Wellesz, war insgesamt doch ein Internat in der Wiener Innenstadt, das von einer großen Persönlichkeit geleitet wurde, und gewiß nicht von den Männern der Sozialdemokratie.
Das Institut der Eugenie Schwarzwald war, davon berichten unzählige Menschen, die dort aufgewachsen und belehrt worden sind, eine Stätte besonderer Art: Die Schülerinnen wurden nicht nur unterrichtet, sondern auch zu denkenden Menschen erzogen. Im Sommer bot man ihnen einen möglichst billigen Ferienaufenthalt, das ganze Jahr über Umgang mit jungen, idealistisch gesinnten Lehrern und Künstlern – dem Kreis um die Gründerin und Leiterin der Schule gehörten so ziemlich alle Schriftsteller, bildenden Künstler und Musiker an, die wir bis auf den heutigen Tag als die Wesentlichen in den ersten Jahrzehnten dieses Jahrhunderts in Wien nennen.
Wer freilich alle die Querverbindungen zwischen Schönberg und seinen Schülern und seinen treuen Gefolgsmännern hin zu der Schwarzwaldschule einerseits und hin zu den Sozialdemokraten anderseits bedenkt, wird zuletzt zu dem erlaubten Schluß kommen, es habe sich in dem Wien der Nachkriegszeit das abgespielt, was man einfach einen Zusammenschluß fortschrittlich denkender Menschen nennen kann. Wobei, wie auf anderen Gebieten auch, die in Wien regierenden Sozialdemokraten eine Wegstrecke auch mit den fortschrittlichen Musikern gemeinsam gingen, beileibe aber nicht den ganzen Weg, den sich die Musiker erhofften – erst eine spätere Geschichtsschreibung hat alle die großen Namen, die man auch mit der Sozialdemokratie in Verbindung bringen konnte, recht rücksichtslos und total für sich selber vereinnahmt und gern vergessen, daß es im Wien zwischen den beiden Kriegen auch auf der anderen Seite Musikfreunde und Sympathisanten gab.
Ums gleich in Namen auszudrücken: Wo die Sozialdemokratie auf einen Wahlaufruf verweisen kann, den selbst Komponisten wie Alban Berg unterschrieben, dort könnten die Nachfolger der Christlichsozialen immerhin die Kreise um Alma Mahler-Werfel ganz und gar als vertraut mit allen Regierungen bis in das Jahr 1938 bezeichnen und behaupten, es habe sich eine große Anzahl erlauchtester Namen allzeit bereit gefunden, im Lager der Regierung und nicht in dem des »roten« Wien zu stehen.
Die Namen sind genannt, die Herren Komponisten werden anzuführen sein, und eines nur noch vorweg: Obgleich man es bei anderen Gelegenheiten ganz und gar nicht verziehen hat, ist's ein hervorstechendes Charaktermerkmal der Komponisten, daß sie ihr Werk besonders wichtig nehmen und jede Institution hoch schätzen, die ihr Werk fördert. Das hat beileibe nicht nur mit Politik zu tun: Arnold Schönberg, für den sich Musiker aller Richtungen so lange und so intensiv einsetzten, bis es dem Kreis um David Bach gelang, die Wiener Oper und die Wiener Philharmoniker für einen Schönberg-Abend zu gewinnen, dieser aufrechte und manchmal auch starrsinnige Komponist urteilte von dem Augenblick an anders über die Wiener Philharmoniker – er warf ihnen ihre konservativen Programme nicht mehr vor, denn sie hatten ja ihn auch aufgeführt und waren somit ernstzunehmende Kollegen.

»Wess Brot ich ess ...« ist ein sehr häßliches Wort, und doch ist es auf Künstler allemal anzuwenden, wenn man sich nur von Äußerlichkeiten leiten läßt. Erst, wenn man Fall für Fall untersucht, wie sehr etwa ein Komponist auch seine Seele, seine Werke also, dem jeweiligen Mäzen verkauft hat, kommt man zu Differenzierungen. Und weg von den plakativen Behauptungen, Schönberg, Berg und Webern seien vor allem einmal Rote gewesen. Sie waren ohne Zweifel vor allem einmal Musiker. In der Geschichte der Musik in Wien liest man deshalb auch sehr wenig über die Verbindungen des Schönberg-Kreises zur Sozialdemokratie, sehr viel aber über die Aktivitäten Schönbergs im »Verein für musikalische Privataufführungen«, jener legendären Institution, die sich nur ein Komponist ausdenken konnte.

Der Verein verstand sich als eine lose Gemeinschaft von Musikern und Musikfreunden, deren völlig autoritär amtierender Präsident Schönberg selbst war. Oberstes Vereinsziel war die möglichst vollständige Information des Publikums über neue Musik, wobei die jeweilige Strömung oder Richtung keinen Einfluß haben sollte und das Publikum wiederum keine Gelegenheit wahrnehmen durfte, durch lebhafte Zustimmung Meinung zu äußern. Schönberg stellte sich einfach vor, gute Musiker müßten alles, was an zeitgenössischer Komposition aufzutreiben sei, nach ernsthaften Proben einem Kreis von Interessenten vorstellen – dabei war es selbstverständlich, daß man die Kollegen aus dem Ausland als gleichberechtigt ansah, und auch selbstverständlich, daß man Konkurrenten aufführte und unter ihnen auch Komponisten, von deren Wert man nicht überzeugt war.

Ein Beispiel dafür: Erich Wolfgang Korngold, als komponierendes Wunderkind von seinem Vater, dem ernsthaft allem Konventionellen aufgeschlossenen Kritiker der »Neuen Freien Presse« entdeckt und unzweifelhaft gefördert, war bei so ziemlich allen Gelegenheiten die Zielscheibe von Spott und Angriffen aus der Richtung der Wiener Schule. Man hielt sich zumeist mit der Musik Korngolds gar nicht auf, sondern ging bei jeder sich bietenden Gelegenheit sofort aufs Vater-Sohn-Verhältnis ein und unterstellte jedem Interpreten, der Korngold

Arnold Schönberg und sein treuester – und ihn an Erfolgen übertreffender – Schüler Alban Berg. Nebstbei zwei verschiedene, ausdrücklich wienerische Musikertypen.

sang oder musizierte, er wolle sich nur beim gefürchteten Nachfolger Eduard Hanslicks Wohlwollen erkaufen. Man gründete sogar eine Zeitschrift, deren Hauptzweck es sein sollte, die Machenschaften der Korngolds aufzudecken und Vater und Sohn ein für allemal in Wien unmöglich zu machen. In Arnold Schönbergs »Verein« aber wurde Erich Wolfgang Korngold aufgeführt, und das nach der notwendigen Anzahl von ernsthaften Proben und unter genau den Bedingungen, die auch für jeden anderen Komponisten galten – das Publikum hatte zur Kenntnis zu nehmen, wie Korngold komponiert, und keinen Kommentar abzugeben.

Dies mag, nebstbei, dazu beigetragen haben, daß sich nach 1938 Julius Korngold und Arnold Schönberg in der erzwungenen Emigration nicht nur grüßten, sondern auch ziemlich gut sprachen. Sie hatten einander zwar eine lebenslange Gegnerschaft samt allen nur erdenklichen starken

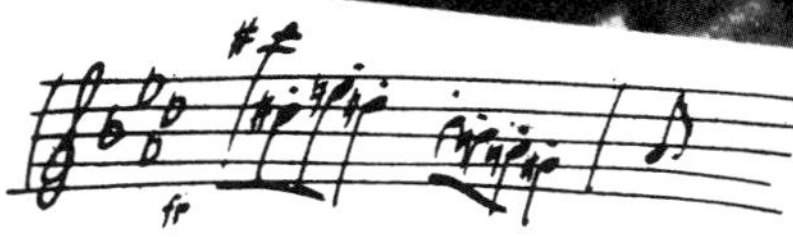

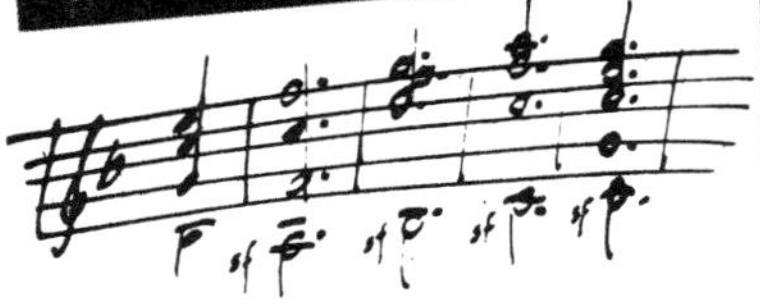

Der »junge« Furtwängler bei Proben im Musikvereinssaal – Franz Schalk und Richard Strauss fanden als ausgepichte Theatermusiker viel an ihm auszusetzen, sprachen ihm aber schon »Charisma« zu.

Auseinandersetzungen vorzuwerfen, sie mußten aber auch an Gemeinsamkeiten denken, also an exzellente Aufführungen in Schönbergs Verein. Noch sind die Protagonisten der Wiener Schule nur andeutungsweise genannt, und schon gibt's auch die Namen der Wiener Komponisten der Zwischenkriegszeit, die erfolgreich einer anderen, älteren Schule angehörten?

Gewiß, anders geht es nicht, denn Komponisten sind zwar nach außen hin mitunter unversöhnliche Gegner, immer aber auch aneinander interessierte Künstler. Wie man aus Cosima Wagners Tagebüchern weiß, daß Richard Wagner die Symphonien von Johannes Brahms vierhändig durchspielte, ehe er zu seinen vernichtenden Urteilen über den Gegenspieler ansetzte, so ging's auch im Wien nach 1918 zu. Die Musiker der einen Gruppe wußten genug von den Kollegen der Gegenpartei und wären wohl im Ernstfall immer bereit gewesen, eine einzige große Partei der Wiener Musiker zu bilden.

Mehr noch, es gab sogar erstaunliche Verbindungen zwischen den wesentlichen Neuerern und den populärsten Wiener Operettenkomponisten. Und diese bestanden beleibe nicht nur darin, daß Schönberg in seiner Anfängerzeit Klavierauszüge für Operetten als Broterwerb herzustellen hatte. Egon Wellesz erinnert sich daran, daß Aufrufe zugunsten einer musikalischen Sache immer von allen, wirklich allen Komponisten unterschrieben wurden, und berichtet auch von einem ernsthaften Zerwürfnis zwischen ihm und dem noch jungen, leidenschaftlich spätromantischen Musiker Joseph Marx: Es war damals üblich, daß aus den Überschüssen an Tantiemen, die von der Unterhaltungsmusik eingingen, jeweils eine besondere Unterstützung an einen notleidenden sogenannten ernsten Komponistenkollegen auszuzahlen war. In einem Jahr war Franz Lehár derjenige, der besonders viel eingespielt hatte, und Anton von Webern derjenige, dem das Geld zugutekommen sollte. Marx trat dagegen auf und nannte es eine Vergeudung von gutem Geld. Lehár selbst aber widersprach heftig und bestand darauf, daß sein Zuschuß nur an Anton von Webern ausbezahlt werden solle – er erklärte, er verstünde zwar die Kompositionen dieses Kollegen nicht, er sei aber von dessen Ehrlichkeit und Bedeutung überzeugt.

Wer über das Wiener Musikleben berichtet und immer und immer von den Meinungsverschiedenheiten zwischen Komponisten und ihren Gefolgsleuten zu schreiben weiß, der hat auch diese Fakten und also die gute Gemeinschaft aller Wiener Musiker in Notzeiten anzuführen, sonst betreibt er Geschichtsfälschung. Egon Wellesz, dem Jünger Gustav Mahlers, dem Musikwissenschafter, dem ernsthaften Mann, der die Emigration in Oxford erlebte, verdanke ich dieses Detail und viele kleine Geschichten, die alle das Bild von einem überaus lebendigen, brodelnden, vor allem aber fruchtbaren musikalischen Wien wiedergeben: Von einem Wien, in dem sich die »Salzburger Festspielgemeinde« formierte und daran ging, etwas in die Welt zu setzen, was noch unterm Kaiser von Hofmannsthal erdacht worden war. Von einem Wien, in dem Schönberg bis in die Staatsoper drang und es erst 1934 gelang, via bösartige Bemerkungen der Nationalsozialisten eine Aufführung der Oper »Karl V.« von Ernst Krenek während der Proben vom Uraufführungsplan wieder abzusetzen. Von einem Wien, in dem nicht nur die Salzburger Festspiele erfunden, sondern auch das erste Weltmusikfest der noch gar nicht gegründeten Internationalen Gesellschaft für Musik erdacht wurde – Wellesz war einer der Erfinder, und in Salzburg, wo sich ja immer noch die Wiener Musik auf Sommerfrische einfindet, gab's somit sowohl ein Fest, das Touristen und Genießer anlockte, wie auch ein Treffen, bei dem sich die musikalischen Neuerer der ganzen Welt zusammenfanden. Dank der existenten Wiener »Szene«, wenn man das nur nie vergessen will.

Vielleicht doch noch etwas mehr über Schönbergs »Verein«. Er wurde am 23. November 1918 gegründet, hätte also durchaus am Anfang unserer Versuche über Musik in der Zeit zwischen den Kriegen stehen können. Denn alles, was man von diesen Anfängen weiß, erinnert gleichzeitig an die Zeit selbst. Zum Präsidenten Schönberg mußte man, weil es kaum funktionierende Verkehrsmittel gab, oft zu Fuß hinaus nach Mödling, um seine Anweisungen einzuholen oder von ihm die Erlaubnis zu einer Aktion

Folgende Doppelseite: Fürsorge, 1936.

zu erhalten. Weil man der Post noch nicht vertrauen durfte, mußten auch die einfachsten Mitteilungen umständlich und teuer eingeschrieben übersandt werden und kamen trotzdem nicht immer in Mödling oder Wien an.
In dieser Stimmung aber gründete Schönberg einen Verein zur »Erziehung zum Hören und Verstehen moderner Musik« und definierte diese auf die einfachste Art. Moderne Musik im Sinne seines Vereins war ihm alles, »was Namen oder Physiognomie oder Charakter hat.« Seit 1918 hat es keine so gute Definition für neue Musik gegeben, obgleich sehr viele versucht wurden.
Das erste Konzert des Vereins fand am 29. Dezember 1918 statt, noch in der Schwarzwald-Schule, und brachte Werke von Alexander Skrjabin, Claude Debussy und Gustav Mahler – von diesem, der erst allmählich posthum das Vertrauen Schönbergs fand, spielte man die VII. Symphonie in einer Bearbeitung für Klavier zu vier Händen. Auch dies gehörte zum »Programm« des Vereins, der selten die Mittel zur Verfügung hatte, größere Werke so aufzuführen, wie sie komponiert waren. Dem Musiker Schönberg aber war völlig klar, daß eine Komposition auch in einer hervorragenden Bearbeitung ihre Qualitäten offenbaren kann. Weshalb er immer wieder zu Lösungen griff, die heutzutage jeder Veranstalter ablehnen würde.
Die »Nachfrage« nach den Aufführungen war von Anfang an groß, man übersiedelte aus der Schwarzwald-Schule in den Kaufmännischen Verein, dann in die mittleren Säle im Musikverein und im Konzerthaus und fand 1920 schließlich in den »Klub österreichischer Eisenbahnbeamter«. Bis 1921 hatte man bereits 226 Werke aufgeführt, manche auch zweimal, alle ausschließlich nach der von Schönberg selbst besorgten Auswahl. Der Komponist behielt ausdrücklich »in der Leitung des Vereins vollkommen freie Hand«; so wurde es nach dem Zusammenbruch der Monarchie und der Ausrufung eines demokratischen Gemeinwesens erst einmal beschlossen, und daran hatte man sich auch bis zuletzt zu halten: Als Bestrebungen aufkamen, einmal ein Programm anders als nach den Intentionen Schönbergs aufzuführen, regelte er diese Angelegenheit nach seiner Art. Er löste den Verein auf.
Bevor der Verein aufgelöst wurde, hatte er allerdings auch einmal ein Programm angesetzt, das in die Musikgeschichte eingegangen und in seiner ganzen Qualität doch noch nicht gewürdigt worden ist: Um etwas von den drückenden Schulden des Vereins abzubauen, lud man zu einem Vereinsabend, bei dem Schönberg, Berg und Webern Bearbeitungen von Strauß-Walzern präsentierten, selbst als Interpreten mitwirkten und zuletzt die Autographe versteigerten.
Dieser Abend ist in die Geschichte eingegangen, weil man seither bei besonderen Anläßen immer noch diese Bearbeitungen auch spielt und nachweist, wie raffiniert und wie liebevoll die angeblichen Revolutionäre und Bilderstürmer mit Strauß umgingen. Nur selten aber hat man darauf hingewiesen, was außerdem an diesem Abend, allein am Einfall zum Programm dieses Abends, außerordentlich war und für immer bleiben wird: Der Vereinspräsident, der von der aufgeführten Musik verlangte, daß sie »Namen oder Physiognomie oder Charakter« habe, gestand den Kompositionen eines Johann Strauß alle drei Eigenschaften zu und war außerdem noch bereit, die Eigenschaft »zugkräftig« ausnahmsweise als besonders wichtig gelten zu lassen. Er und seine Schüler stellten sich – wie bei allen anderen Gelegenheiten auch – nicht gegen, sondern ausdrücklich in die Wiener Musiktradition und bekannten sich als Verehrer der Dynastie der Walzerkönige.
In etwas ruhigeren Zeiten hätte das vielleicht als selbstverständlich angesehen werden können. Doch in der von Demonstrationen, Hunger und Unsicherheit geprägten Situation des Nachkriegs-Wien war das als programmatisch anzusehen und ging weit über das hinaus, was man einen Faschingsabend bei Neutöners hätte nennen können.
Zu allen den wichtigen Begegnungen mit neuesten Kompositionen aus Frankreich und England also kam auch eine mit der eigenen Wiener Vergangenheit, und diese wurde ernst genommen. Sie rangierte auf einem Niveau mit Maurice Ravel, der zu einem ihm gewidmeten Festkonzert selbst nach Wien kam, auf einem Niveau mit ungezählten bedeutenden ausländischen Komponisten, die aufgeführt wurden und ihrerseits ohne Zweifel dazu beitrugen, daß auf

Kompensationswege der Name der Wiener zeitgenössischen Musiker im Ausland Klang bekam. Wer abseits blieb, nicht eingeladen wurde und auch in den folgenden Jahren mit Schönberg wenig Kontakt fand – überliefert sind Begegnungen, bei denen sich die beiden Musiker zwar in einem Saal befanden, jedoch jeder seinen eigenen Hofstaat hatte und den Kollegen übersah – und erst Jahrzehnte später Schönberg anerkannte, das war Igor Strawinsky, der in Frankreich und Deutschland musizierte und damals sehr absichtlich Verbindungen zur Schönberg-Schule ablehnte. Gewiß, auch ihm wurde die Position eines Gegenspielers beinahe aufgedrängt, doch seiner eigenen Aussage nach hatte er damals wirklich völlig andere Vorstellungen von der Musik und überhaupt keine Lust, sich mit den Revolutionären aus Wien zusammenzutun. Ihm schien, um einen gewagten Vergleich anzustellen, die Lehre von der Komposition mit zwölf aufeinander bezogenen Tönen, wie Schönberg sie unterrichtete, nicht anders als die Theorie, die zur selben Zeit, vielleicht wirklich etwas früher sogar, der niederösterreichische Hauptschullehrer Joseph Matthias Hauer ausgeheckt hatte: Hauer und Schönberg korrespondierten, das immerhin dürfte jetzt schon bekannt sein, eine Zeitlang und stritten um die Urheberschaft der neuen Kompositionsmethode. Beide waren recht starre Personen und konnten nicht zueinander finden. Als der Stärkere errang sich Schönberg seinen Platz in der Weltgeltung, Hauer begnügte sich, im Lauf der Jahre aus einer Kompositionstheorie eine Art neuer Lebenslehre zu machen, und fand bei Lebzeiten nicht zu jener Anerkennung, die er glühend gewünscht hatte. Völlig unbekannt jedoch war er auch in den Jahren zwischen 1918 und 1938 nicht; er war wachen Wiener Musikern ein Begriff und, als er seine Lehre über die Musik ins Weltanschauliche ausdehnte, auch einigen wesentlichen Schriftstellern und Bildhauern. Strawinsky hätte damals, darauf angesprochen, zwischen Hauer und Schönberg wenig Unterschied gemacht, und Schönberg spürte instinktiv, daß der robuste Komponist mit seinen skandalträchtigen Auftritten doch einer völlig anderen Richtung angehörte – daß sie sehr spät im Leben doch noch Verständnis füreinander fanden, gehört nicht mehr in dieses Kapitel.

Zeitgenössische »Karikatur«: Clemens Krauss, Wiener Operndirektor, setzt sich für Alban Bergs »Wozzeck« ein.

Noch 1938 hätten Schönberg und Strawinsky einander nicht gemocht.

Zur »Schule« Schönbergs, die lange Zeit auch tatsächlich eine Schule war, denn Schönberg unterrichtete ja Komposition, zählt man bis auf den heutigen Tag in erster Linie den so erfolgreichen Alban Berg und den in seiner Konsequenz zwar folgereicheren, jedoch bis heute nicht so populären Anton von Webern. Daß es eine Reihe weiterer Schönberg-Schüler gibt und diese immerhin Musik geschrieben haben, die noch nicht vollständig von den Programmen verschwunden sind, muß man in einer kursorischen Aufzählung wenigstens anmerken.

Berg, allgemein als ein liebenswerter und liebenswürdiger Mensch beschrieben, feierte die ersten Aufführungen seines »Wozzeck« selbstverständlich nicht in Wien, sondern in Berlin – und bald auch Reprisen in ganz Europa, zu denen er freudig bewegt fuhr und von denen er seiner geliebten Frau Helene bunte Briefe sandte. In Wien engagierte er sich für Musik und für Sport, einerseits weiß man von einigen großen Konzertskandalen, die sich im Musikverein abspielten und auch den ersten Aufführungen von Bergs Kompositionen galten, anderseits gibt's in den einschlägigen Kreisen jetzt noch Bewunderung für die lautstarke Mitwirkung Bergs bei Fußballmatches auf der Hohen Warte.

Um Mißverständnisse auszuschließen – in dieser Zusammenfassung die Werke Schönbergs, die noch in seiner Wiener Zeit entstanden sind, auch nur zu erwähnen und wenigstens das Notwendigste über Alban Berg mitzuteilen, hieße,

Jaromir Weinberger, vielgespielter Opernkomponist der zwanziger und dreißiger Jahre.

den Rahmen wahrlich sprengen. Und Anton von Weberns Gesamtwerk, das ohne besondere Schwierigkeiten an zwei Konzertabenden aufzuführen ist, wäre trotz seiner sozusagen zeitlichen Beschränktheit doch in mehreren Bänden nicht zu analysieren und vorzustellen. Ausschließlich deshalb wird einfach angenommen, der geneigte Leser wüßte, daß es sich um drei der bedeutendsten Komponisten des Jahrhunderts handelt und daß sich in aller Welt immer wieder junge Musiker auf die Lehren und Werke dieser drei berufen. Neuerdings in differenzierterer Art und allemal so, daß ihnen allen der theoretische Unterbau Schönbergs nicht mehr so wesentlich erscheint wie die Tatsache, daß alle drei großen Wiener Musiker in ihren großen Werken die strenge Theorie außer acht ließen und – obgleich in der Haltung konsequent – im Detail anscheinend inkonsequent der Invention, dem Einfall also, und der Stimmung, der Ausarbeitung, freien Lauf ließen.

Ganz ohne Zweifel weiß man's und muß es dennoch wiederholen. Wie sehr viel andere Wiener Sensationen der Jahrhundertwende und der ersten Jahrzehnte auch wurden die musikalischen in Wien selbst nur von sehr wenigen Musikfreunden begriffen und geschätzt, im Ausland aber bald als Sensationen anerkannt und nicht nur diskutiert, sondern fortgesetzt. Das Publikum, dem man insgesamt das letzte Urteil gerne überläßt, war und ist für die Wiener Schule nur in bestimmtem Ausmaß zu begeistern und auch in seiner Ausbildung als sogenannte Nachwelt noch nicht bereit, rückhaltlos die Wege mit zu beschreiten, die Schönberg, Berg und Webern vorgezeigt haben.

Daß dem so ist und auch um 1920 war, erklärt unschwer, daß die existentielle Situation der revolutionären Komponisten trist blieb wie die Staatsfinanzen. Die Universal Edition, der große Musikverlag der Stadt, sorgte für Drucklegung und sorgte sich auch um Aufführungen, hatte nicht nur den genialen Emil Hertzka als Direktor, sondern auch junge, begeisterungsfähige Mitarbeiter, die durch die Länder reisten, um ihre Noten unter die Interpreten zu bringen. Doch Hertzka und sein Haus wäre zweifellos rasch bankrott gewesen, hätte sich die Universal Edition ausschließlich oder vor allem mit diesen genialischen Außenseitern begnügt.

Da einige der wichtigsten jungen Mitarbeiter der UE 1938 emigrieren mußten und ihre Erinnerungen in London oder New York veröffentlichten, weiß man sehr viel über die Geschichte dieses Hauses, dessen 1938 im Land gebliebener – und treuer – Direktor vorläufig immer noch über seine Erfahrungen schweigt. Man weiß, daß der Ankauf der Symphonien Anton Bruckners Geld brachte, daß Komponisten wie Schreker und Weinberger mit ihren Opern, die auf allen deutschen Bühnen gegeben wurden, das notwendige finanzielle Fundament festigen halfen, daß einige Verlagsrechte an ausschließlich unterhaltsamer Musik in Wahrheit die Existenz garantierten.

Trotzdem, der Verlag, dessen Büros sich immer im Gebäude der Gesellschaft der Musikfreunde am Karlsplatz befanden, hat alle Großen der Zeit zu Gast gehabt und wurde sehr vielen eine zweite Heimat. Das konservativere der beiden großen Wiener Musikhäuser war dank der UE wenigstens auf die oberflächlichste Art dasjenige, in dem auch in diesem Jahrhundert immer die jüngsten, die aufregendsten Komponisten ein und aus gingen, und daran hat sich bis auf den heutigen Tag kaum etwas geändert. Von den unzähligen Anekdoten, die immerhin schon niedergeschrieben wurden, hier so gut wie keine: Daß Eugen D'Albert der Universal Edition ein lieber Freund war, dem man des großen Erfolgs seiner Kompositionen für Klavier zuliebe auch immer wieder seine Opern verlegte, daß jedoch die erste, die man selbst in der UE nicht mehr annahm, der Welterfolg »Tiefland« wurde, gehörte zu der Sorte, von der Tausende immer noch durch Wien schwirren.

Die UE erfüllte in der Zeit zwischen den Kriegen auch eine andere Funktion, die zutiefst wienerisch war und die man nicht vergessen darf: Sie ließ die Verbindungen zu den Musikern in den einstigen Ländern der Monarchie nicht abreißen, sie interessierte sich für Leos Janacek, sie holte den schon erwähnten Jaromir Weinberger, sie tat etwas für Bohuslaw Martinu, sie ermutigte den jungen Luigi Dallapiccola. Als 1938 die Landkarte Europas einschneidend verändert wurde, mußte den sie betrachtenden Musikern die Monarchie beinahe intakt erscheinen – die UE hatte ihre Verträge und stand da, als gehörte Böhmen immer noch zu Österreich.

Man darf das wirklich nie vergessen. Im Wien der Zwischenkriegszeit gingen die Komponisten aus der Tschechoslowakei ein und aus und hatten ihren ständigen geschäftlichen Partner. Im Wien der kleinen Republik hielt sich ein musikalisches Unternehmen von Weltrang, und nicht nur, weil es die »Rechte« an Kompositionen hatte, die immer deutlicher als die Musik des zwanzigsten Jahrhunderts erkannt wurden, sondern selbstverständlich auch, weil alle Welt von Wien weiterhin als einem Mittelpunkt der musikalischen Welt sprach.

Das gilt übrigens auch für den musikwissenschaftlichen Teil, den man nicht gering schätzen möchte. An der Wiener Universität wirkte immer noch Guido Adler, der 1898 die Nachfolge von Eduard Hanslick angetreten hatte und großen Glanz über Wiens Musikleben brachte, indem er einerseits die wissenschaftliche Arbeit auf ein seither nicht mehr übertroffenes Niveau brachte, anderseits in engstem Umgang mit den lebenden Komponisten dafür sorgte, daß diesen die Aufmerksamkeit auch seiner Studenten sicher war. Der bis 1927 amtierende bedeutende Mann hat viele Schriften veröffentlicht, die Gustav Mahlers posthumen Ruhm mitbegründeten, und viele »Aktionen« geleitet, die dem Ansehen der Wiener Schule in der Welt galten. Seine Schüler ehrten ihn, indem sie es möglich machten, daß der damals greise Mann auch die ersten Jahre der Naziherrschaft in seiner Heimatstadt ungestört verbringen konnte – bis ihn der Tod davon erlöste, ein ziemlich entartetes, von seinem Standpunkt einmal so gesehen, Musikleben beobachten zu müssen.

Franz Schreker, Komponist vieler Opern, beinahe ein Opfer des Nationalsozialismus. Die Gegenwart ist dabei, seine Werke wieder zu entdecken – und aufzuführen.

Zitate, wenigstens ein Minimum muß auch in dieses Kapitel einfließen, schließlich sind Zitate aus der Zeit ja als unwiderlegbare Zeugen versprochen worden.

Max Graf, Bruckner-Apostel, streithafter Freund

Guido Adler, der als Musikwissenschaftler 1898 die Nachfolge Eduard Hansliks antrat.

der Wiener Schule, unerbittlicher Gegner der »Clique« um den alten und den jungen Korngold, 1938 zur Emigration gezwungen und nach dem Krieg als geehrter Wiener Zeuge einer Epoche heimgeholt, gab vom Oktober 1919 an eine Wochenzeitschrift »Musikalischer Kurier« heraus. Alsbald erschienen in diesem »Kurier« auch Bilanzen und Übersichten, und wenn man einmal voraussetzt, daß sie von einem Propagandisten der jeweils neuesten Strömungen geschrieben sind, dann findet man sie lesenswert und wird ihren Wahrheitsgehalt in den Fakten nicht anzweifeln.

»Als im November vorigen Jahres der Weltumsturz die alten österreichischen Staatsgebäude erschüttert und aus den Trümmern der kleine, arme deutschösterreichische Staat entstand, war die Hoffnung der Musiker: Österreich ist ein Musikland und wird es bleiben. Dieses Gefühl war so stark, daß es sich ohne verstandesmäßige, kritische Erwägungen instinktiv aufgedrängt hat, und so undenkbar war jedem Musikfreund der Gedanke, daß dieses Land, wo die Musik in der prunkvollen Residenzstadt bei Hof, Adel und Bürgertum seit Jahrhunderten reiche Pflege gefunden hat, wo in den Stiften, aber auch in den Stuben der Dorfschullehrer musiziert wird, wo auf den Bergeshöhen der musikalische Schrei der Lebenslust ertönt, plötzlich aufhören könnte, im modernen Kulturleben seine Rolle als ein Land zu spielen, dessen Boden Musiker hervorbringt, das Musiker aus der Ferne anzieht, dessen Bevölkerung musikalisch gestimmt ist.«

Dies die Einleitung einer Übersicht, die Graf 1919 gegeben hat und die von einer sozusagen nach allerersten Schwierigkeiten bereits recht gefestigten Situation berichtet. Richard Strauss war als einer der beiden Operndirektoren – immer Graf folgend – ein reiner Gewinn. Franz Schalk an verantwortlicher Stelle neben ihm – ein wirklicher Führer im Musikleben. Felix Weingartner als musikalischer Leiter der Volksoper – eine erfolgverheißende und glückvolle Wendung, wie man bereits angesichts einer von ihm geleiteten »Meistersinger«-Produktion hat beobachten können. Wilhelm Furtwängler als Chef des Tonkünstlerorchesters (damals das eine große Konzertorchester, das in der Folge durch einige Mutationen zu den Wiener Symphonikern wurde), ein Mann, dem Graf bereits künstlerischen Feinsinn bestätigt.

Und weiter in dem Führer durch das musikalische Wien 1919? Ferdinand Löwe als Leiter der Musikakademie, von seinen Kollegen ins Amt gewählt – ein feinfühliger, mit allen großen Traditionen der Stadt vertrauter Mann. David Bach als Leiter der neugeschaffenen Arbeiterkonzerte – er garantiert zunehmenden Reichtum an »populären Konzerten«. Die »Verkaufte Braut« schließlich wieder im Repertoire der Wiener Oper – sie signalisiert das Ende einer Ära, in der man Politik ins musikalische Spiel brachte, und deutet an, daß Wien eine europäische Musikstadt bleiben möchte.

Hier ein Wort der Erklärung: Auch Graf, den man nicht unbedingt als unpolitischen Beobachter bezeichnen muß, dessen Sympathien für die Sozialdemokratie unverhohlen waren, kann guten Gewissens nicht zu einem politisierenden Musikschriftsteller umgedeutet werden. Mit ihm

Max Graf, Schüler Bruckners und Verteidiger Schönbergs, Musikkritiker in Wien bis 1938 – und nach 1945 wieder Kritiker in seiner Heimatstadt. Franz Schalk, Dirigent und Staatsoperndirektor gemeinsam mit Richard Strauss – ein treuer Diener des um seine Existenz ringenden Institutes.

waren alle wesentlichen Persönlichkeiten der musikalischen Szene wenigstens in erster Linie allemal Musiker und Musikfreunde und wären nicht bereit gewesen, ihr parteipolitisches Bekenntnis über die musikalische Verbundenheit mit einem Kollegen zu stellen. So sehr man häßliche Verdächtigungen und tragische Auseinandersetzungen im Kampf um die neueste oder eine konservative Musik dokumentieren kann, so wenig wird es einem gelingen, Kapital für parteipolitische Geschichtsschreibung zu finden.

Graf gibt in seiner Darstellung deshalb auch sehr viel Raum dem Schicksal eines Mannes, den man heute zu den vergessenen Wienern zählen muß. Dr. Karl Wiener, vormals Präsident der Musikakademie und als Präsidialist des Ministerpräsidenten Badeni auch ein Politiker, mitverantwortlich für den Bau des Konzerthauses und auf dem Weg, eine Art Musikministerium im Kaiserstaat einzurichten, ist 1919 von den Ereignissen eingeholt, überrannt, ins Ausgedinge abgeschoben. Grafs Kommentar aber: Es gibt nicht genug Persönlichkeiten von hervorragendem Können, um auf nur eine von ihnen verzichten zu können. Die Tatsache, daß Dr. Wagner es versäumt hat, sich Ende 1918 rechtzeitig an die Spitze der »Reformer« zu stellen, ist bedauerlich, sollte aber nicht das Wichtigste sein. Das Wiener Musikleben »braucht alle«.

Was meiner Ansicht nach der Leser heute aus der Bilanz 1919 völlig wertfrei herauslesen kann, ist: Die Musik war in einer Stadt, in der die »Frau ohne Schatten« mit großer Begeisterung aufgenommen wurde und Arnold Schönberg daran ging, seine ersten Zwölftonkompositionen zu schreiben, auch nach dem Untergang eines Weltreiches populär und geachtet, und zwar in allen ihren Erscheinungsformen. Die Musiker in Wien dachten nicht daran, die Stadt zu verlassen. Die Musiker außerhalb sahen – mit einigen Abstrichen, aber immerhin – die Stadt weiterhin als wesentlich für ihre Kompositionen. Die Musi-

№ 114
Richard Strauss
dirigiert
ZEICHNUNG: ADALBERT SIPOS
KLISCHEE: ROBERT SEYSS

kanten wiederum begriffen, daß es ihnen zwar relativ schlimm ging, wie allen anderen Wienern auch. Gleichzeitig aber erfuhren sie, daß auch die Nachfolger im Amt – in Ministerien, in der Regierung – es als selbstverständlich ansahen, für die Existenz von Musikanten zu sorgen. In den meisten Fällen sogar nach Verträgen, die sie angesichts einer Art Weltenwende durchaus für verfallen hätte erklären können.

Bleiben wir noch bei den Musikern, den Komponisten also, und heben wir uns die notwendigen Hinweise auf die Musikanten, die Interpreten somit, etwas auf.

Die Musiker, die wir heute als die ernsten Musiker bezeichnen, schrieben in der Zeit zwischen den Kriegen Werke, von denen wir durchaus der Ansicht sind, sie hätten die Welt erobert und sie wären für die Ewigkeit – soweit diese sich für Kompositionen in Anspruch nehmen läßt – geschaffen. Vergessen wir nicht, daß Richard Strauss zwar seine bedeutendsten Erfolge bereits hinter sich hatte und die meisten seiner noch folgenden Opern nicht für Wien komponierte. Aber: Er wird immer noch als ein Wiener Komponist bezeichnet, und er schrieb in der bewußten Zeit Opern, die man noch nicht zu vergessen beginnt. Zum Beispiel nicht nur das wenig erheiternde Ballett »Schlagobers«, sondern auch die Oper »Arabella«, die für uns insoferne wesentlich ist, als sie noch einmal Wien als Ort der Handlung hat und eine Zeit schildert, in der der von Strauss so gern verwendete Walzer auch wirklich seinen Platz hat – als Hofmannsthal und Strauss an »Arabella« arbeiteten und liebevoll das Wien des späten neunzehnten Jahrhunderts heraufbeschworen, waren neben ihnen schon viele kritische Beobachter dabei, gleichfalls die revolutionäre Haltung des Jahres 1919 abzulegen und vor allem zur untergegangenen Monarchie ein neues, ein verliebtes Verhältnis zu finden. Siehe die eine oder andere Anmerkung, die wir beim Kapitel Literatur nicht vergessen haben und die sich etwa auf Schriftsteller wie Joseph Roth und Karl Tschuppik bezogen. In dieser Zeit komponierte Alban Berg seinen »Wozzeck«, in dem man wahrlich eines der Meisterwerke unseres Jahrhunderts erkennt, und die Teile der Oper »Lulu«, die er unvollendet hinterließ, als er am Weihnachtsabend 1935

Plakat der Nationalsozialisten – Kreneks »Jonny spielt auf« war zu erfolgreich, um deshalb abgesetzt zu werden. Kreneks »Karl V.« aber blieb angesichts der fortgesetzten Polemik auf der Strecke.

starb. Was immer man sonst von den Kompositionen Bergs als Allgemeingut nennen möchte, es ist in Wien und in den Jahren geschrieben, die keinen guten Ruf haben so ganz im allgemeinen – Berg aber war unbestritten ein Wiener Komponist.

Ernst Krenek, der in Wien geboren wurde und studierte, die Tochter Gustav Mahlers heiratete und ins Ausland ging, als er in schlechten Zeiten wenig Chancen in Wien sah, nützte die Tantiemen seines Welterfolges »Jonny spielt auf«, mit dem er 1927 mit einem Schlag die gesamte europäische Opernwelt für sich gewann, um von 1928 an wieder in Wien leben zu können. Er war und blieb freilich bevorzugter Angriffspunkt ausschließlich politischer Kämpfe, erlebte, wie die Hakenkreuzler polemisierten, weil er einen

Das einer heute lebenden Generation bekannte, aber vor allem Bestürzung verursachende Schlagwort ist geprägt. Es gibt plötzlich »entartete Musik«.

Neger zur Titelfigur einer Oper machte, entfachte ohne eigenes Zutun Polemiken gegen die Opernhäuser, in denen man mit diesem »Jonny« volle Kassen machte, und wurde erst recht ein bis auf den heutigen Tag in Wien nicht entsprechend entschädigter Mann, als er 1933 für die Wiener Oper »Karl V.« komponierte, die ersten Proben zur Uraufführung erlebte und dann erfahren mußte, daß man sein Werk vom Premierenplan absetzte, weil zu viele Proteste aus ganz rechten Kreisen laut geworden waren – das Schicksal will es, daß auch im Jahre 1983 Krenek sich wieder veranlaßt sah, den amtierenden Staatsoperndirektor darauf hinzuweisen, daß das Wiener Institut über dreißig Jahre nach dem Ende des Zweiten Weltkrieges »Karl V.« immer noch nicht in den Premierenplan aufgenommen hat. Krenek ist jetzt, was man einen großen, alten Mann nennt, und Amerikaner. Aber er ist doch allezeit ein Wiener Komponist geblieben und hat seine bedeutendsten Werke in Wien geschrieben.

Erich Wolfgang Korngold, dem man nach dem Krieg auch nicht viel Wiedergutmachung anbot, hatte im Zwischenkriegs-Wien sein eigenes Schicksal – er war als Erfolgskomponist geradezu verschrien, er hatte als Mitarbeiter Max Reinhardts viel böse Kritik wegzustecken, wenn er für diesen großen Theatermann Neufassungen von Strauß-Operetten schuf und diese dann auch noch mit Erfolg dirigierte. Er zog immerhin die Konsequenzen und schuf sich, ehe Österreich sich selbst aufgab, eine zweite Existenz in den USA. Dort freilich galt er als ein Wiener Komponist und hatte niemals vor, als etwas anderes zu gelten.

Wenn man auch hier alles andere als Vollständigkeit erwarten darf, so kann man doch wenigstens noch zwei oder drei Namen nachlesen – Komponisten, die im Zwischenkriegs-Wien schrieben und aufgeführt wurden, die man jedoch mit der Zeit vergaß und vielleicht auch vergessen hätte, wenn keine sogenannte große Zeit über Wien weggerast wäre.

Julius Bittner, von dem von 1921 bis 1934 vier populäre Opern herauskamen, von dem man dem Titel nach immerhin noch eine 1916 geschriebene Oper, »Höllisch Gold«, wirklich kennt. Oder Max von Oberleitner, der ein Schüler Anton Bruckners war und für die Jeritza den »Eisernen Heiland« schrieb und mit einigen seiner Werke nicht nur an Wiener Opernbühnen beliebt war – auch ihn kennt man kaum noch, doch war er um 1920 ein Mann, der genau wußte, was zu komponieren war und wie man effektvoll dafür sorgte, daß eine Diva aus einem Werk auch einen Publikumserfolg machte.

Oder Alexander von Zemlinsky, den Lehrer Arnold Schönbergs, der zwar als Komponist und Pädagoge in Prag und Berlin Erfolg hatte, jedoch angesichts des Naziregimes in Deutschland nicht a tempo in die Vereinigten Staaten emigrierte, sondern erst noch einmal versuchte, in Wien Fuß zu fassen. Sein Werk erlebt derzeit beinahe eine Renaissance, man sollte ihn in allen Nachschlagewerken als einen Komponisten aus Wien charakterisieren.

Franz Schreker, von dem die in der Universal Edition beheimateten Musiker vor allem erzählen, sie hätten in allen hauseigenen Publikationen immer neue Erfolgsmeldungen zu schreiben gehabt, verließ 1920 Wien und wurde erst Berliner und dann Weltmann; seine musikalische Ausbildung aber hatte er in Wien genossen, und acht Jahre unterrichtete er an der Wiener Akademie.

Die Namensliste mit Komponisten von Rang ließe sich endlos fortsetzen und ganz gewiß nicht erst mit einem so »heiklen« Namen wie Franz Schmidt abschließen: Der Komponist von »Notre Dame« war Cellist der Hofoper, Cellolehrer am Konservatorium (der späteren Akademie), er wurde Professor für Klavier, für Komposition, dann Direktor, schließlich Rektor der Wiener Musikakademie und einer der bedeutendsten Lehrer, den Wien je hatte.

Von ihm zu schreiben, ist doppelt schwer, leiden doch seine glühendsten Verehrer bis auf den heutigen Tag, daß seine Symphonien in der Welt nicht denen Bruckners gleichgesetzt werden, glauben seine treuesten Anhänger doch immer noch, das Fortleben Franz Schmidts werde von denen »verhindert«, die sich eines recht naziverdächtigen Textes erinnern, den Schmidt auch vertont hat. Die Wahrheit ist, daß alle seine Schüler achtbare Musiker geworden sind und sein Lob als Lehrer singen, und daß viele seiner Werke im Konzertsaal immer noch erklingen und daß er unter die allergrößten regionalen Komponisten zu zählen ist, die Wien je hervorgebracht hat.

Bevor wir unversehens in die wahrlich auch sehr gewichtige Aufzählung der Institutionen rutschen, die das musikalische Wien immer schon und also auch konsequent durch die Zeit zwischen den Kriegen als Musikstadt erscheinen ließen, doch noch ein Zitat, das mir sehr wichtig erscheint. Der Verleger Ernst Roth, auch einer, der in Altösterreich geboren und in Wien zum Musikverleger ausgebildet wurde, hat viele Jahre nach dem Krieg auch Erinnerungen geschrieben. Sie zeichnen sich durch einen äußerst vorsichtig und bemüht objektiven Standpunkt aus: Roth war Verleger von Bartok und Strauss und kam, ehe er soweit war, in Wien mit allen Protagonisten der Musik in Berührung. Er gab gern zu, daß er allerspätestens bei Webern mit der Musik einer bestimmten Richtung nur noch als Beobachter, nicht aber als übereinstimmender Hörer etwas anfangen konnte. Doch er schmähte deshalb Webern nicht und auch nicht dessen Nachfolger. Er konstatierte nur, wie sich das Wiener Musikleben zu Zeiten der Wiener Schule aus seiner Sicht präsentierte.

»Als ich im Jahr 1922 in Wien in den Musikverlag eintrat, krachte das Gebäude der Musik in allen Fugen, wie die Politik, die Wirtschaft und die anderen Künste auch. Das war in Wien am Ende peinlicher als andernorts, denn bei all der wilden Korruption, die schon in besseren Zeiten von der Nähe des balkanischen Klimas angetrieben worden war und nun aller Zurückhaltung zu entspringen schien, konnte man die Allüre der alten Kaiserstadt nicht aufgeben. Wien hatte ein festgegründetes musikalisches Renomée, von Kaiser Leopold dem Ersten bis Brahms. Mit Brahms freilich schien das Bedürfnis Wiens nach neuen musikalischen Taten gesättigt zu sein . . .«

Gemach, ich bin gleich bei den Stellen, die wir unbedingt gelesen haben müssen, wenn wir Ernst Roth begreifen wollen. »Wie etwa Felix Weingartner mit den Philharmonikern das Tor vom Scherzo zum Finale der Fünften aufstieß, das spielte ihnen niemand nach, und das Wiener Publikum wurde des Entzückens darüber nicht müde. Selten kann eine ›Schule‹ aus ihrer Umgebung, aus dem geistigen Klima, worin sie leben mußte, so wenig Anregung und Ermutigung empfangen haben. Ihr Wienertum war denn auch nur ein geographischer Zufall, und nirgends war man weniger geneigt, ihr, ihren Schöpfern und Schülern ein Heimatrecht zu verleihen.«

Damit meint Roth selbstverständlich die »Wiener Schule«, und damit hat er rückblickend nicht recht, denn selbst Schönberg hat darauf hingewiesen, daß er sich der musikalischen Tradition verpflichtet fühle. Ich weiß, ich weiß, man soll nur Zeugen zitieren, mit denen man eines Sinnes ist. Dies aber ist, vergessen wir es nicht, ein Buch über die Zeit unserer Eltern. Da muß man immer wieder auch die Zeugen sprechen lassen, denen man nur Autorität zubilligt. Sonst wird

Folgende Doppelseite: Warten auf die Chance, beim Film statieren zu dürfen. – 1928.

Volksopernchef Felix von Weingartner dirigiert . . .

man verdächtig und kann's gleich wieder sein lassen. Also, jetzt folgt das eine mir noch wesentliche Zitat:
»Aus der Nähe gesehen, schien die Schönbergschule fast überlebensgroß. In Wahrheit aber spielte sie im Musikleben der Zwischenkriegsjahre nur eine bescheidene Rolle. Kein Werk von Schönberg oder Webern machte außerhalb des Kreises der Eingeweihten großes Aufsehen, nur ›Wozzeck‹ wurde zu einer weithin hörbaren Sensation. Das Repertoire zeitgenössischer Musik wurde von großen Meistern beherrscht, die sich zwar auch gegen die alten Regeln vergingen, gegen die Erfahrungen der Sicherheit und Zufriedenheit, aber weder atonale Anarchisten wurden noch auch die neue Lehre zur Kenntnis nahmen.«
Ums nicht zu mißverständlich aufzufassen: Roth meinte nicht die Wiener Situation allein; wenn er von anderen großen Meistern spricht, dann meint er Ravel, Strawinsky, Bartok und so weiter. Von diesem internationalen Gesichtspunkt aus muß man ihm gleich nicht mehr so heftig widersprechen.
Und jetzt doch Wiens musikalische Institutionen, man wird sie in einem Buch über Wien nicht nur nicht vergessen, sondern besonders liebevoll behandeln müssen – der Wiener hat immer auch die Häuser, die Musiker, die Sänger heiß geliebt und scharf kritisiert und vielleicht unbewußt damit vergessen machen wollen, daß er sich in die Auseinandersetzungen um die Komponisten nicht so heftig und zumeist nicht vorzüglich progressiv einschaltete.
Die Reihenfolge ist nicht wertend, nur die Institution der Hofmusikkapelle muß immer an der allerersten Stelle stehen. Sie war und ist die älteste und ehrwürdigste musikalische Vereinigung Wiens, Kaiser Maximilian gilt als ihr Gründer und Gesetzgeber, die Habsburger waren zumeist nicht nur ex officio die Schutzherren und Erhalter, viele von ihnen musizierten, komponierten für ihre eigene Kapelle.
Die Erste Republik übernahm mit allen anderen teuren Einrichtungen auch die Hofmusikkapelle, versuchte nur zuerst einmal, das relativ teure Knabeninternat zu sparen und zu den Mitgliedern des Opernorchesters und den Herren des Opernchores anstelle der singenden Knaben die Damen des Opernchores zu engagieren. Man darf keinem Beamten, gleich welcher Coleur, gram sein, daß er nicht wußte, wie sehr der Reiz und der Charakter der Meßaufführungen in der Hofkapelle davon abhing, daß weiterhin Knabenstimmen mitsangen. Man muß aber einem jungen tapferen Geistlichen ein Denkmal setzen, weil er es begriff und aus eigener Kraft und erst einmal mit eigenen Mitteln wieder einen Knabenchor aufstellen ließ. Josef Schnitt, später Monsignore und Hofrat und 1938 aus dem Amt getrieben, unterhielt den notwendigen Knabenchor aus eigenen Mitteln. So lange, bis er keine mehr hatte und sich als letzter Ausweg das Konzertieren, die Reisen des Knabenchores ergab: Die Wiener Sängerknaben waren plötzlich da und waren von der ersten Stunde an ein Welterfolg. Sie sangen in der Hofburgkapelle, sie gingen aber auch auf große Reisen, und sie wurden schon damals, was sie seither geblieben sind: Eine eigene Institution, eine Vereinigung, die sich nahezu privat erhält, jedoch eminente kulturpolitische Bedeutung hat. Daß Wien in Zeiten, in denen die Welt nicht immer liebevoll nach Österreich sah, unter den vielen »Sendboten« auch singende Knaben hatte und diese auf

Die Wiener Staatsoper – in schweren Zeiten immerhin von neuestem Geldadel besucht – veränderte ihr Gesicht erst nach der Zerstörung 1945. Wer sie vorher besucht hat, konnte sich immer noch als »Gast des Kaisers« fühlen.

ihren Reisen sowohl aus künstlerischen wie auch aus vielen anderen Gründen voll Liebe aufgenommen wurden, muß man nicht weiter erklären. Die Wiener Sängerknaben sind eine Zwischenkriegserscheinung, die sich bis in die Gegenwart gehalten hat.

Die Hofmusikkapelle aber ist die Stätte, an der zu jeder Zeit die Meisterwerke geistlicher Musik in besonderer und ziemlich unvergleichlicherweise gepflegt wurden. Und hat als solche also die erste Stelle in allen Aufzählungen einzunehmen.

Es mag für Wiener Opernfreunde schwer vorstellbar sein, aber in der Wiener Oper gab es in der Zwischenkriegszeit zwar ausgezeichnete Opern, Dirigenten und Sänger, jedoch zu wenig Publikum und selbstverständlich viel zu wenig Geld. Die Klagen über die Neureichen und Schieber, die die Logen und das Parkett mit Lärm füllten, aber nicht ausreichend alle Plätze füllen konnten, sind vielleicht noch in Erinnerung. Tatsächlich weiß man, welche seltsamen Zustände in der Oper herrschten und daß die Truppe derjenigen, die sich als wahre Opernfreunde bezeichnen durften, übersehbar war.

Was die finanzielle Situation anlangt, so ist weder aus der Zeit der Doppeldirektion Strauss-Schalk Erfreuliches zu berichten noch aus den

Tagen, in denen Clemens Krauss die Leitung hatte, anders als mit erstaunlichen Zitaten zu operieren. Zum Beispiel liegt eine Stellungnahme der Bundestheaterverwaltung, damals hieß sie Generalintendanz, vor, die auf eine Bitte des Direktors antwortet: Er wollte Riemanns Musiklexikon erwerben und für die Staatsoper nutzbringend verwenden und machte die entsprechende Eingabe. Die Generalintendanz antwortete. »Die GI ist leider bei den ihr durch die finanzielle Lage aufgenötigten exorbitanten Sparmaßnahmen namentlich jetzt, wo der immer näherrückende Jahresabschluß die äußerste Zurückhaltung hinsichtlich jedes kleinsten Ausgabenbetrages erfordert, nicht in der Lage, die Bewilligung zu vorliegendem Antrage zu erteilen. Die STO ist bis nun ohne dieses Nachschlagebuch ausgekommen, dessen große Wichtigkeit die GI allerdings nicht verkennt; nur kann zu seiner Anschaffung nicht der finanziell bedrängteste Augenblick gewählt werden. Bei einiger Besserung der Situation wird die GI gern ihre Zustimmung zu der in Rede stehenden Anschaffung geben. Eventuell wäre seitens der STO an die Nat. Bibl. wegen vorläufiger leihweiser Überlassung des Werkes heranzutreten.« Kann sich ein Leser in Wien überhaupt noch vorstellen, daß im Oktober 1932 derart Bescheid gegeben werden mußte, weil die Staatsoperndirektion ein zweibändiges musikalisches Lexikon anschaffen wollte?

Zwei Jahre später traf es Clemens Krauss wieder. Es entspann sich ein Briefwechsel, der darauf abzielte, eine Neuinszenierung von »Carmen« herauszubringen, ein Standardwerk, ein Zugstück des Repertoires. Der Direktor begründete, warum er wenigstens teilweise die vorhandenen Dekorationen durch neue ersetzen wolle. »›Carmen‹ wird derzeit an der Wiener Staatsoper in einem Bühnenbild gespielt, das vor mehr als 60 Jahren angefertigt wurde. Unter Gustav Mahler wurde die Dekoration des 1. Aktes flüchtig verbessert. Auch das liegt bereits 30 Jahre zurück ...«

Der Direktor rechnete in seinem Gesuch der Generalintendanz vor, daß er für eine totale Neuinszenierung sowie für die längst notwendige Textbearbeitung und das Notenmaterial insgesamt 45.000 Schilling verwenden wolle, worauf die Oper wieder für Jahrzehnte ungestört im Repertoire bleiben würde – Jarmila Novotna, Franz Völker und Willi Domgraf-Fassbaender waren damals seine Protagonisten.

Die Antwort an den Direktor, er habe mit 35.000 Schilling auszukommen oder »Carmen« so zu belassen, wie sie seit wenigstens 30 Jahren erfolgreich gegeben werde, ist nicht nur auf die finanzielle Bedrängnis zurückzuführen, sondern auch auf ein völlig anderes, uns kaum noch begreifbares Verständnis, wofür die Oper existiert: Auch in der GI war man der Ansicht, es hätte wenig Sinn, Geld in ein gutgehendes bewährtes Stück zu stecken, das sich die Opernfreunde ja der neuen oder populären Sänger wegen ohnehin wieder ansehen würden. Wenn überhaupt, so verstand man, daß Geld ausgegeben werden mußte, um diese populären Sänger im Land zu halten – und außerdem, um die Novitäten einer Saison proben und herausbringen zu können.

Krauss, den es damals schon recht deutlich nach Deutschland zog, stellte in einer einzigen Saison Erstaufführungen von Alban Berg, Franz Salmhofer, Max von Oberleithner und Rossini vor. In der zweiten Spielzeit seiner Ära kam er mit Jaromir Weinbergers »Schwanda, der Dudelsackpfeifer«, mit Straussens Bearbeitung von »Idomeneo« und mit den »Bàcchantinnen« von Egon Wellesz heraus. 1931/32 standen als neue Werke »Das Herz« von Hans Pfitzner und die Neufassung von Verdis »Don Carlos« in der Übersetzung von Franz Werfel auf dem Programm; eine Spielzeit später waren es »Der Bettler Namenlos« von Robert Heger, »Spuk im Schloß« von Kricka und die neue Fassung von Verdis »Macbeth«. 1933/34 hörte man zum ersten Mal »Arabella«, ein Ballett von Franz Salmhofer, Franz Lehárs Operette »Giuditta«, die ausdrücklich als Publikumsmagnet gedacht war, »Die vier Grobiane« von Ermanno Wolf-Ferrari und zuletzt auch noch »Das Veilchen« von Julius Bittner – es war dies die Spielzeit, in der man außerdem an »Karl V.« von Ernst Krenek probte und die Oper dann absetzte. Ginge es nach Recht und Gesetz heute noch so zu, wir hätten bei den üblichen vier Staatsopernpremieren also keine einzige, die einem alten, beliebten Stück zu widmen wäre. Und sähen noch die

Dekorationen aus der Mahler-Zeit. Daß dieses Bild nicht recht zu den Erinnerungen älterer und ältester Opernfreunde passen will, soll nicht stören – wie andere Erinnerungen auch, sind diese ziemlich verklärt und beziehen sich erstens auf sogenannte große Stimmen und auf einige besonders prunkvolle Inszenierungen, die allerdings in der Minderzahl – und vor allem äußerst beständig gewesen sind.

Zudem läßt sich, am Rande, selbst im Gespräch mit Musikern unschwer nachweisen, daß alle heutzutage selbstverständliche Präzision der Wiedergabe, wie sie in der Gegenwart als Voraussetzung einer künstlerischen Manifestation gefordert wird, noch vor dem Zweiten Weltkrieg nicht einmal interessant schien, geschweige denn geboten wurde. Ein Zeuge für diese Behauptung? Der einstige Vorstand der Wiener Philharmoniker, der noch unter Arturo Toscanini musiziert hat, gibt gerne zu, daß ein Großteil der Faszination dieses Dirigenten daraus bestand, daß erstmals streng und auf den Herzschlag genau verwirklicht werden sollte, was das Notenbild vorgab. Und ist insgeheim auch damit einverstanden, wenn man alle die Aussprüche bedeutender Komponisten in Erinnerung ruft, die's auf diese Präzision gar nicht abgesehen hatten: Selbst ein Richard Strauss bestand immer wieder darauf, daß die legendäre Wiener Primadonna Maria Jeritza die Hauptpartien in seinen Opern übernahm, konzedierte ihr »punktierte«, also nach ihrem Gusto gesungene und sogar falsche Töne und behauptete, wichtig sei vor allem ihre große, publikumswirksame Persönlichkeit.

Bei Virtuosen, bei bedeutenden Sängern, aber auch bei Orchestern muß man diese relative Einschränkung vornehmen und sofort anfügen, es habe zweifellos nicht ausdrücklich schlampige, sondern unserer Empfindung nach beiläufige Aufführungen gegeben, die wahrscheinlich aber alle durch ein unerhörtes Maß an Temperament und Leidenschaft überzeugten.

Das muß einfach »stimmen«, bedenkt man, daß die Faszination der Gattung Dirigent damals noch relativ neu war, daß Jahrzehnte vorher der Dirigent in der Hofoper nicht einmal auf dem Programmzettel vermerkt war, daß Debatten sich allemal noch um die Musik und um deren höchst eigenwillige, faszinierende Interpreten rankten, jedoch den technischen Standard, wie er zuletzt vom Medium Schallplatte ein für allemal hoch angesetzt wurde, nicht ernsthaft für einen wesentlichen Parameter erklärten.

Wer die Erinnerungen von Opernfreunden anhört, irrt sehr, wenn er diese in unmittelbaren Zusammenhang zu den Zuständen im Wien von heute setzt. Der Operndirektor antwortete anno dazumal auf einen Brief, in dem sich Opernfreunde für eine gute Aufführung der »Ägyptischen Helena« bedankten, mit einem langen, persönlichen Handschreiben: »Leider ist die Richard-Strauss-Gemeinde in Wien, die tätigen Anteil an den Aufführungen seiner schwierigeren Werke nimmt, nicht groß . . . Ich würde mir nichts mehr wünschen, als daß Sie diesen Kreis

Der Star aller Stars: Maria Jeritza.

Seite 130: Arturo Toscaninis enge Zusammenarbeit mit den Wiener Philharmonikern war auch eine politische Geste des Musikers, der seine Heimat Mussolinis wegen mied und Deutschland inklusive Bayreuth der Nazis wegen haßte.

vergrößern. So unwahrscheinlich es klingt: Richard Strauss braucht besonders in Wien noch viele Pioniere für seine große, unbegreiflich geniale Kunst . . . Werben Sie! Scheuen Sie keine Mühe, für unsere hervorragenden Aufführungen dieser Werke, die der Meister selbst als authentisch bezeichnet.«

Wundert es da, wenn Alban Berg keine erregenden Aufführungszahlen in Wien verzeichnen konnte, wenn es Briefe von Egon Wellesz gibt, der darauf dringt, seine »Bàcchantinnen« öfter im Repertoire zu sehen, wenn es auch Anzeichen dafür gibt, die Oper habe sich der Aufführung von Kreneks »Karl V.« auch entzogen, weil sie wenig Hoffnung sah, diese Oper zu einem Kassenerfolg zu machen? Niemanden wundert es, jeder muß sich jedoch vergegenwärtigen, daß der Musikbetrieb im Wien der Zwischenkriegszeit längst nicht so verplant, so völlig erstarrt war, wie man ihn heute kennt. Konzerte konnten relativ rasch aus dem Nichts angesetzt werden. Oper und Volksoper waren darauf angewiesen, plötzliches Publikumsinteresse auch finanziell zu nutzen und Vorstellungen auszuwechseln – dies war möglich und erwünscht und machte aus dem Musikleben ein relativ lebendigeres Gebilde. Musiker, die immer noch der Ansicht sind, Gottes Stimme sei Volkes Stimme, umgekehrt also gäbe allein der Publikumserfolg das rechte Urteil über ein Kunstwerk ab, waren in der Überzahl. Diejenigen, die sich aus dem Urteil des Publikums nichts machten, galten als Außenseiter oder Asketen und wurden kaum erwähnt.

Freilich, eine recht lebhafte Wechselbeziehung zwischen Komponisten, Musikern, Veranstaltern und Publikum hatte auch eine nicht uninteressante Reaktion auf seiten der Kulturpolitik, der Politik überhaupt zur Folge: Auf gar nicht primitive Art waren die Beziehungen zwischen der Politik und der Kunst, zwischen Politikern und Künstlern, äußerst eng und manchmal für beide Partner fruchtbar.

In den noch intakten »Salons« kamen Künstler und Politiker ins Gespräch und fanden manchmal aneinander Gefallen: Nicht nur die Beziehungen Anton von Weberns zur Volksbildung sind zu registrieren, auch die herzlichen Freundschaften, die Egon Wellesz – und mit ihm viele aus dem Kreis um Schönberg und um Guido Adler – mit Schriftstellern vom Format eines Hugo von Hofmannsthal und Jacob Wassermann, aber auch mit Politikern der Christlichsozialen verband. Und selbstverständlich die oft enge Zusammenarbeit zwischen »Funktionären« der großen musikalischen Institutionen mit den offiziellen Vertretern des Staates, die zum Beispiel notwendig war, um einen von Deutschland umworbenen, jedoch gleichzeitig mit Deutschland verfeindeten Maestro wie Arturo Toscanini nach Wien und Salzburg einzuladen: Da schaltete sich auf Betreiben der Wiener Philharmoniker auch Kurt von Schuschnigg ein, der vielgeschmähte und verkannte Staatsmann, der zu Schriftstellern und Musikern das gute Verhältnis eines leidenschaftlichen Kunstfreundes unterhielt. Sein Zeugnis wird an anderer Stelle im Buch gebraucht. Man kann aber ruhig zweimal lesen, daß er in den letzten Monaten der Republik Österreich Bruno Walter wieder eng an das Wiener Musikleben binden wollte und eine heftige Absage Arturo Toscaninis als eines der ihn bedrückendsten Signale ansah: »Da wußte ich, daß viele in der Welt Österreich schon aufgegeben hatten«, sagte Schuschnigg Jahrzehnte später zum Autor dieses Buches und hoffte auf Verständnis in dem Gespräch von Musikfreund zu Musikfreund.

Solchermaßen zum Thema Musik und Politik gekommen, ist wohl der rechte Platz, wenigstens eine Sparte der Volkskultur zu erwähnen und als charakteristisch für die Zeit, für die Verhältnisse, für die heute nicht mehr denkbaren Zusammenhänge von Musik und politischer Haltung anzuführen.

Greifen wir die Festschrift heraus, die zum 50-Jahr-Jubiläum des »Gesangsvereins österreichischer Eisenbahnbeamter in Wien« im April 1930 erschien. Außer üblichen offiziellen Vorworten, Statistiken über Wirken und Gedeihen des Vereins, Hinweisen auf die Mitwirkungen des Eisenbahnervereins bei Aufführungen der IX. Symphonie Ludwig van Beethovens, aber auch der VIII. Symphonie von Gustav Mahler, gibt die Chronik des Vereins auch einen tieferen Einblick in die Art, in der Sangesfreunde auf das Zeitgeschehen reagierten.

»Als dieses Vereinsjahr seinen Anfang nahm, da tobte schon in Nord und Süd, Ost und West die

Toscanini im Gespräch mit dem legendären Konzertmeister der Wiener Philharmoniker: Arnold Rosé war der Schwager Gustav Mahlers, als Quartettspieler ein Vorkämpfer jeglicher neuer Musik – und 1938 als Jude zur Emigration nach London gezwungen.

Kriegsfurie. Mit Gesang zogen unsere Brüder hinaus, um die Feinde zu wehren, die Grenzen des Vaterlandes zu verteidigen. Auch viele Mitglieder unseres Vereins wurden unter die Waffen gerufen – zu Beginn des Vereinsjahres waren es 55 – und errangen sich durch Tapferkeit hohe Auszeichnungen; mehrere von ihnen gerieten in harte Kriegsgefangenschaft. Diese Zeit forderte vom Vereine auch ihre Opfer an Gut und Blut für Volk und Heimat. Kriegsanleihen wurden gezeichnet und ungezählte Liebesgabenpakete, die der Verein abschickte, kündeten den Sangesbrüdern im Felde, daß die dankbare Heimat ihrer gedenke. Während der Kriegsjahre hatte der Verein seine Sangeskunst hauptsächlich der Kriegsfürsorge gewidmet.«

Daß diese Zeilen nicht während oder unmittelbar nach dem Krieg geschrieben, sondern 1929 so formuliert wurden und daß sie nicht von einer wiederum wehrhaften Vereinigung, sondern von Eisenbahnern gelesen wurden, ist bemerkenswert. In den Jahren der schon bedrohlich nach Bürgerkrieg zielenden inneren Auseinandersetzung war man unter Sangesbrüdern einig, wie der Weltkrieg begann und warum 1914 Eisenbahner ins Feld gezogen waren. Und später?

»Wir stehen in der Nachkriegszeit. Unserem Volke wurden durch die Verträge von Versailles und St. Germain eine harte Prüfung auferlegt. Wie alle anderen Vereine litt auch unser lieber Gesangverein österreichischer Eisenbahnbeamter unter dem Düster, das sich auf uns herniedersenkte. Daß sich der Verein, den Verhältnissen angemessen, doch auf der Höhe hielt, danken wir jenen Männern, die mit starker Hand zielbewußt und hingebungsvoll das Steuer führten.«

Und noch später? Man würde doch Eisenbahnern eher eine tiefe Sympathie für sozialdemokratische Ideale nachsagen, sie gewiß nicht zu den von vorneherein reaktionären Österreichern einreihen, sie insgesamt auch nicht als deutschnational abstempeln. Trotzdem lautet die Zeitenschilderung im Jubiläumsband ungefähr so:
»Nicht nur der Zug des Herzens wies uns den Weg, es erscholl auch ein mächtiger Ruf des deutschen Volkes hüben und drüben, ein Notschrei, der alle deutschen Sänger antrieb zum Ausbau des großen Werkes der Wiedervereinigung aller Deutschen im großen deutschen Vaterland.« Womit wir endgültig bei einem Jahr, einem Jahrtag, einem Fest wären, das in Wien stattfand und Sänger aus aller Welt vereinte, zu Ehren eines Komponisten, gleichzeitig aber auch mit unerhört politischen Vorzeichen, die man nicht übersehen konnte.
1928, genau in der Mitte zwischen den magischen Jahrzahlen 1918 und 1938, fand in Wien das 10. Deutsche Sängerbundfest statt, das dem 100. Todestag von Franz Schubert und einer Vereinigung ungezählter Sangesfreunde gewidmet war.
Um auch mit Zahlen zu operieren: 150.000 Sänger waren aktiv an diesem Treffen beteiligt, 69 Gesangvereine gaben sogenannte »Stundenkonzerte«, zeitlich limitiert, um damit überhaupt zu Rande zu kommen. Drei große Hauptaufführungen in der Sängerhalle, die unweit der Rotunde im Prater eigens erbaut worden war, brachten »Höhepunkte«. Konzerte im Freien, in Kirchen, in unzähligen Vereinslokalen der heimischen Vereine, sind nicht einmal registriert worden.
Die Sängerhalle muß allen Erzählungen und immerhin noch vorhandenen Berichten nach ein Wunderwerk der Technik gewesen sein. In fünf Monaten erbaute man eine Musikunterkunft, auf einem Podium fanden 45.000 Sänger Platz (32 leicht ansteigende Stufen von jeweils zwei Meter Breite gliederten 7000 Quadratmeter Bühne, innerhalb von zehn Minuten ließ sich die Aufstellung von 45.000 Menschen bewerkstelligen), im Auditorium hatten, etwas eng freilich, weitere 60.000 Menschen Platz, und allen Berichten zufolge war für alle drei Veranstaltungen jeder dieser Plätze auch umkämpft. Das heißt, daß sich dreimal 100.000 Sangesfreunde drängten, Reden hörten, Chöre hörten und ein Fest miterlebten, mitgestalteten, das unter dem Zeichen Franz Schuberts sehr deutlich dem Verlangen nach »Wiedervereinigung« Ausdruck geben wollte.
Wenn man auch noch so sehr den Kopf schüttelt und es nicht wahrhaben will, daß auch im Jahre 1928 vollsinnige Menschen jeder zugelassenen Partei dies wollten: Bei anderen Gelegenheiten mögen es Propaganda und Hakenkreuzler und wer weiß noch gewollt haben, beim von Chören aus aller Welt besuchten Sängerbundesfest zu Wien waren 1928 Musikfreunde, Sängerbrüder der festen Überzeugung, eine Wiedervereinigung habe stattzufinden.
Recht differenziert waren, wenn man's nachliest, die Anreden, die sich begrüßende Politiker zu-

Eines der unzähligen Gedenkblätter zum 100. Todestag des Komponisten, den man mit nationalen »Inhalten« zu feiern gedachte.

Der legendäre Festzug des Sängerbundfestes, einem studentischen Aufmarsch zum Verwechseln ähnlich, nur in gigantischen Dimensionen – hier vor der Oper.

muteten. Bundeskanzler Seipel zum Beispiel: »Werte Gäste, liebe deutsche Sänger« und »Selbstverständlich spricht Schuberts Kunst besonders zu jenen, die seine Töne und zugleich die Sprache seiner Lieder ganz unmittelbar verstehen, weil eine verwandte deutsche Seele in ihnen lebt, dieselbe deutsche Muttersprache ihnen zu eigen ist. Zur Bekundung dieser Gemeinsamkeit des Geistes sind Sie, deutsche Sänger, zu uns ins Schubertland Österreich gekommen. Ich heiße Sie im Namen des Volkes, das in diesem Land wohnt, und im Namen seiner Regierung auf das herzlichste willkommen.« Das war höflich und dem Anlaß entsprechend und könnte doch schon stark politisch gedeutet werden, wüßte man nicht auch, was der Wiener Bürgermeister Karl Seitz gleich nach Seipel vom Rednerturm aus zu den 100.000 Sangesbrüdern gesagt hat:

»Im Lied soll nun hier das Gefühl des deutschen Volkes zum Ausdruck kommen. Weit hinaus über die Gegensätze im Volk gilt doch die Einheit, und in diesem Sinne lautet der Gruß der Stadt Wien: Deutsche, seit stark im Wollen zur Einheit, und die Einheit wird eure Tat sein.«

Der Vertreter des roten Wien schien politisch also stärker engagiert als der Bundeskanzler, sprach sehr viel ähnlicher den Äußerungen, die beim Fest der deutsche Gesandte Graf Lerchenfeld an den Anfang seiner Festrede stellte.

»Die tiefere Bedeutung des Sängerbundesfestes liegt in der Gewinnung eines unbeirrbaren Rechtspunktes für die Wertung des deutschen Kulturlebens als Einheit und für die Einordnung der besonderen österreichischen Kultur in diese Einheit. Nicht wie Gegner dieser Einheit wahrhaben wollen, ist die österreichische Kultur gewissermaßen ein Wesen für sich, etwa von der deutschen Gesamtheit losgelöst, auf die Grenzen Österreichs als Mittelpunkt beschränkt.«

Um diese Zitate einerseits zu verstehen, anderseits nicht beiseite zu schieben als freundliche oder aufreizende Worte bei einem Sängerfest, muß man noch einmal die Zahlen nennen, die im Zusammenhang mit dieser Zusammenkunft stolz genannt wurden. Die Sangesfreunde aus aller Welt, vornehmlich aber aus Deutschland, waren nur teilweise in den Wiener Hotels untergebracht; nur die besonders elitären quartierten sich so ein. 50.000 waren in Wiener Schulen eher einfach einquartiert, für immerhin 80.000 aber fanden sich Betten in wiederum sangesfreudigen Wiener Familien. Das heißt, daß wenigstens diese 80.000 begeisterten Hörer solcher Reden auch gleich die entsprechende Resonanz in den Kreisen ihrer Gastgeber erfahren oder wecken konnten, daß außer den gewiß auch musikalischen Verbrüderungsfeiern auch zahllose neue menschliche Kontakte zustandekamen und zweifellos auch unzählige, die man als nicht ganz unpolitisch bezeichnen kann.

Die Sangesbrüder aus dem Ausland und auch die aus Österreich hatten ja keineswegs nur Schubertchöre anzustimmen, sie hatten ihr Repertoire weiter gesteckt; in den meisten Chören kam das Wort »deutsch« vor, in den allermeisten auch das Wort »treu«, und daß Männerchöre vorwiegend Patriotisches singen, das ist wohl selbstverständlich. Die Beobachter damals schrieben recht wenig drüber, die Teilnehmer von damals schildern heute nur noch Erhebendes, die Chroniken legen Wert auf die Erwähnung von Kompositionen, die 1928 uraufgeführt wurden. Dem Chronisten aber ist's unmöglich, den bedeutenden politischen Nebeneffekt dieser Heerschau sangeslustiger deutscher Sängerscharen nicht in den Mittelpunkt zu stellen.

Man hörte, das läßt sich immerhin aus den Dokumenten unschwer erhärten, sowohl vom Bundeskanzler wie von Wiens Bürgermeister, vom Unterrichtsminister wie vom Kulturstadtrat Wiens ausdrücklich von der »deutschen Einheit« sprechen. Wie ernst sie's meinten und ob die Festredner nur meinten, sie müßten einer derart großen und geschlossenen Gesellschaft von Wienbesuchern nach dem Mund reden, ist hier

Die Festhalle – für mehr als 100.000 Schubertfreunde – im Wiener Prater.

gar nicht zu untersuchen. Gewiß ist, daß es kluge und politisch nicht naive Menschen waren, die sich nicht von der Begeisterung der Stunde hinreißen ließen, sondern vorbereitete Reden ablasen und alle diese deutsche Einheit notiert hatten.

Zurück zur Musik, die bei dem Sängerbundesfest nicht zu kurz kam und uns Gelegenheit gibt, an noch einen lebenden österreichischen Komponisten zu erinnern – Richard Strauss hatte dem Wiener Schubertbund sein Werk »Die Tageszeiten« gewidmet, Julius Bittner schrieb für die Gelegenheit einen »Nächtlichen Gang durch das Traubental«; ein großer Opernerfolg aber zeichnete sich für Altmeister Wilhelm Kienzl ab, der mit dem »Kuhreigen« nicht an die Popularität des »Evangelimann« anschließen konnte, jedoch

Eine der »Gruppen« aus dem Festzug, die immerhin an den Komponisten erinnerte, in dessen Namen von einer notwendigen Wiedervereinigung sprach und sang.

sein zweites noch in den Opernlexika verzeichnetes Werk präsentierte. Die Unzahl der geistlichen Gesänge, die in diesen Tagen uraufgeführt oder auch einfach wieder gesungen wurde, mag nicht verschwiegen sein; es hing über der Zusammenkunft mehr als ein Banner, und es wäre grob, nur das Nationale in Erinnerung zu rufen.

Was von dem Fest den Wienern insgesamt in Erinnerung geblieben ist, das ist wohl einer der imposantesten Festzüge, die je in Sachen Musik über die Ringstraße geführt wurden. Ohne Gegendemonstration, wie man sie zu dieser Zeit längst kannte, ohne besondere Zwischenfälle, bei strahlendem Sonnenschein marschierten alle, alle Teilnehmer am Fest die Route, die man noch von den großen Aufzügen Makarts, von den Huldigungen vor dem Kaiserpaar in Erinnerung hatte. Und im Wiener Prater fanden, erzählen sich vor allem Rechtsanwälte in Wien, Sangesbrüder aus Deutschland raschen und nachhaltigen Kontakt zur Wiener Bevölkerung.

In den Jahren nach der schließlich vollzogenen »Wiedervereinigung« nahm man es Musikern besonders übel, wenn sie sich als unpolitisch deklarierten und vergaßen, rechtzeitig zu emigrieren. Die Söhne halten es bis auf den heutigen

Tag ihren Vätern vor, daß sie 1938 sich nicht auf einen ausschließlich musikalischen Standpunkt hätten zurückziehen sollen. Die Väter wiederum rechtfertigen sich nicht oder nur mit halbem Herzen. Sie haben allerdings auch schon aufgehört, von der Begeisterung des Sommers 1928 zu erzählen. Die Jahrzahlen dieser Art werden in Gesprächen ungern erwähnt.

Ist's möglich, mit einem Sängerbundfest von überdimensionalen Ausmaßen ein Kapitel über Musik in Wien zu schließen? Ist's denkbar, die in der Zwischenkriegszeit entstandene und weltweit wirksame Institution der Salzburger Festspiele auszuklammern, weil diese halt in Salzburg und nicht in Wien stattfand? Mir scheint es möglich. Die Salzburger Festspiele gelten mir allemal als die Wiener Sommerfrische der Musik und sind doch mit sehr viel Berechtigung sowohl beim Kapitel Literatur wie auch in allen politischen Bemerkungen unterzubringen. Und was die Wiener Chorgemeinschaften anlangt, so wäre man sehr schlecht beraten, würde man diese gering achten und nur als Stammtischvereine abtun. Daß Wien eine Musikstadt war und sich als solche in der Welt in Erinnerung rief, das zeigte sich wenigstens in dieser Zeit auch noch in den »ins Volk« dringenden Institutionen, die Musik auf ihre Art pflegten und ernst nahmen. Wir haben mit der Wiener Schule und deren anerkannten Widersachern begonnen. Wir können guten Gewissens mit den Hinweisen auf das musikalische Fundament der Stadt enden.

Vom Zauberkastl und der Flimmerkiste

»Großes Heil ist der Welt erflossen:
Der Hausmeister an den Kosmos angeschlossen!«

Karl Kraus, dessen Epigramm auf den in Österreich eingeführten Rundfunk immerhin die erste und einzig wesentliche Geschichte dieses Mediums zitiert, hat 1924 eine unwiderlegbare Tatsache zum Thema Rundfunk niedergeschrieben – und sich Jahre später des Rundfunks bedient, wenn er mit seinen Lesungen einen großen Kreis von Hörern erreichen wollte.

Freilich, sein erster bissiger Kommentar liest sich allemal anregender als die Meinung Franz Werfels, die Victor Ergert, der berufene Historiograph des österreichischen Rundfunks, auch bewahrt hat: »Darin besteht der unendlich sittigende Werte des Rundfunks, daß er die stumpfe Menschheits-Mehrheit aus ihrem nur-körperlichen Interessenkreis zu differenzierteren seelenhafteren Empfindungsformen emporführen kann.«

Und weitere Kommentare ersparen wir uns, denn alle sind in einem dreibändigen Werk nachzulesen, das Interessierten in Büchereien und hier und da wohl auch noch in Buchhandlungen zur Verfügung steht. »50 Jahre Rundfunk in Österreich« heißt es und bringt uns mit seinem Titel schon in Erinnerung, daß es sich bei einer

Die ersten Detektoren – unendlich einfach, unendlich geheimnisvoll, über alle Maßen erfolgreich.

Einrichtung, die man heute kaum anders verwendet als das Wasser in der Küche oder den Strom in der Bibliothek, um ein in knappster Zeit erfundenes, entwickeltes und wahrlich ausgereiftes Ding handelt: Immer noch leben genügend Leser, die sich an die ersten Empfangsgeräte erinnern, die noch via Detektor ihre ersten Sendungen empfingen und also via Kopfhörer – ganz wie die Benützer der modischen »Walkmen« wieder – Musik und Literatur und verhältnismäßig wenig Neuigkeiten aufnahmen.

Denn die RAVAG, vom ersten Tag so bezeichnet und eine Kurzform des offiziellen Namens »Österreichische Radio-Verkehrs AG.«, war lange Zeit und durchaus absichtlich ein Transportmittel für Unterhaltung und hohe Kunst und ganz gewiß nicht für all das, was man unter dem allgemein verständlichen Kurzwort News heutzutage versteht. Obgleich vom ersten Tag an die meisten wesentlichen Positionen dieser erst einmal beinahe privaten Institution nach einem Parteienproporz besetzt wurden, begriff sehr lange keiner der führenden Herren der RAVAG, daß der Rundfunk Nachrichten und Propaganda übermitteln könnte. Unbegreiflich heute, verständlich vielleicht aus der Tatsache, daß man in den Pioniertagen des österreichischen Rundfunks streng darauf sehen mußte, daß man vor allem von den einlaufenden Hörergebühren und der direkten Anteilnahme des p.t. Publikums lebte und daß man diesem unterstellte, es wolle unterhalten und gebildet werden.

So reizvoll es auch wäre, noch einmal die Geschichte des Rundfunks in Österreich zu erzählen, ich bringe hier nur in Erinnerung, daß es ein offenbar als Wunder betrachtetes Ereignis war, als die ersten Sendungen über Wien ausgestrahlt wurden, daß man die heutzutage lächerlich genannten Ideen hatte, man müsse bei geöffnetem Fenster hören, weil so die »Wellen« besser ins Haus kämen, daß man in einer ganz gewiß nicht mehr abergläubischen Welt beim Detektor saß wie bei einem Zauberkistl. »Plötzlich begann die Luft zu erklingen! Mit einfachsten, ja lächerlichen selbstgebauten Apparaten konnte man Töne und Stimmen einfangen. Die ersten Erlebnisse einer an sich ungeheuerlichen Entdeckung wurden vor vielen Ohren erprobt. Jeder, der da an seinem Detektor saß, fühlte sich als Miterfinder, als Mitentdecker. Nur ein rettungsloser Spießer, nur ein von geistigem Hochmut Besessener konnte an diesem Neuen und Überwältigenden ungerührt vorbeigehen. Diese Übertragung von elektromagnetischen Wellen, die im Kopfhörer zum Tönen gebracht werden konnten, war ein Wunder.«

Um auch noch Zahlen zu den enthusiastischen Worten eines Rudolf Henz hinzufügen: Am ersten Tag der Sendetätigkeit der RAVAG gab es 11.000 Personen, die eine offizielle Empfangslizenz erworben hatten. Zwei Jahre später gab es schon 200.000 Personen, acht Jahre nach der Einführung des Rundfunks war eine halbe Million Lizenzen ausgegeben. Und selbstverständlich darf man annehmen, daß pro vergebener Lizenz immer mehrere Hörer am Empfang teilnahmen, und selbstverständlich hat es auch schon vor fünfzig Jahren Schwarzhörer gegeben – die Geschwindigkeit also, mit der sich das Medium Rundfunk durchsetzte und mit einem relativ schmalen Programmangebot unentbehrlich machte, kennt keinen Vergleich.

Erzählt man eine Geschichte der RAVAG, wie sie immerhin bis zum Einmarsch Hitlers hieß, erzählt man auch die Geschichte von wagemutigen und einfallsreichen Männern, die Probleme stellten und lösten, von denen man sich heute kaum noch einen Begriff macht: Arthur von Schuschnigg zum Beispiel wurde als Musikexperte gleichzeitig einer der geübtesten Menschen im Umgang mit den Schallplatten von sehr kurzer Spieldauer – bei Rundfunkübertragungen sorgte er persönlich dafür, daß der Übergang von einer zur anderen Plattenseite vom Hörer nicht mehr wahrgenommen wurde. »Musikdirektor« Max Ast erprobte alle Möglichkeiten, aus kleinen und ohne jede Erfahrung eingerichteten Studios Direktsendungen zu senden – von Anbeginn schlug er sich mit der Aufstellung der Instrumente und der Mikrophone herum und experimentierte so lange, bis er genau wußte, wie ein Musikstudio beschaffen sein sollte und wo die Instrumente in diesem zu plazieren waren. Es handelte sich damals immer um die Aufstellung der Instrumente, denn erst sehr langsam entdeckte man im Rundfunk, daß ein Mikrophon ein Gegenstand ist, den man leichter transportieren kann.

Die erste Programmzeitschrift der RAVAG – für nur wenige Stunden und vergleichsweise wenig Programm war unverhältnismäßig viel Publikum da.

Der Kollege von der Literatur hieß Hans Nüchtern und mußte sowohl um Proben- wie um Sendezeit streiten und hatte außer dem Engagement von Schauspielern noch die Probleme mit einer Crew, die man heute nur noch aus alten Schlagern kennt: den Leuten, die Donner und Regen und zuschlagende Türen und Pferdegetrappel erzeugten und dabei mit den Schauspielern in einem Studio sein mußten, denn Übertragungen aus zwei Räumen gab es ebensowenig wie die Möglichkeit von Bandaufnahmen.

Was immer noch zu dem Thema gehörte, bleibt ungeschrieben. Die RAVAG residierte am Stubenring, hatte bald Möglichkeiten, aus dem Konzerthaus Musik zu übertragen, war rasch soweit, Aufführungen der Salzburger Festspiele in alle Welt zu senden, scheint zum ersten Mal als »politisches Instrument« verwendet worden zu sein, als sie 1928 die großen Veranstaltungen des Sängerbundesfestes aus der Halle im Prater übertrug und dabei nicht nur die Chöre der Tausend, sondern auch die Ansprachen der Politiker; die einzige Gelegenheit vorher war das große Ereignis des Justizpalastbrandes gewesen, als der Rundfunk das ideale Kommunikationsmittel war, weil Detektorapparate stromunabhängig sind und sowohl einen Tagesbefehl des Polizeichefs von Wien wie eine Stellungnahme des Stadtrats Breitner sendete: »Die RAVAG im Dienste der Sozialdemokratischen Partei«, hieß es unmittelbar nachher, und Auseinandersetzungen, die in den Zeitungen täglich ausgetragen wurden, wollten kurzfristig auch den Rundfunk mit ins Spiel ziehen. Bis zu einem hohen Grad

Österreichs Meister im Eiskunstlaufen – Karl Schäfer – war Held der ersten Sportreportagen.

blieb der Rundfunk trotzdem aus den aktuellen Auseinandersetzungen ausgeschaltet, und dies aus dem sehr simplen Grund, daß man die Möglichkeit von Direktübertragungen und Reportagen noch nicht erfunden hatte, weil Aktualität im Rundfunk durchaus nicht als Parameter gehandelt wurde, weil ehern an dem Grundsatz festgehalten wurde, daß »Nachrichten« in Tageszeitungen gehören und das Äußerste an Information den Aussendungen der Amtlichen Nachrichtenstelle zu entnehmen war.
Die Geschichte der Stadt, kursorisch nacherzählt, hat bisher einige durchaus wesentliche Komponenten kaum erwähnt. Zum Beispiel den Sport, der in der Zeit zwischen den Kriegen nicht nur seine Heroen und sein über die Generationen berühmt gebliebenes Wunderteam hatte, sondern sogar etwas von historischer Bedeutung, wenn man an Wettkämpfe aller Arten zwischen jüdischen und anderen Vereinen denkt, wenn man sich die Begeisterung eines Friedrich Torberg in Erinnerung ruft und nicht vergißt, daß es neben der intakt gebliebenen »Kultur« gewiß der aufstrebende »Sport«, vor allem selbstverständlich Fußball war, der nicht nur Wettkampfstimmung erzeugte, sondern auch einen Patriotismus außerordentlicher Prägung.
Man möge es einem Nichtsportler nicht verargen, wenn er dem Phänomen des Fußballs ratlos gegenübersteht, wenn er nur registriert, daß Länderkämpfe bereits in der Zeit zwischen den Kriegen oft wie Ersatzkriege ausgetragen wurden und sportliche Rekorde schon damals als Triumphe einer ganzen Nation zu feiern waren: Daß einer höher springt und rascher läuft als alle seine Gegner, mag erregend für die Springer oder Läufer insgesamt sein, ergibt für mich jedoch nie und nimmer eine deutliche Überlegenheit des Landes, dessen Staatsbürger der Sieger ist. Daß angesichts von elf jungen Leuten, die nach einer Legende von Journalisten zum »Wunderteam« zusammengeschweißt wurden, ein Land auf triste Verhältnisse und Gefahren von außen vergißt und nichts mehr tut, als Jubelschreie auszustoßen, weil diese Elf in Auseinandersetzungen mit Briten ehrenvoll unterliegen, scheint mir immer noch Hysterie und nur hinzunehmen wie ein Naturereignis, dem man nicht entkommt.
Gleichzeitig aber hänge ich der Schule an, die dem Rundfunk Schuld an diesem Phänomen gibt, und der Rundfunk nimmt diese Schuld gern auf sich. Denn in seiner Geschichte ist er zwar auch auf Festspielübertragungen stolz, will er jedoch nie verschweigen, daß Willy Schmieger als erster österreichweit populärer Sportreporter mit seinen Übertragungen vom Platz des Wiener Eislaufvereines 1928 begann und alsbald alle großen Taten auch der Fußballer direkt schilderte.
Schmieger muß eine ganz besondere Persönlichkeit gewesen sein; die offizielle Biographie gibt seinen »Werdegang« an: Fußballer in der Nationalmannschaft und Schiedsrichter, schließlich Verbandskapitän im Fußballverband, Mittelschullehrer für Latein und Griechisch am Währinger Gymnasium, vom 41. Lebensjahr an der erste Sportreporter der RAVAG, der dank seiner Vielseitigkeit und Bildung imstande war, plastisch und in charakteristischen, für ihn charakteristischen Sätzen von Sportereignissen so zu berichten, daß Rundfunkhörer nicht mehr Beethoven oder Schiller, sondern die Resultate eines Ländermatches begeisternd fanden. Alle die Re-

Das Unterhaltungsorchester Charly Gaudriot, ein durch und durch wienerisches Ensemble, in der Urzeit des Rundfunks dabei und hielt sich in veränderter Besetzung und unter veränderten technischen Verhältnissen Jahrzehnte »auf dem Programm«.

Folgende Doppelseite: Schifahrer im Krapfenwaldl, 1929. Daneben Gerüst zur Eisgewinnung.

porter, die es später gab, die sich noch Jahrzehnte später dadurch auszeichneten, daß sie mehr als Fußball oder Tennis zu ihren Interessensgebieten zählten, waren Nachahmer oder Nachfolger dieses einen Willy Schmieger, der offenbar zu seiner Zeit keinen Konkurrenten fand.

Nur einen: Professor McCallum, der lange vor der Sensation der Sportübertragungen die Sensation der Sprachkurse im Rundfunk eingeführt hatte und der es zuwege brachte, als Englischlehrer Österreichs das zu werden, was man schon damals einen »Hörerliebling« nannte.

Mag sein, daß es damit zusammenhängt, daß die RAVAG zuerst einmal eine keineswegs staatliche Einrichtung war, daß sie zu voller Entfaltung erst kam, als sie mit entsprechenden Leitungen nicht nur in Wien, sondern in ganz Österreich zu hören war, daß die Zeit der dämonisch-genialischen Propaganda der Nationalsozialisten noch nicht angebrochen war: Registrieren muß man immerhin, daß die Rundfunkleute der ersten Stunde selbst äußerst vorsichtig in Fragen der Tagespolitik waren und äußerst extrem in ihren Ansichten über den Zweck des von ihnen neu geschaffenen Mediums. Oskar Czeija, der faktisch die RAVAG allein aus dem Boden gestampft hatte, formulierte das Credo, das bis heute – wenn auch aus völlig anderen Beweggründen – im Rundfunkgesetz nachklingt.

»Der Österreichische Rundfunk hat eine dreifa-

che Aufgabe, nämlich zu bilden und zu belehren, ferner zu unterhalten und schließlich für das geistige und kulturelle Niveau Österreichs und seiner Bewohner im Auslande eine wirksame Propaganda zu machen.«

Die damals völlig natürliche Teilung der Aufgaben zwischen den Zeitungen und dem Rundfunk sah Czeija so: »Das Wesentliche an der Presse ist meiner Meinung nach das Kritische. Eine Zeitung, die sich auf das bloße Bringen von Nachrichten beschränkt, wird wohl kaum zur Presse zu zählen sein. Wir vom Radio beschränken uns aber nicht nur auf die bloße Mitteilung von Nachrichten, sondern wir achten auch strengstens darauf, daß dieselben unbedingt farblos und ohne jede Tendenz gebracht werden.« Wer Parallelen zu den heute herrschenden Spielregeln sucht, der findet sie ganz rasch und kann fortan erklären, die möglichst objektive Berichterstattung des Rundfunks sei keineswegs eine Neuerung, sondern ein Charakteristikum von alters her.

Immerhin hat es in den Jahren zwischen den großen Kriegen noch genügend Menschen gegeben, die wußten, was unter dem Titel »Pressefreiheit« 1848 gefordert und allmählich auch errungen worden war – diese vornehmste Eigenschaft des Journalismus war immer wieder in Gefahr, von außen oder innen zerstört zu werden. Sie war aber weiterhin die vornehmste Eigenschaft des Journalismus: Die Angriffe des Karl Kraus zielten im Effekt immer auf Journalisten, die diese Eigenschaft vermissen ließen. Die wesentlichsten Herausgeber und Journalisten achteten sie hoch, und die Männer, die mit dem Rundfunk ein völlig neues Medium schufen, waren sich einig in dem Bestreben, den Zeitungen zu lassen, was diese auszeichnen sollte.

In der Tat änderte sich dies, als jenseits der Grenzen vorgemacht wurde, was sich mit dem Rundfunk als Werkzeug einer politischen Bewegung alles erzielen ließ – änderte sich somit keineswegs erst, als diese Grenzen fielen und Österreich verschwand, sondern schon in den letzten Jahren vor 1934 und sehr nachdrücklich in den Jahren des Ständestaats.

Daß man in Österreich die Technik der Meinungsmacherei nicht beherrschte, ist unschwer nachzuweisen – im Februar 1934 dachte niemand daran, den Rundfunk zu besetzen und damit ein Instrument an sich zu bringen, das etwa der Arbeiterschaft faszinierende Dienste hätte leisten können. Die Sozialdemokratie begriff nicht, was sie sich da entgehen ließ, die Regierung erst ziemlich spät, was sie zu ihrem eigenen Vorteil in Händen hatte.

Beim Putschversuch der Nationalsozialisten, der mit dem Mord an Engelbert Dollfuß seinen Höhepunkt fand, ging es auch um den Rundfunk sozusagen professioneller zu. Das Haus in der Johannesgasse wurde gestürmt, ein Sprecher wurde gezwungen, den Rücktritt der Regierung zu verlesen, in einem raschen und erbitterten Kampf mußten Truppen der Regierung die Nationalsozialisten vertreiben und Ordnung wiederherstellen; von da an hatte jedermann einen Begriff von den Möglichkeiten, die das Instrument RAVAG demjenigen bot, der es beherrschte.

In den letzten Jahren Österreichs, als Deutschland eigene Sendungen von eigenen Sendern ausschließlich über die Grenze richtete, war die RAVAG ganz ohne Zweifel ein Instrument in Händen der Regierung, zuletzt der überdimensionierte Vervielfältiger der beiden großen Reden Schuschniggs, die nicht nur den Rundfunkhörern, sondern allen Österreichern zugespielt wurden: Große Einheiten von Lautsprecherwagen und stationierten Lautsprechern waren im ganzen Land und auf den großen Plätzen Wiens postiert und übertrugen sein »Mander, es ischt Zeit«, sein »Rot-weiß-rot bis in den Tod«. Und auch die Aufgabe Schuschniggs fand für die Weltöffentlichkeit via RAVAG statt – der Rundfunk hatte längst entsprechende Studios im Bundeskanzleramt selbst, und Schuschnigg, als er »der Gewalt« wich, mußte das Haus nicht verlassen, um seinen Abschied zu nehmen. Derjenige, der anschließend noch einmal Haydns Kaiserquartett spielen ließ, war sein Bruder Arthur, der musikalische Pionier der RAVAG, der nach dem Weltkrieg Zwei wieder in seine angestammte Position zurückkehrte. Gar nicht nebenbei: Der österreichische Rundfunk hat in Wien von Anbeginn im besten Sinn des Wortes »Geschichte« gemacht. Er übertrug die damals zweifellos attraktivsten Festspiele, er ließ die Stimme eines Karl Kraus ertönen, er war nach Ansicht der Histori-

Oben: Im Ravag-Studio.
Unten: Anton Wildgans vor dem Mikrophon.

ker die erste Rundfunkanstalt der Welt, die bei einem Putsch besetzt wurde – und er übertrug die letzten freien Worte im Land. »Gott schütze Österreich« hießen sie und finden sich nicht nur in Dokumentationen, sondern in mehr als einem literarischen Meisterwerk.

Die tägliche »Meinung«, die der neu erfundene und alsbald zum täglichen Gebrauch angebotene Rundfunk mit Musik aller Art, mit Sprachsendungen, aber auch schon mit einer eigenen kurzen Sendung für Hörer, die daheim zu Anweisungen einer Sprecherin turnen wollten, seiner Kundschaft vorenthielt, weil sie nach Ansicht Oskar Czeijas und der Konzessionäre des Unternehmens weiterhin ein Monopol der Zeitungen sein sollte – diese tägliche »Meinung« wurde im Wien zwischen den beiden großen Kriegen intensiver, qualitätvoller und zugleich auch anfechtbarer angeboten als je zuvor.

Sieht man von dem einmaligen und unwiederholbaren Jahr 1848 ab, in dem weit über 200 Zeitungsgründungen allein in Wien verzeichnet wurden und konsequenterweise auch an die 200 Zeitungen wieder vom Schauplatz verschwanden, um einigen »Giganten« das Feld zu überlassen, so war nicht das Jahr 1918, aber die Zeit nachher ganz gewiß die aufregendste für den Journalismus in Wien: Die Zensur, im Krieg wahrscheinlich sogar legitime Fessel, die die Obrigkeit anlegen durfte, war aufgehoben, die Reihe von Parteien oder Interessensgruppen, die mit einer eigenen Zeitung oder wenigstens periodischer Publikation um Gesinnungsfreunde werben wollten, war zwar nicht größer, aber »freier« geworden und hatte keine Beschränkung mehr zu fürchten. Wann immer man in diesen seltsamen Zeiten, von denen jeder anders erzählt, die Listen der in Wien erscheinenden journalistischen Erzeugnisse durchsieht, immer entdeckt man Blätter, von denen man entweder nichts gewußt hat oder nicht gedacht hätte, daß es sie überhaupt »noch« oder »schon« geben konnte. Das keineswegs am Rande, wenngleich jeder aufmerksame Journalist natürlich erst einmal die Hauptsache registrieren würde – und diese war, daß die Blätter, die in der Monarchie als wichtig und meinungsbildend angesehen wurden und keineswegs Blätter für die Hauptstadt waren, allesamt weiter erschienen und in der Mehrzahl sogar in dem Umfang, den sie seit Jahr und Tag gehabt hatten. Sie hatten, wie jedes andere »Produkt« auch, mit den Schwierigkeiten der Zeit zu kämpfen, und die hießen im Falle des Journalismus Papiernot und Geldbedarf. Doch ohne ins Detail zu gehen, darf man als erstaunliches Phänomen berichten, daß sich Papiernot und Geldbedarf regeln ließen, daß weiterhin die beiden großen Gruppen der Zeitungserhalter vorhanden waren, also die Leser einerseits, die von der Tradition eines Abonnenten oder täglichen Benützers der Tageszeitungen im Kaffeehaus nicht abgingen, und anderseits es weiterhin auch Inserenten gab, diejenigen also, die von den Möglichkeiten einer »Werbung« im Rundfunk noch nichts ahnten und mit den Plakatsäulen allein nicht genug hatten.

Das Verbreitungsgebiet all dieser Zeitungen der Monarchie war nicht einmal in dem Maß, in dem sich der Einflußbereich der klein gewordenen Republik Deutschösterreich zurechtstutzen lassen mußte – immer noch gab es Leser sowohl der »Neuen Freien Presse« und der »Reichspost«, aber auch der »Arbeiter-Zeitung« in den einstigen Ländern, Städten, vor allem aber Kaffeehäusern der Monarchie, noch immer gab es Verbindungen über alle Grenzen, die neu aufgezogen waren, und gab es kein besseres Transportmittel dieser Verbindungen als den Journalismus. Man darf's auch nicht vergessen: Enteignungen und Vertreibungen, wie sie uns allen so bestialisch wie selbstverständlich erscheinen, waren nach 1918 nicht die Regel, private Firmen hatten weiterhin ihr Eigentum, ihre Produktionsstätten in den einstigen Kronländern und zogen sich nur schrittweise aus diesen zurück – allem Widerwillen der jetzt stolzen Nationen zum Trotz erwiesen sich diese als Wien-hörig genug, um weiterhin mit Interesse lesen zu wollen, was in der einstigen Kaiserstadt geschah.

Neu war, und daran war die Zeit schuld, die seither so genannte Boulevardpresse, die es zu Kaisers Zeiten schon gegeben hatte, die aber erst nach 1918 so richtig das wurde, was man bis auf den heutigen Tag als Boulevardpresse versteht – einerseits begann das große Geschäft mit der Erpressung ganzer Industriezweige, wie es der von Kraus verfolgte und zuletzt vertriebene Imre Bekessy betrieb, in dessen Blättern man Sensationen las und Tratsch en masse und zwischendurch die Nachrichten, die sich Finanzgrößen der Zeit zur Belebung ihrer Geschäfte bestellten. Freilich, noch einmal und zur Erinnerung, Bekessys »System« war raffinierter und bestand auch darin, sogenannte Enthüllungen nicht ins Blatt zu setzen und Gewinn aus seinem Schweigen zu ziehen. Um aber eine Zeitung so attraktiv zu machen, daß einer für sein Schweigen bar bezahlte, mußte Bekessy die »Stunde« lesenswert machen, und das tat er durch das Engagement ausgezeichneter Schreiber und durch Großzügigkeit seinen Reportern gegenüber.

Zum Aufblühen des Sensationsjournalismus trug noch viel mehr bei. Die Tatsache, daß man aus politischen, parteipolitischen Auseinandersetzungen journalistisches Kapital schlagen konnte. Das Faktum, daß man mit später einmal klassisch genannten Reportagen über Elendsviertel der hungernden Großstadt Wien Furore machen und Leser gewinnen konnte. Und eine organisatorische Entscheidung, die 1922 das Kolportageverbot aufhob, die Zeitungsverkäufer auf den Straßen immer aufdringlicher werden ließ und die ersten Seiten der Blätter, die sich nicht im ehrwürdigen Abonnement, sondern im täglichen Kampf um den raschen Leser verkaufen mußten, immer aufregender und scheinbar sensationeller machten. Alle die Begriffe, mit denen unsereins familiär lebt, sind erst damals richtig entstanden. Zum Beispiel die »Schlagzeile«, der schreierische Titel über dem einen oder anderen Artikel, der durch seine »Aussagekraft« allein zum Kauf des Blattes verlocken sollte: Man muß in Archiven einmal blättern und staunen, wie völlig unsensationell nach unseren Maßstäben man selbst in Kriegszeiten über Ereignisse berichtete, wie man es nicht darauf anlegte, den Leser durch schockierende Titel zu locken, wie man darauf vertraute, daß er ein Leser war, der Nachricht haben wollte und dann erst die Meinung zu ihr. Das änderte sich erst mit dem Erscheinen der »Illustrierten Kronen Zeitung«, die 1900 erfunden wurde und mit ihren gezeichneten Titelseiten, aus denen man Bluttaten oder anderes Gruseliges quellen sah, ein Publikum ansprach, das sich von Jahr zu Jahr vermehrte. Das änderte sich insofern, als immer mehr Institutionen begriffen, daß das kleine Format der ersten Postille des kleinen Mannes entscheidend zum Erfolg beitrug und also auch kleinformatige Blätter herausgaben – das änderte sich mit der für alle Zeitungen notwendigen Illustration, die bis dahin unüblich war, die aber allmählich auch die angesehensten Blätter nicht verschonte: Die »Neue Freie Presse« verbannte freilich Bilder, soweit es ging, in Beilagen, die man dann ausdrücklich als illustrierte Beilagen bezeichnete, und war bis zum Jahr 1938 kaum bereit, Konzessionen im Hauptblatt zu machen. Nur einen Zeichner stellte sie an, der beinahe täglich das Porträt einer wichtigen Persönlichkeit zu liefern hatte – der handwerklich ausgezeichnete Mann erwarb sich eine Fertigkeit, die ihm über die Jahrzehnte Ruhm bescherte und ihn schließlich zum »Schöpfer« des berühmten Staatsvertragsbildes werden ließ, das den Festakt im Oberen Belvedere 1955 festhielt und Personen zeigt, die an ihm unmittelbar gar nicht teilgenommen hatten. Daß Robert Fuchs völlig kommentarlos und leidenschaftslos Gesichter zeichnete, machte ihn doch zu einem populären Mann – die Leser der »Neuen Freien Presse« konnten sich eine andere bildliche Darstellung der Burgschauspieler und der Politiker gar nicht vorstellen. Offenbar verlangten sie bis in eine Zeit, die uns allen noch in Erinnerung sein könnte, nicht mehr an optischer Information und haben sich, wie heute auch, die erregenderen Darstellungen insgeheim bei den Konkurrenzblättern vom Boulevard geholt, ohne deshalb ihrem »Blatt« untreu zu werden.

Kein Zeitungsleser heutzutage kennt Auflagenzahlen, jeder aber interessiert sich doch für sie. Ein ausgezeichneter Bericht gibt für das Jahr 1925 die Kronen Zeitung mit 190.000 Exemplaren am Wochentag und 200.000 an Sonntagen bereits als den Marktführer an. Die »Kleine Volkszeitung«, ein Konkurrenzprodukt aus dem Verlag des »Neuen Wiener Tagblatt«, war mit 160.000 Exemplaren durchaus aufsehenerregend auf dem Markt. Die wenige Absätze vorher als Sensation beschriebenen Boulevardblätter, die nach Schminke und Gosse und gleichzeitig nach Klassenkampf und was weiß ich auch rochen, hatten relativ geringere Auflagen: der »Abend« 100.000, der »Morgen« ebensoviel, die »Stunde« nur 50.000, der »Tag« sogar nur 40.000 Exem-

»Zeitungsausträger« vor dem Expedit der »Neuen Freien Presse« in der Fichtegasse – ein einstiges Weltblatt hielt sich mit seinem Ruf bis zu dem Tag, an dem Adolf Hitler selbst die Einstellung befahl: Er hatte als junger Mensch in Wien das »Judenblatt« nicht gemocht . . .

plare. Das bedeutet, daß der traditionell gierige Wiener Zeitungsleser sich nicht alle die ihm angebotenen Wiener Erzeugnisse leisten konnte oder wollte, daß sich die sehr gleichen Produkte den Markt zu teilen hatten.

Für die immer als seriös bezeichneten Blätter blieben Auflagenhöhen, die nicht sensationell erscheinen, die allerdings zu allen Zeiten, auch den scheinbar günstigsten in der Monarchie, immer bescheidener waren, als man heute annehmen möchte: Die »Neue Freie Presse« führte mit 75.000 Exemplaren vor dem »Neuen Wiener Tagblatt« (dem Blatt, das einst vom Freund und Berater des Kronprinzen Rudolf herausgegeben wurde) mit 55.000 Exemplaren. Die »Reichspost« Friedrich Funders, die man am besten als katholisch bezeichnet – damals wurde sie freilich in allen Auseinandersetzungen mit sehr viel abwertenderen Charakteristika belegt – gab 50.000 Exemplare an, desgleichen das »Neue Wiener Journal«.

Als Ausnahme auf dem Wiener, dem klein gewordenen österreichischen Zeitungsmarkt, darf man an die »Arbeiter-Zeitung« aus der Zwischenkriegszeit erinnern, die 112.000 Exemplare drucken ließ und deren Redakteure sich für immer in die Geschichte der Arbeiterbewegung, aber auch der Literatur in Wien schrieben: Sie standen unter einer Chefredaktion, die nicht nur auf Ideologie, sondern auch auf klaren, lesbaren

Stil hielt und den Ehrgeiz hatte, der Arbeiterschaft ein Kampfblatt zu liefern, das jeden literarischen Vergleich mit den Zeitungen des Bürgertums aushielt.
Nicht nur die Leitartikel eines Austerlitz, nicht nur die von Pollack angeführte Redaktion, die »Arbeiter-Zeitung« insgesamt war für jeden Journalisten der Zeit ein Erzeugnis, das Bedeutung hatte und Anerkennung fand. Die Männer, die nach dem Zweiten Weltkrieg das Schicksal Österreichs bestimmten, waren entweder aus der »Arbeiter-Zeitung« hervorgegangen oder von dieser geprägt oder wenigstens in einem heftigen Diskurs mit den Artikeln der »Arbeiter-Zeitung« aufgewachsen. Langsam erst findet sich die Gegenwart damit ab, daß dieses »Organ« einer Partei nicht mehr leisten kann als irgendeine andere Zeitung auch. In den großen Jahren des »roten Wien« leistete sie mehr als irgendeine andere Zeitung.
1,4 Millionen Exemplare Zeitungen wurden an Sonntagen 1925 in Wien gedruckt und offenbar auch konsumiert – die Statistik sagt auch, daß im übrigen Österreich nur 280.000 Exemplare aller anderen, regionalen Blätter gedruckt werden konnten und weist diesmal wenigstens sehr unmißverständlich nach, was hier behauptet werden soll:
Wenn es auch auf sehr vielen Gebieten Bestrebungen gab, sich in der Republik vom Einfluß der zu großen Hauptstadt frei zu machen, die Journalistik gab es nur dort, wo noch ein Hauch von Großstadt geblieben war, wo weiterhin die Schreiber und die Leser lebten und bei all den schlimmen Zeiten weiterhin versuchten, Schreiber und Leser einer Weltstadt zu sein.
Man honorierte es, daß die Nachfolger der großen Journalisten der Monarchie nach Kräften die Standesehre hochhielten oder wenigstens das Decorum – Worte, die unzeitgemäß geworden sind, die es jedoch einmal gegeben hat wie das Wort vom guten Geschmack, das auch erst sehr viel später, als man denkt, unzeitgemäß geworden ist.
Und man gewöhnte sich an sehr viel mehr als an die neue Erfindung Rundfunk, man fand rasch und nachhaltig auch Gefallen an einem anderen »Medium«, dessen Entfaltung die Zwischenkriegszeit auch in Wien mitprägte: Das Medium hieß Film und war zuerst der Stummfilm, schließlich auch Tonfilm, und es wurde in Wien durchaus respektabel und viel eindrucksvoller produziert, als man sich dies nach unseren gegenwärtigen Maßstäben vorstellen würde.
Nur ein paar Beispiele und keinerlei Diskussion mit den Historikern, die in der Aufarbeitung der Filmgeschichte meinen, die Altösterreicher, die es als Regisseure und Produzenten in Hollywood zu etwas brachten, seien nicht für die Geschichte des Wiener Films zu reklamieren. Denn diese Diskussion würde in diesem Buch patriotisch geführt, und bei sehr vielen heute weltberühmten Namen wäre dann vor allem erwähnt, daß sie in Wien noch in das »Geschäft« geraten sind, das ihnen auf einem anderen Kontinent dann ihre Geltung brachte.
Stummfilme, in und um Wien produziert, waren in den ersten Nachkriegsjahren beinahe immer gigantische Unternehmen, wenn man sich ihrer noch erinnert – man drehte »Sodom und Gomorrha« 1922 und »Die Sklavenkönigin« 1924, und die Firmen, die diese Leinwandspektakel mit Riesenaufbauten und einem kaum noch beschreibbaren Einsatz von Komparsen und unter abenteuerlichen Bedingungen drehten, hießen »Sascha«, »Schönbrunn« und »Dreamfilm«, hatten also schon die allerbesten Beziehungen zum amerikanischen Markt und nützten alle Neuerungen, die sich auf diesem gerade erst durchsetzten.
Zweifellos, die künstlerisch bedeutenden und bleibenden »Streifen« und ein Großteil der Massenware europäischer Provenienz entstanden in Berlin, und was wir zu dem Angebot beistellen konnten, war immer nur ein geringer Prozentsatz. Aber die wichtigen Produzenten und die Regisseure, die in Wien arbeiteten und lange vor der Machtergreifung Hitlers ins Ausland gingen, weil ihnen Wien zu »eng« war, sind überproportional Österreicher oder Ungarn, und die zählt der gestandene Wiener bis auf den heutigen Tag, wenn's darauf ankommt, zu den Wienern.

Folgende Doppelseite: Die »Erdhöhlenbewohner« von Simmering, 1930. Foto: S. Wagner.

Partner in vielen Filmen, die via Fernsehen auch heute noch ihr Publikum haben: Paula Wessely und Willi Forst, der als Schauspieler und Regisseur seinen eigenen Stil vor dem »Anschluß« gefunden hatte.

Namen? Wir reklamieren Fritz Lang für den österreichischen Film, wir vergessen G. W. Pabst nicht, daß er einen internationalen Erfolg nach Bettauers Romanen drehte, wir wissen selbstverständlich, daß Billy Wilder aus unserer Gegend stammt, wir weisen nach, daß der große Sternberg in Hollywood Filme »nach der Monarchie« drehte und sich als österreichischer Offizier bezeichnete, als das nicht mehr unbedingt förderlich war. Wir haben alle mit angehört, wie Fred Zinnemann erzählte, daß er einer »guten« Wiener Familie entstammt und in Wien in das Filmgeschäft geriet. Und wir lesen mit Begeisterung, wie sich Hugo von Hofmannsthal von Filmprojekten enthusiasmieren ließ und bemerken doch, daß es ihm bei seinen Versuchen, Richard Strauss für den »Rosenkavalier«-Film zu gewinnen, nicht nur um die Übersetzung eines schon populär gewordenen Stoffes in ein anderes Medium, sondern auch um die erhofften enormen Einnahmen ging: Strauss schrieb für diesen Film, der tatsächlich in enger Zusammenarbeit mit Hofmannsthal entstand und lange Sequenzen zeigt, die in der Oper kaum angedeutet wurden, eine Partitur. Zu seiner Zeit hatte der »Rosenkavalier«-Film keinen sonderlichen Erfolg – Experten erklären das damit, daß er fertig wurde, als schon die ersten Tonfilme auf den Markt kamen, und daß es kaufmännisch völlig unrealistisch war, einen Film anzubieten, den man mit einem entsprechend großen »lebenden« Orchester hätte darbieten müssen. Heute ist er als Dokument wichtig und wird alle heiligen Zeiten wieder ins Programm genommen, oft freilich sogar ohne die Musik von Strauss und also vor allem der Kuriosität wegen, die man heute jedem stummen Film zugesteht.

Vergessen wir über solchen herausragenden Dokumenten und der Tatsache, daß sich Dichter damit beschäftigten, entweder ihre Stoffe im Filmgeschäft unterzubringen oder daran zu verdienen, die notwendigen Zwischentitel ihrer Ansicht nach hochwertig zu formulieren, nicht die Serienproduktion von grausamem Kitsch, die

es auch in und um Wien in den äußerst primitiven Ateliers gab – die Streifen, von denen da noch vor ein paar Jahrzehnten Kenner erzählten, müssen ungeheuer komisch gewesen sein und waren doch auf ihre Art spektakulär.
Völlig unvergeßlich sind mit die Erzählungen eines hochgeschätzten alten Herrn, der in seiner Jugend Geld und vor allem Eifer in eine »Schnackerlfirma« investierte, die 1922, als man in Frankreich dem legendären Frauenmörder Landru den Prozeß machte, einen Streifen derart aktuell drehte, daß man zur Urteilsverkündung beinahe den ganzen Film schon »im Kasten« hatte. Man saß in Wien und wartete nur noch auf die Nachricht von der Urteilsverkündung, drehte dann rasch die allerletzte Szene und war Tage später »auf dem Markt«. Und ähnlich rasche Reaktionen auf andere große, sensationelle Ereignisse gab es damals schon und sollen uns beruhigen, wenn wir mit Empörung meinen, erst unsere Zeit mache aus jeder Fürstenhochzeit ein Medienereignis und aus jedem politischen Attentat einen Spielfilm. Sogar die Zeit unserer Großeltern hat dies schon getan.
Freilich, der Tonfilm änderte die Situation, die Produktionskosten und Vertriebsorganisationen waren in der Metropole Berlin eher zu finden, und in den ausgehenden zwanziger Jahren waren auch die meisten der interessanten Schauspielerpersönlichkeiten davon überzeugt, sie müßten von den seither legendär gewordenen goldenen zwanziger Jahren in der »Welthauptstadt« Berlin profitieren. Tatsächlich wurde in Wien immer weniger und immer weniger beachtet produziert, und trotzdem war Wien als Thema keineswegs aus der Filmwelt verschwunden – der so genannte Wiener Film entstand nicht mehr ausschließlich in der Stadt, nach der er bezeichnet wurde, doch er hatte die Stadt zum Thema.
Robert Stolzens Lebensgeschichte, mehrmals erzählt und immer nur mit seiner Billigung, erwähnt den großen Erfolg von »Zwei Herzen im Dreivierteltakt« und selbstverständlich auch, daß die Titelmusik in Berlin entstand und aufgenommen wurde und die Kritik erst einmal erklärte, der Walzer sei nicht besonders wohlgelungen. In diesem unserem Zusammenhang interessiert uns nur das Sujet. Und das ist zuckerbäckerisch präsentiertes Wien und ein Welterfolg, der auch vom etwas sehr verlogenen, aber unmißverständlichen Image Wiens als Stadt der flotten Offiziere und reschen Mädeln lebt.

Walter Reisch bei den Dreharbeiten zu »Maskerade« – Karikatur aus der »Bühne«.

Etwas subtiler und bis auf den heutigen Tag geschätzt sind zwei Tonfilme eines durch und durch österreichischen Autors und Produzenten, der vor kurzem in den Vereinigten Staaten starb. Max Reisch erfand und drehte »Maskerade« 1934 und »Episode« 1935, und nicht nur Wiener haben diese Filme immer wieder gesehen und geliebt und schließlich auch via Fernsehen in der Gegenwart noch einmal genossen – die Art, in der Reisch da eine Geschichte in und aus Wien erzählt und wienerische Schauspieler »führt«, ist bereits die Art, in der um diese Zeit und später unverdrossen auch im Dritten Reich der wienerische Weltmann Willi Forst seine Filme erfand und inszenierte und selbst auch spielte.
Die Kenner wissen es, wir aber zählen uns ja nicht zu den Experten auf irgendeinem Gebiet, sondern zu denjenigen, die von allem wenigstens andeutungsweise etwas mitbekommen wollen:

Iwan Petrowitsch als Paganini in einem längst vergessenen Operettenfilm nach dem gleichfalls kaum noch gespielten Werk von Franz Lehár.

»Burgtheater«, der Film mit beinahe allen Schauspielern einer großen Wiener Schauspielerzeit, ist 1936 gedreht, und »Leise flehen meine Lieder«, der von Puristen zu Recht abgelehnte Film, dessen Popularität sich freilich mit der des gleichfalls abzulehnenden »Dreimäderlhaus« hat messen lassen, entstand sogar schon 1933. Und alle, alle Lieblinge, die man sich heute noch in auf alte Filme spezialisierten Kinos und in den Programmstunden des Fernsehens, die von Archivfilmen gespeist werden, ansehen kann, waren damals jung und doch schon arriviert und machten mit Begeisterung von diesem Medium Gebrauch und waren alle keine Filmschauspieler, wie man sie heute kennt, sondern die ersten Protagonisten der bedeutenden österreichischen und deutschen Bühnen, die sich mit kitschigen oder künstlerischen Filmen ein beachtliches Zubrot verdienten.

Unsere »Zeit« endet allemal mit den Ereignissen des Jahres 1938, als Wien nicht mehr Hauptstadt eines unabhängigen Landes war. Trotzdem, erinnern muß man dran, daß nach 1938 nicht nur in Hollywood die wienerischen Themen von einem Josef von Sternberg selbstquälerisch und erfolgreich weitergedreht wurden, sondern daß ein Künstler wie Willi Forst mit vielen, vielen wienerischen Schauspielern auch in der Zeit Adolf Hitlers Wiener Themen produzierte und man damals und später begriff, daß es sich bei seiner Themenwahl und der Behandlung seiner Themen um Patriotismus handelte – in genau der Dosierung, die selbst in der Diktatur gestattet war und die man nur gering schätzt, wenn man nie in der fatalen Lage war, in einer Diktatur existieren zu müssen.

Haben wir die Operettenfilme, die auch nicht mehr in Wien gedreht wurden, die aber ohne die durch und durch wienerischen Sujets ja nicht gewesen wären, absichtlich vergessen? Wir haben sie absichtlich nicht so wichtig genommen, wie sie einmal waren, denn über den Wert der silbernen Operette oder gar der Erzeugnisse, die gar nicht mehr auf Operettenbühnen, sondern nur im Kino operettenhaft aufgeführt wurden, soll hier nicht gestritten werden. Jeder ernsthafte »Wiener« darf sich über diese Stoffe alterieren und darf behaupten, er finde sie im nachhinein noch furchtbar und abscheulich. Immerhin haben sie seinerzeit ihr Publikum gehabt, hätten es heute wieder und sind vergleichsweise harmlos und in ihrer Wirkung das, was man auf der weiten Welt als Propaganda für Wien auch brauchen kann – immer wieder fällt mir, wenn's um Würde und Qualität in Sachen Wien und Musik geht, das Beispiel vom »Dreimäderlhaus« ein. Immer wieder habe ich kein einziges Argument gegen die verlogene kitschige Handlung anzuführen und keine einzige Entschuldigung dafür, daß da einer Melodien von Franz Schubert mit den häßlichsten Texten versehen hat, die man sich vorstellen kann. Und immer wieder passiert es mir, daß ich Menschen kennenlerne, die Schubert-Melodien nur kennen, weil sie das »Dreimäderlhaus« gesehen haben, und mir scheint, es hat ihnen allen auf eine gewisse Art gutgetan, Schubert kennenzulernen. Was anderseits das falsche Bild anlangt, das man sich angesichts der Operette und unzähliger Filme nicht nur vom Schubert Franzl, sondern natürlich auch vom Mozart Wolferl und anderen so niemals existierenden Großen macht, so darf man nicht vergessen, daß auch die ungleich seriöseren musikwissenschaftlichen Darstellungen der Zeit noch längst nicht alles erzählten, was man heute weiß und sagt: In den Tagen, in denen sich die so genannte breite Masse daran ergötzte, daß der »Schwammerl« unglücklich in ein junges Wiener Mädel verliebt war, hüteten sich die seriösen Musikschriftsteller wohlweislich, ihr Publikum zu deutlich darauf hinzuweisen, daß Franz Schubert daran gestorben ist, daß er in seiner Kontaktschwierigkeit Zuflucht zu Prostituierten suchte und sich eine unheilbare Geschlechtskrankheit zuzog. Ein Pianist wie Alfred Brendel, der ernsthaft nachweist, daß in einem bestimmten Zustand seiner Krankheit Schubert zu einer anderen und sozusagen genialischeren Art des Komponierens findet, hat damals entweder noch nicht gelebt oder wenigstens noch nicht den Mut gehabt, dergleichen zu publizieren. Die Musikerbiographien aus der Zeit sind, wie die Künstlerbeschreibungen aller Art, von Prüderie und Verlogenheit, die unsereins ebenso schlimm findet wie zum Beispiel die Darstellung eines Komponisten als Operettenfigur, als Titelheld eines Ausstattungsfilmes mit entsprechend arrangierter Musik.

Vergessen wir nicht, daß es völlig sinnlos erscheint, sich heute über die Albernheiten eines Filmstoffes zu erregen oder die Qualitäten der Operetten aus dem Wien des zwanzigsten Jahrhunderts anzuzweifeln, und daß es auch nichts einbringt, eine Polemik gegen einstige Erfolge wie den ersten »Land des Lächelns«-Film mit Richard Tauber zu entfachen. All das hat es gegeben, und all das gehörte mit zu der Stadt, die immer noch Wien heißt und immer noch ernste und unterhaltsame Kunst hervorbringt. Franz Lehár, dessen Werk von Richard Strauss permanent geringgeschätzt und von Giacomo Puccini heiß geliebt wurde, war »nur« ein Operettenkomponist, aber er wurde mit seiner »Giuditta« dazu verwendet, in einer Krisenzeit 1933 den Finanzen der Wiener Staatsoper auszuhelfen, und er trug mit den Melodien, die er allerdings nicht für Filme, sondern für auch verfilmte Operetten schrieb, zum Weltruhm der auf sehr vielen Gebieten nicht mehr bedeutenden Stadt bei. Und wen das aufrichtig stört, der beklagt besser nicht das niedrige Niveau eines Franz Lehár, sondern das Unverständnis einer Welt, die sich von den Revolutionen eines Arnold Schönberg bis auf den heutigen Tag nur relativ beeindruckt zeigt. Und nennt den Namen Schönberg in diesem Zusammenhang durchaus wieder einmal zur rechten Zeit, denn selbstverständlich gibt es ernste Musiker der Gegenwart, die erkannt haben, daß Schönbergs dramatische Versuche davon beeinflußt sind, daß es zu seiner Zeit das Medium Film bereits gab und er zur idealen Darstellung seiner Werke wohl am besten gleich selbst den Film verwendet hätte. Spekulationen – müßig, sie fortzusetzen. Schönberg mußte emigrieren, und mit Hollywood konnte er sich nicht mehr anfreunden. Und vice versa, wenn man den kolportierten Geschichten aus den USA glauben darf.

Unterhaltung, oder: Die goldenen zwanziger Jahre

Was die schon erwähnten Roaring Twenties anlangt, so sind sie immer in Berlin lokalisiert; sogar wienerische Schreiber tun so, als hätte es sie ausschließlich in dieser von Krisen geschüttelten und dennoch unerhört aufregenden, interessanten, anziehenden Stadt gegeben. Selbst Stefan Zweig, der Wiener, beschreibt die Szenerie von lasterhaften bürgerlichen Jugendlichen und beinahe poetischen literarischen Kabaretts nicht als Wiener, sondern als Berliner Szenerie und wird schon wissen, warum er es tut.

Gewiß ist, daß Europas jetzt schon sehr alte Generation sich auf die eine oder andere Art der berühmten Transvestitenbälle in Berlin erinnert und internationales Nachtleben dieser Zeit nicht einmal mit Paris und ganz gewiß nicht mit Wien in Zusammenhang bringt.

Und schlimm wäre es, würde an dieser Stelle ein Versuch unternommen werden, dieses Bild zu verändern und Wien den Stellenwert zu geben, den es gottlob nie gehabt hat – Elend und Laster und unangemessener Reichtum und rasch wieder verblassender Luxus, das alles hat es auch in Wien gegeben, und wenn man lang genug in den Archiven forscht, dann findet man sogar sogenannte Sensationen. Aber die waren halt wienerische und somit nicht wirklich weltbewegend.

Ganz provinziell aber scheint es auch in Wien in der Zeit zwischen den Kriegen nicht immer zugegangen zu sein, immerhin machte sogar der Operettenkapellmeister Robert Stolz, als er mit seinen Schlagern zu Geld kam, erst einmal ein eigenes kleines Theater in Wien auf und ging erst nach Berlin, als er in Wien die Gläubiger nicht mehr beruhigen konnte. Vorher aber gab's Revuen und dergleichen in seinem Haus, und man versuchte auch unter seiner Direktion, dem Publikum das zu geben, was der Film noch nicht anbot und das Publikum doch immer haben wollte: große Ausstattung und das Gefühl, für relativ wenig Geld ein nicht nur attraktives, sondern vor allem ein sehr aufwendiges Unterhaltungsprogramm zu erleben.

Zwei kleine Beispiele nur. Da war das Johann-Strauß-Theater, vormals eine Operettenbühne. Sie spielte um 1920 eine »Hyper-Revue in 2 Akten und 33 Bildern« und war laut Theaterzettel von nur drei Autoren – Beda, Bekeffy und Florian hießen die drei Männer, die sich verantwortlich bekannten.

In den insgesamt 33 Bildern, von denen einige naturgemäß äußerst kurz sein mußten, anderen aber breiter Raum gegeben wurde, traten Künstler auf, die alle schon Legende sind – im zweiten Bild zum Beispiel die berühmte jüdische Komikerin Gisela Werbezirk, deren Partner Armin Berg, Ladislaus von Bekeffy, Leo Strassberg und Fritz Imhoff waren. Jeder für sich würde heute einen buten Abend »tragen«, damals waren sie alle und die Werbezirk dazu nur als Rahmen für den wirklichen Star des Abends engagiert. Geduld, wir kommen noch zu ihm.

Im dritten Bild kam eine »Miss Valery« vom Casino de Paris, im vierten sah man eine der unzähligen exakten und seltsam forschen Girl-Truppen, mit denen damals Europa zu leben lernte – im Wiener Fall waren es die »Original John Tiller-Girls«, und wenn man Augenzeugen trauen darf, so hatten sie auch den damals hochgeschätzten Drill an sich, der in einer Revue nicht fehlen durfte. Für die folgenden Bilder gab es echte Kammersängerinnen, noch einmal die Werbezirk und schließlich bei Bild elf den Star der Revue. Josephine Baker, die alsbald mehrmals auftrat und amerikanische Modetänze vorführte und irgendwann endlich in ihrem berühmt gewordenen Bananenkostüm erschien – zur Abkühlung traten zwischendurch Kunstmaler auf, die sich als Schnellmaler versuchten, und das waren nicht irgendwelche von der Straße geholten verkrachten Burschen, sondern Karl Hollitzer und Stephan Hlawa, zwei Künstler, deren Namen man heute noch ehrfürchtig nennt. Wer wenigstens einen von ihnen noch gekannt hat, begreift, daß sie ihren Spaß hatten als Mitwirkende einer Revue und daß sie diese Art des Geldverdienens nicht beschämend fanden. Und gleichzeitig weint er diesen Zeiten nach, in denen er sich wahrscheinlich äußerst wohl gefühlt hätte.

Was aber das schon erwähnte Bedürfnis nach großem Aufwand anlangt, so ist es unschwer nachzuweisen. Aus dem Abendprogramm nur ein Zitat. »Die Dekoration der Brooklyn-Brücke ist nach Entwürfen von Montedoro hergestellt und besteht aus 500.000 handgestickten Pailletten. Das Kostüm der Paradieskönigin wurde nach Entwürfen von Ladislaus Czettel hergestellt und besteht aus den Federn des Paradisea Papuana. Kopfputz und zwei Seitenteile bestehen aus 1400 ausgewählten langen Stielen von 140 Paradiesvögeln. 210 Flügelfedern des Straußenmännchens und 78 hervorragende Paradiesflanken bilden die drei Meter lange Schleppe. Hergestellt von Julius Königsberg, Wien. Es hat einen Wert von 25.000 Schilling und ist somit das kostbarste Kostüm, das je auf einer Bühne getragen wurde.«

Das Publikum, das eine Geldentwertung hinter sich hatte und wahrscheinlich entsprechende Sorgen, war einverstanden damit, das kostbarste Kostüm der Gegenwart auf einer Wiener Bühne zu bewundern, und ließ sich mit solchen und ähnlichen Ankündigungen in Hochstimmung versetzen. Ließ sich, wenn es nur einigermaßen die Mittel dazu hatte, auch verleiten, anschließend in Wolf's Pavillon in der Walfischgasse zu gehen, wo Josephine Baker allabendlich noch einmal auftrat, begleitet von einer eigenen Kapelle und ganz so, wie's heutzutage in Nachtlokalen der Fall ist. Als wahrscheinlich teuerste Animierdame, die es je in einem Lokal in der Walfischgasse gegeben hat. Sie hatte einen exklusiven Manager bei sich, Pepito Abatino, und sie nahm nur Einladungen an, die vorher mit

Josephine Baker, Weltstar, zu Gast im Johann-Strauß-Theater in Wien.

Charlie Rivel: Er war der große Star des Ronacher.

diesem Manager ausgehandelt worden waren. Und sie war, hört man, eine lebenslustige und nette und von Wien angetane Person, die sich ja immerhin in der Stadt nicht nur mit Lebemännern umgab, sondern vor allem mit so extrem klugen Menschen wie einem Adolf Loos, der ihr Entwürfe für ein Haus in Paris widmete: Wie alle großen Protagonisten irgendeiner Szene muß sie eine faszinierende Persönlichkeit und eine einfühlsame Frau gewesen sein, die sehr viel mehr konnte, als ihre kleinen, aufregenden Brüste zur Schau zu stellen.

Diese waren, das freilich soll man auch nicht verschweigen, die allgemein anerkannte Sensation, und daß die Baker zu allem auch noch eine Farbige war, hätte auch Wirbel erzeugen können. Die Direktion des Theaters ließ vorsichtshalber ein Interview mit der Künstlerin machen und druckte es gleich selbst im Programmheft. »Es soll Leute geben, die in mir eine Gefährdung der heimischen Kunst sehen. Man hat mir einen Artikel aus einer Zeitung vorgelesen, in dem ich eine schwarze Kulturschande genannt werde. Zuerst habe ich mich gekränkt, dann aber habe ich herzlich gelacht. Die arme, lustige Josephine Baker soll eine Gefahr sein . . . Gott behüte . . . sie will nichts als lachen und andere lachen machen. Und das kann unmöglich so gefährlich sein.«

Erkennt man schon am Tonfall, daß dieses Interview ganz und gar ohne die Mitwirkung der Josephine Baker zustande kam und im Programm nur einfach stand, was ein Herr Redakteur vorsichtshalber für den Herrn Direktor schrieb? Oder glaubt irgendwer, Josephine Baker habe ein »Gott behüte« in den Mund genommen, wie es im Wiener Kaffeehaus bei verschiedensten Anlässen zweifellos gerufen wurde?

An dieser Stelle, unmittelbar nach der Aufzählung der Großtaten der RAVAG und der ersten Filmfirmen, kommt die Unterhaltungsindustrie nicht gut weg. Gott behüte, wir wollen ihr nicht absprechen, daß sie ihr Teil zum Leben der Stadt beitrug. Wir wollen sie aber auch nicht überschätzen. Auch wenn man heutzutage zugeben muß, daß man sich nicht mehr vorstellen kann, was 1926 einem Wiener an einem einzigen Abend alles angeboten wurde:

Zu den Operetten »Die Dame von den Follies Bergeres«, »Gräfin Mariza« und »Pusztaliebchen« kamen die Revuen »Küsse um Mitternacht« (in der Neuen Wiener Bühne, von Karl Farkas geschrieben und von Robert Katscher in Musik gesetzt), eine Revue »Wien bei Nacht« im Carl-Theater, eine andere, »Rivieratraum«, in der Robert-Stolz-Bühne, die alsbald austräumte, und eine »Internationale Revue« im Etablissement Ronacher, das damals ohne Zweifel ein wichtiges und florierendes Unternehmen war – in dieser Revue waren eine internationale Seelöwennummer, der Jongleur Rastelli und der Clown Grock die Sensationen, und wenn endlich einmal auch das Wort Clown gefallen ist, so darf nicht vergessen werden, daß nach dem Literaten inspirierenden Grock selbstverständlich der Massen animierende Charlie Rivel nach Wien kam

MANO TAUBER
RONACHER-GEBÄUDE
Varieté
RONACHER
Ronacher
DIREKTION:
BERNHARD LABRIOLA

Hans Moser, der einzige Schauspieler, den die legendären Budapester mit in ihr Ensemble nahmen.

Vorhergehende Doppelseite: Kanalräumer, 1933.

und vor dem Krieg seine ersten Triumphe feierte.

Die Liste für diesen einen Abend im Jahr 1925 ist noch nicht vollständig. Im Gebäude des Circus Hagenbeck im zweiten Bezirk spielte man die Show »Krone und Fessel«, ein »packendes Manegeschaustück, das über 1000mal mit kolossalem Erfolg in London, Paris, Berlin, Hamburg und Dresden« gegeben worden ist, ehe es nach Wien kam. Zweihundert Mitwirkende, darunter gleich zwei Ballettensembles, wurden dem Publikum versprochen und traten auch tapfer Abend für Abend auf – in der Circusgasse gab es derartige Programme bis in den Weltkrieg, und immer war das Publikum da für Wasserpantomimen und Ballettnummern und Attraktionen, die man damals noch nicht via Fernsehen in die Wohnung geliefert bekam.

Und wem dergleichen auch nicht genehm war, dem standen die Kabaretts zur Verfügung, die zwar nicht davon lebten, daß sie wie in Berlin sämtliche großen Poeten der Stadt als Autoren nützten, die aber alle auch die Namen aufboten, die wir nur verklärt lesen können: Roda Roda, Fritz Grünbaum, Karl Farkas, Egon Friedell. Die traten wirklich auf, die unterhielten tatsächlich das Publikum, die arbeiteten nach eisernen Regeln, wie man sie heute noch in den letzten Kabaretts befolgt – jede scheinbar leicht hingeworfene Pointe mußte erarbeitet sein, und nur die Herren Conférenciers hatten das Recht, a tempo auf das Publikum zu reagieren, und manchmal, wenn's machbar war, dieses sogar mit aktuellen Hinweisen auf die Politik oder das häßliche Weltgeschehen kurz nachdenklich zu machen.

Eine völlig eigene Geschichte des Wiener Kabaretts, geschrieben von den wenigen Hinterbliebenen, einem Rudolf Weis, einem Hans Weigel, ist bisher nicht erschienen – man muß sich aus den Erinnerungen und Texten dieser, aus den Schüttelreimen des legendären Franz Mittler, aus den Reimen des immer noch nicht gebührend geschätzten Peter Hammerschlag und aus Andeutungen, die deutsche Nachschlagewerke immerhin machen, ein wahrscheinlich unvollständiges Bild malen. Da waren Szenen, die zum Kabarettalltag gehörten und die man mit wenigen Veränderungen auch heute noch spielt. Da war das berühmte »Mittelstück«, nach dem die Kellner kassieren gingen. Da waren die berühmten Conférencen, die mehr als einem Wiener »Liebling« die Anwartschaft auf einen sicheren Platz im Konzentrationslager einbrachten.

Und wenn man alle die hier nicht einmal genannten Kabaretts besucht hatte, gab's immer noch eine Möglichkeit der Unterhaltung, von der gelernte Wiener immerhin den Namen wissen. Im Hotel Stefanie auf der Taborstraße spielten die »Budapester«, eine Truppe unter der Führung von Heinrich Eisenbach, eine beinahe exklusive jüdische Komikertruppe, die sich lange Jahre als einzigen »Arier« Hans Moser hielt. Sie sind wohl nicht zu beschreiben, vor allem nicht von einem, der nur als Zeuge der letzten begeisterten Zuschauer mitschreiben könnte.

Nur soviel: Sie hatten als besonderes Zugstück

eine Nummer, die »Klabriaspartie« hieß und die man auch heute noch in einem Textbuch nachlesen kann. Wenn man den gedruckten Text liest, begreift man nicht, wie irgendwer an irgendeiner Stelle dieser Nummer lachen konnte. Man hat den Eindruck, da seien einfach auf der Bühne ein paar Kaffeehausgäste – immerhin sehr typische – beisammengesessen und hätten Karten gespielt. Wenn man jedoch die Auszeichnung hat, einmal einem rekonstruierenden Zwiegespräch zwischen Friedrich Torberg und Hans Moser stumm zugehört zu haben, dann lacht man sich immer noch die Augen naß und kann sich gar nicht vorstellen, wie irgendwer im Publikum diese überwältigend komische Situation, daß auf der Bühne ein paar Kartenspieler beisammensaßen, bewältigte. Nur soviel und kein Wort weiter. Alle, die zu den Budapestern gehörten und nicht zur rechten Zeit aus Wien entkamen, sind mit Fritz Grünbaum und anderen großen Männern »kassiert« worden und starben einen grausamen Tod.
Vielleicht kommen wir so zu einer Erklärung, warum Wien in den goldenen zwanziger Jahren auf seinem ureigensten Gebiet, dem der Unterhaltung, nicht so populär war wie die andere deutschsprachige Metropole. Weil es einerseits für die eingesessenen Wiener keine Sensation darstellte, daß gute jüdische Komiker und intelligente Menschen zu ihrer Unterhaltung auftraten – in Berlin war das etwas Neues und Sensationelles und wurde auch entsprechend honoriert. Und weil es anderseits auf dem Gebiet des Massenspektakels eine natürliche finanzielle Grenze gab, über die man in Berlin durchaus wagemutig hinausging, in Wien aber nur äußerst ungern Experimente wagte. Man kann es mittelmäßig nennen; ich wäre mit irgendeiner Charakterisierung à la gesundem Menschenverstand eher zufrieden.

Wer kane Schilling hat, und kane Groschen . . .

Und jetzt ausdrücklich wienerische Unterhaltung. Denn nicht nur Stefan Zweig ist es aufgefallen, daß in der bestürzend hektischen und von Auseinandersetzungen durchtosten Zwischenkriegszeit sowohl das kulturelle wie auch das quasi unterhaltsame Leben weiterging. Man muß nur einmal in ein Notenarchiv oder in eines der Musikantiquariate gehen und sich einige der alten »Schlager« heraussuchen. Dann wird man einige Überraschungen erleben.

Darunter allerdings auch die, daß alle die damals angefertigten Noten kostbar illustriert und zumeist sorgfältig gestochen waren. Erst in der allerletzten Zeit hatten die Wiener Verlage dann entweder kein Geld oder keine Lust mehr – freilich war in der von unserem Standpunkt aus allerletzten Zeit auch der Rundfunk und die Schallplatte bereits über die Verlage gekommen und machte dem Absatz von Notenmaterial ein Ende: Was ab einem gewissen Zeitpunkt noch gebraucht und verkauft wurde, waren Noten für die professionellen Unterhaltungsmusiker, und diese mußte man nicht mit werbeträchtigen Umschlägen anbieten. Denn diese Musiker legten die Noten einfach auf und spielten; und das Geld, das dabei in Form der Tantieme für den jeweiligen Verleger hereinkam, war jetzt dessen Hauptgewinn. Wie vordem die Einnahmen aus

August Jurek, dem einer der großen Wiener Märsche gelang: Mir san vom k. u. k. Infant'rieregiment, Hoch- und Deutschmeister, Numero 4.

dem Verkauf des Notenmaterials an viele, viele private Musikfreunde, die zu Klavier oder Gitarre oder Ziehharmonika das sangen, was dem Leopoldi oder dem Strecker eingefallen war.
Der Abschied von den vielen, vielen privaten Musikfreunden hält weiter an, er ist bis auf den heutigen Tag ein trauriges Faktum, und er nimmt schön langsam der Stadt Wien die Berechtigung, sich in der Welt als Musikstadt anzupreisen: Das ist doch allemal eine Stadt, in der nicht nur die Philharmoniker und noch ein Orchester und noch eine Konkurrenz auf höchstem Niveau musizieren, sondern das gesamte Publikum ein Instrument spielt und im Ernstfall mitzusingen weiß. Wer aber singt heute noch?
1918 war Robert Stolz noch nicht unverwüstlich, sondern ein sehr junger Kapellmeister aus Graz, der in Wien vor allem als Dirigent am Theater an der Wien populär war. Zugleich aber war er ein Komponist, dem die Zeit seine Themen schenkte – und einer, der schon mit Erfolgen rechnete, denn er schrieb auch auf den einfachsten Titel noch seine Opuszahl und war mit dem »Friedens-Kuplet« bereits bei op. 215. Der »Saisonschlager« mit vier Strophen ist auch ein Zeitbild, wenn man will. Zur Unterstützung dieser These ein paar Ausschnitte aus dem Text.

Wenn man nicht vor Angst zu Haus bleibt,
weil die Extraausgab' ausbleibt,
und die Autos wieder fahren mit Benzin,
wenn man erst mit einer Nymphe
in der Nachtbar sitzt bis fünfe,
bei 'ner guten Flasche Hindenburgeff grün,
wenn die Butter und die Millich,
wie die Austern sind so billig,
und der Rothschild wieder Rindfleisch sich bestellt,
wenn bei Kugler oder Demel,
man sich leistet eine Semmel,
dann ist Frieden auf der wunderschönen Welt.

Wenn die Firmen auf dem Graben
wieder english steward haben,
und die Schneiderkleider heißen tailor made,
wenn man kriegt die Auslandspässe
und der Held der »Freien Presse«
Roda Roda auf dem Ring spazierengeht,
wenn das Brot nicht mehr so hart ist,
und man's nicht mehr a la carte ißt,
und kein Nagel mehr im Eisenwehrmann hält,
wenn die Heldenväterbusen
von den Heldentaten schmusen,
dann ist Friede auf der wunderschönen Welt.

Freilich, da durfte oder konnte schon viel Kritik an den Zuständen im letzten Kriegsjahr mitschwingen, eine letzte Strophe aber hatte patriotisch zu erklären, wie der Friede auf der wunderschönen Welt auch auszusehen hätte:

Wenn am Ring die Fahnen fliegen
und nach diesen großen Siegen
unser tapf're Heer in Wien den Einzug hält,
wenn ein Schrei von Hunderttausend,
grüßt die Sieger wild und brausend . . .

Das also war schon noch Bedingung. Das tapf're Heer mußte als eine Armee von Siegern über die Ringstraße ziehen. So und nicht anders konnte man einen Saisonschlager schreiben und komponieren, ehe der Krieg zu Ende war.
Im Jahr 1919 gab es derlei prophetische Wünsche nicht mehr, war die Armee ganz anders über die Ringstraße gezogen, hatten die Schlagertexter und -komponisten aber trotzdem wieder Auftrieb. Mit einem Teuerungszuschlag von 5

Prozent erkauften sie Lieder, die man in ganz anderen Zeiten eher gesungen hätte. »Wenn die letzte Blaue geht!«, also die letzte Garnitur einer Wiener Straßenbahnlinie in der Nacht, das war doch eher ein Thema für gute Friedenszeiten? Nein, es war eines für 1919, und es war durchaus schon »modern«, denn der Komponist nannte es »Bar-Lied und Rag-time« und war somit wirklich auf der Höhe seiner Zeit, den internationalen Gebräuchen wieder aufgeschlossen.

Daß der Patriotismus und die Liebe zur eigenen Stadt völlig ungebrochen über die Zeiten gerettet wurden, läßt sich nicht nur an der Tatsache ermessen, daß eine der bedeutendsten Sammlungen von wienerischer Musik, die Eduard Kremser begann, nach den Kriegswirren und mit Unterstützung des »roten Wien« mit einem wichtigen dritten Band abgeschlossen wurde. Auch an den Schlagertiteln und der Wienerlied-Schwemme läßt es sich ablesen.

Heinrich Strecker, der hier noch öfter vorkommen wird, und keineswegs nur, weil er sehr alt wurde und erst vor kurzem in Baden bei Wien starb, sondern vor allem, weil er ein paar Lieder komponierte, die man als alte Wiener Naturlieder bezeichnet hätte, wüßte man nicht von seinem Copyright. Dieser Heinrich Strecker schrieb ein Wienerlied, »Liebes Wien, du Stadt der Lieder«, das in der Reihe der »Meisteraufführungen Wiener Musik 1920« zum ersten Mal gesungen wurde und das es ganz rasch zu vielen Auflagen und starker Verbreitung brachte. Eine Replik auf das berühmte »Das ist mein Wien, die Stadt der Lieder« aus der Vorkriegszeit, nicht ganz so stark, aber doch für einige Zeit beinahe auch so populär. Freilich, der Text war elegisch, wie man sich's für das Jahr 1920 vorstellt.

Wo bist du, mein schönes Wien,
deine Macht, deine Pracht, deiner Menschen Zaubersinn,
all dein Glanz dahin, dahin.
Nur ein Wienerherz kann versteh'n,
was mit Dir gescheh'n.

Das war die traurige Frage, und die Antwort lautete, auf drei solche Strophen, nur einigermaßen optimistisch:

Fritz Imhoff, der große, unvergessene Komiker und Wienerlied-Interpret.

Liebes Wien, du Stadt der Lieder,
einmal kommt die Zeit,
s'ist ja nimmer weit
und du wirst die alte wieder,
Vaterstadt der Gemütlichkeit.
Liebes Wien, du Stadt der Lieder,
einmal kommt die Zeit
und du wirst wieder,
Vaterstadt der Gemütlichkeit.

Man darf allerdings nicht vergessen, daß es nur für einen Beschreiber der Geschehnisse in der Stadt erlaubt ist, dieses Lied als Lied des Jahres auszuwählen. Der Schlager, der komponiert wurde und der um die Welt ging, war natürlich »Salome« von Robert Stolz, dessen Werkzahl bereits über die Dreihundertergrenze hinaufgeschnellt war. Und niemand kam gegen diesen Schlager an, auch nicht Ludwig Gruber, der für das Jahr »Allen meinen Landsleuten zum Trost, in der Kriegsgefangenschaft – Pjestschanka, Sibirien« ein Lied »Lerne dulden, ohne zu klagen« schrieb und komponierte.

In diesem gab's gleichfalls die verständliche, traurige Note, aber auch eine dritte Strophe voll Hoffnung:

Ludwig Gruber, dessen »Mei Mutterl war a Weanerin« zu den ganz großen Erfolgen des Genres zählte, überlebte Zwischenkriegszeit und Weltkrieg und wurde noch in der Zweiten Republik hoch geehrt und geliebt.

Am Donaustrand a Landerl liegt
Das is' bedrückt, doch nie besiegt!
Am Menschentum das dorten haust
Ist schwerer Sturm vorbei gebraust.
Die Leut' in uns'rer deutschen Mark
Sind heut' noch wie die Eichen stark,
das Köpferl hoch, die Brust heraus,
Deutschöst'reicher, du halt'st es aus!

Ganz richtig, das ist der Ludwig Gruber, von dem auch das Muatterl erfunden wurde, das eine Weanerin war. Ein sehr liebenswerter, sehr erfolgreicher, sehr sentimentaler Wiener Musiker, der sich seine ungehobelten Texte oft selbst schrieb und damit gut fuhr. Hier plädiere ich keineswegs für Literaturkritik, sondern einfach für die Erinnerung an Musiker und Textdichter, die in der von uns betrachteten Zeit lebten und schrieben und die ganz gewiß nicht gegen ihr Publikum zu schreiben vor hatten. Keine Frage, daß man auch aus den holpernden Texten etwas lernen kann, und sei es nur, daß ein normaler Wiener damals das Wort Deutschöst'reich sogar in der leichten Verkürzung normal fand und ein routinierter Erfinder von Wiener Liedern es zuwegebrachte, den Wienern nachzusagen, sie seien wie Eichen stark. Das ist vorher und nachher keine ausgesprochen wienerische Eigenart gewesen.
Für 1921 hat sich die Situation auf dem Sektor Wiener Lied noch nicht gebessert. Denn auch »Das Lied vom Riesenrad« vermerkt noch zum Thema die geliebte Stadt eine traurige Wahrheit.

Liebe Leute hört die neue Weise,
die ich zum Preise
unsrer schönen Heimatstadt geschrieben,
die wir doch alle lieben,
die aber jetzt auf so mag're Kost gesetzt.
Die Fremden kaufen alles,
was nicht niet- und nagelfest;
es heißt, den Stefansturm kauft jetzt ein Herr aus Budapest.
Bald bleibt uns nichts
als das Versorgungshaus in Lainz
und bitte noch eins:

Und damit weiß auch derjenige, der keine Wiener Lieder mag, warum ich dieses Intermezzo in einem keineswegs spaßhaft gemeinten Buch unterzubringen versucht habe. Daß in der Inflationszeit Ausländer in Wien sorgenlos lebten; daß englische Arbeitslose von ihrer Unterstützung in Ringstraßenhotels Logis nehmen konnten, berichtet auch Stefan Zweig und belegt die Geschichte. Nebstbei aber singt's auch das Wiener Lied aus dem Jahr 1920 und ist somit nicht nur ein recht albernes Stück Text, sondern auch ein Zeitdokument.
Wie mir auch ein »Foot-Ball-Walk« aus dem Jahr 1922 als ein solches Dokument erscheint. Denn wie oft ist es schon geschehen, daß ein Wiener Fußballer es zu einem Lied brachte, das wirklich populär wurde, das man dem Titel nach heute noch irgendwo im Gedächtnis hat und das man wieder einmal singen sollte?
Hermann Leopoldi, ein wahrhaft wortgewaltiger Wiener Textdichter und Interpret, hat's geschrieben. Es heißt »Heute spielt der Uridil«, und jeder Kenner weiß auch sofort, welcher Mannschaft dieser Uridil angehörte, denn das Lied beginnt mit dem Vers »Draußen in Hütteldorf«, und in der zweiten Strophe kommt wieder alles vor, was 1922 sonst noch Tagesgespräch war.

Man macht jetzt in Kronensturz,
und in Gerüchtverbreitung,
und pfeift auf die Selma Kurz,
steht in der Kronenzeitung:
Heute spielt der Uridil,
Uridil, Uridil!
Man kann sagen, was man will,
so wundervoll
trifft keiner mehr ins Goal.«

Gegen diese Mixtur aus Opernsängerin, Kronensturz und einem Goalgetter kamen alle die anderen Schlager des Jahres nicht an, auch nicht die in der Nachfolge der berühmten »Salome« geschriebenen, wie »Judith, Blume von Zion«, und auch nicht die liaben wie »In Heiligenstadt steht ein Bankerl am Bach«. Obgleich anzumerken ist, daß sowohl die schwülen wie die altmodischen Lieder immer en vogue blieben. Da waren somit Sehnsucht nach der Ferne und Sehnsucht nach der guten alten Zeit – wie oft kommt die in unserem Buch vor? – immer Ingredienzien wienerischer Literatur und Musik. Hermann Leopoldi ist auch für's darauf folgende Jahr das Lied geglückt, das mir zitierenswert erscheint. 1923 ist immerhin schon weit genug vom Kriegsende und nahe an der äußersten Inflationsgrenze, um Verse wie die folgenden aktuell zu machen.

Heut' schweigen die heiteren Verse,
die Muse ist düster gestimmt,
sie sieht auf der Welt nur die Börse,
wo keiner was gibt, jeder nimmt.
Der heutigen Menschen Gedanken,
vom Liftboy hinauf bis zum Chef,
die liegen am Konto der Banken,
die Herzen jedoch sind im Safe.

Dergleichen war zweifellos lebensechter als »Wann i nur mei Weinderl hab'«, womit Edmund Eysler sich in Erinnerung rufen wollte. Gleichzeitig aber war es nicht allein am Platz, und Eyslers Weinderl war schon wieder nahe dran, ein Thema zu werden: 1924 kam dann das Lied, das »allen Natursängern Wiens herzlich gewidmet« war und das zur eingangs erwähnten Gattung der Beinahe-Volkslieder zählt. Sein Komponist war Heinrich Strecker, der es als op. 99 herausgab und bis an sein Lebensende

Edmund Eysler, Operettenkomponist der »Silbernen« Ära und zwischendurch auch für den einen oder anderen Saisonschlager gut.

Tantiemen für etwas bezog, was nur sehr wenige Sänger noch mit ihm in Verbindung brachten. Denn den Refrain, die wiederkehrenden Zeilen nach den einzelnen Strophen, kennt wirklich jeder Wiener auch heute noch.

Ja, ja, der Wein ist gut,
i brauch kan neuen Hut,
i setz' den alten auf,
bevor i Wasser sauf!
Wo a greans Kranzerl winkt,
man Wiener Lieder singt,
hör' i der Musi zua
bis in der Fruah! Haloh!

In diesem für das Wiener Lied bedeutsamen Jahr gibt es endlich auch Texte von Karl Farkas, gibt es auch angenehm zu lesende Hinweise auf die neueste Haarmode – »Jede Gnädige, jede Ledige, trägt den Bubikopf« – und wiederum sehr viel Lokalpatriotismus in der spezifischen Wiener Art, die es sich nicht genug sein läßt, Wien total zu loben, die vielmehr eine der einstigen Dorfgemeinschaften, aus denen sich die Stadt zusammensetzt, besonders hoch schätzt. Da gibt's »In

Ralph Benatzky:
Aber meine Herrin, wieso denn?
Text von Artur Rebner
WENN DIE LETZTE BLAUE GEHT.
TEXT VON ARTHUR REBNER
MUSIK VON WILLY ENGEL-BERGER
Lied
Willy Engel-Berger
Wenn die Puszta schweigt...
Lied und Boston
Text von Beda
Musik von Emmerich Kálmán.
Im alten Prater
Wiener Lied
von Peter Herz
von Hans Lang
Heute spielt der URIDIL!
FOOT-BALL-WALK
JUDITH
BLUME VON ZION
ERNST ARNOLD
ERWIN W. SPAHN
MUSIK·VON·LEO·ASCHER
WORTE VON ARTUR REBNER
HEILIGENSTADT·STEHT
BANKERL·AM·BACH
Heut' hab' ich noch was vor
Lied und Shimmy
MUSIK
Willy Engel-Berger
DAS LIED VOM RIESENRAD.
WORTE BEDA
Ja, ja, der Wein ist gut!
Ein bißchen Liebe
LIED
BEDA
HERMANN LEOPOLDI
EINMAL LINKS HERUM – EINMAL RECHTS HERUM
JAVA
Willy Prager
Musik
LEO ASCHER
Jede Gnädige, jede Ledige trägt den Bubikopf....
LIED FOXTROT
Hermann Leopoldi
Dr. Robert Katscher
GABOR STEINER VERLAG
Wann i nur mei' Weinderl hab'
MUSIK VON EDMUND EYSLER

In der Brigittenau drunt am Kanal!
Text von Jo Gribitz
Musik von Heinrich Strecker
Bubi, fahr mit mir hinaus nach Kritzendorf!
Lied und Shimmyblues.
Musik von Dr. Robert Katscher
aus der Kammerspiel-Revue „Was Frauen träumen"
Dr. Robert Katscher
Karl Farkas
Bub in den Wein m… drin g'wes'n sein
Original Wiener Marke Heuriger 1925 Eigenbau von Heinrich Strecker
Jo Gribitz
Rob. Riedl
Schöner Gigolo
Lied und Tango
Text von Julius Brammer
Musik von Leonello Casucci
Verschaffen Sie mir eine Wohnung!
Worte von Peter Herz
Musik von Krauss-Elka
Figaro Verlag Wien
Wer kane Schilling hat, und kane Groschen, …
Worte von Josef Wolf
Musik von Heinrich Strecker
Radetzky-Fox
Text von Karl Farkas und Peter Herz
Musik von Hermann Leopoldi
Sag' Du, sag' Du zu mir!
Text von Gustav Beer
Im Prater, eine halbe Stund' vom Praterstern
Worte von
Dr. Rob.
Die schöne Adrienne hat eine Hochantenne… (Tschintarata-radio.)
Foxtrot
Text von Wauwau.
Musik von Hermann Leopoldi.
Wenn die Puszta schweigt…
Lied und Boston
Text von Beda
Musik von Emmerich Kálmán
Endlich wieder einmal ein Wienerlied.
Musik von Hermann Leopoldi
Worte von Peter Herz
von Leopold Jakobson und Bruno Hardt-Warden
Musik von Oscar Straus
Im alten Prater
Wiener Lied.
von Peter Herz
von Hans Lang
O, du mein Österreich!
Richard Fall
Karl Farkas, Geza Herczeg
Ludwig Doblinger
Die Wunder Bar
Ludwig Doblinger (Bernhard Herzmansky) Wien – Leipzig

Hans Matauschek, Komponist zahlreicher berühmter Wienerlieder.

der Brigittenau, drunt am Kanal« oder die Aufforderung »Bubi, fahr mit mir hinaus nach Kritzendorf«, und auch in diesen Liedern findet man Hinweise darauf, was sich im Jahr 1924 in Wien als Problem darstellte, nicht nur auf den Bubikopf. Zum Beispiel in der Brigittenau:

De san net so bled
und spiel'n darfst di net,
weil d'Arbeit sonst
niederg'legt wird

heißt es da, denn Streiks waren auf der Tagesordnung, nach Ansicht späterer Kommentatoren sogar viel zu oft von den Sozialdemokraten ausgerufen oder unterstützt, um im Ernstfall noch als ein wirksames Instrument angewendet zu werden. Immerhin, sie kamen auch im Wiener Lied vor und waren die Rute im Fenster, die gezeigt wurde, ehe man sich wieder in der Idylle beim Donaukanal zurückzog. Die Brigittenau, vordem nur durch den von Grillparzer in die Literatur einbezogenen Kirtag bekannt, war ein Arbeiterbezirk, dessen intensivste Schilderung Heimito von Doderer vorbehalten blieb.

Daß Heinrich Strecker beim Wein als Thema blieb und ihn auch 1925 und einige weitere Jahre auswertete, versteht sich. Er erreichte trotz der hübschesten Titelblätter und der bekanntesten Interpreten nie mehr die Absatzzahlen und die Popularität wie mit seinem op. 99, aber er legte halt ein Schäuferl nach und verdiente ja auch weiterhin am ersten großen Wurf. Und war dabei nicht so wie neuere Komponisten, die sich mit einem Welterfolg zur Ruhe setzen; er war ein Jahr nach »Ja, ja, der Wein ist guat« von op. 99 bereits zu op. 205 gekommen. Es war ein Charakteristikum der Komponisten jener Zeit, daß sie fruchtbar waren und immer wieder und für jede Gelegenheit etwas schrieben – Fleiß als Tugend ist erst später abgekommen.

Darf ich noch auf das Interesse für die weiteren Jahre hoffen? Der unverwüstliche Hermann Leopoldi teilte uns 1926 mit, daß das Radio bereits ein unersetzlicher Bestandteil des Lebens wäre. »Die schöne Adrienne hat eine Hochantenne« hieß es da. Daß es dem Wiener aber durch die Bank noch schlecht ging, entnahm man einem wirklich häßlichen Text, dem nur der Refrain einigermaßen anständig Sozialkritik gab:

Verschaffen Sie mir eine Wohnung
und wär' sie noch so klein.

Und daß abgewertet worden war, kann man den Endzeilen eines unbekümmerten Liedes entnehmen, die da lauteten

Wer kane Schilling hat
und kane Groschen,
der kann net dudeln gehn
und a net paschen.
Und ob's a Pfründner is
und ob a Fürscht,
der was kan Rausch vertragt,
der g'hört in d'Würscht.

Für Nichtwiener ist immerhin das Wort paschen zu erklären: Es stammt aus einer wirklich guten alten Zeit und bedeutet: in die Hände klatschen und hat mit Applaudieren ganz und gar nichts zu tun, sondern kennzeichnet die gemütliche Wiener Abart des Klatschens, das man beim stolzen spanischen Tänzer so malerisch und aufregend findet. Der Wiener hat bereits zu Schuberts Zeiten gepascht. Er tat es hundert Jahre später immer noch.

Daß die Wiener Szene wieder internationaler wurde, daß die Wiener Komponisten nebstbei alle in Berlin Furore machten – und sich als geschätzte Hauskomponisten und Kapellmeister auch in den literarischen Zirkeln der Großstadt des Reiches bewährten, führte zu einer besonderen Betonung des Bodenständigen, zu Titeln wie: »Endlich wieder einmal ein Wienerlied«, wobei der Interpret auch zwei Verse wie »Endlich wieder einmal ein echter Ton und nicht ein falsches Saxophon« zu singen hatte. Es führte aber auch zu einer interessanten Frage nebst Antwort, die Karl Farkas – sehr viel später der beliebteste Conferencier Wiens – in einem »Radetzky-Fox« stellte und gab:

»Wien, Wien, nur du allein«, so etwas wie eine Wiener Hymne. Komponiert von Rudolf Siercynski.

Wie erkennt
im Moment
man den Wiener
auch in der Republik?
Er raucht nur sei Virgina
und liebt die Burgmusik.
A Jodler und an Schnalzer,
das Götzzitat, so barsch,
den blauen Donauwalzer
und den Radetzkymarsch!

Man durfte 1928 selbstkritisch zugeben, daß es bereits wieder den Patriotismus und die österreichische Selbsteinschätzung wie vor 1914 gab, man durfte Radetzky als Helden bezeichnen und so tun, als gäbe es die Burgmusik schon wieder. Und tatsächlich, völlig ausgeschlossen war auch damals nicht, daß wieder einmal eine Burgmusik aufziehen sollte – die Überlegungen zum Thema, ob nicht doch die Staatsform wiederum die Monarchie sein sollte, finden sich vor 1938 in mehr als einem Buch und vor allem, klug formuliert, in einem Rechenschaftsbericht des Bundeskanzlers Kurt Schuschnigg. Warum hätten da nicht Peter Herz und Karl Farkas von Radetzky, der Virgina (einer dünnen Zigarre, der Virginier) und der Burgmusik singen lassen sollen? Und sei es auch am Abgrund eines Vulkans? Daß die Zeiten in Wahrheit trist waren, ergab auch Welterfolge. 1929 zum Beispiel sang man mit Inbrunst:

Der kleine Leutnant, er war der beste Reiter,
und alle Herzen, sie flogen ihm gleich zu.
Er konnte küssen und tanzen wie kein zweiter,
er kam und sah und siegte auch im Nu.
Viel Monde hat er gekämpft in Frankreich drüben,
bald an der Weichsel, Piave, irgendwo . . .
jetzt ist ihm nichts mehr geblieben,
er wurde Gigolo.
Schöner Gigolo, armer Gigolo,
denke nicht mehr an die Zeiten,
wo du als Husar, goldverschnürt sogar,
konntest durch die Straßen reiten.

Er schrieb keine Schlager, aber Operetten – und ist wohl unvergessen: Franz Lehár.

Uniform passée, Liebchen sagt: Adieu!
Schöne Welt, du gingst in Fransen.
Wenn das Herz dir auch bricht,
zeig' ein lachendes Gesicht,
man zahlt, und du mußt tanzen!

Die arbeitslosen Militärs, die sich um diese Zeit längst wieder formiert hatten und entweder der Heimwehr angehörten oder, wenn sie es wirklich weit gebracht hatten, in der Regierung saßen – und aus ihren Erfahrungen von 1914 bis 1918 vor allem eine große Vorsicht den deutschen Waffenbrüdern gegenüber heimgebracht hatten, sangen dieses Lied mit. Denn es war wirklich ein ins Ohr gehender Schlager. Und erst viel später nahm man ihn einfach als Schlager an und vergaß, darüber nachzudenken, aus welcher Zeit und welchem Milieu er stammt. Er wurde 1929 geschrieben und gesungen.
Und dann brach nicht nur die Auseinandersetzung zwischen Links und Rechts los, gab es nicht nur die immer ernster werdende Situation für alle, die es noch über sich brachten, über die Grenzen zu sehen und zur Kenntnis zu nehmen, was in Deutschland geschah; dann kam auch der unaufhaltsame Siegeszug der Schallplatte und der industriell erzeugten Unterhaltungsmusik, die sich sogar in den letzten großen Liedern, die noch »live« gesungen wurden, einen Platz sicherte.

In einem kleinen Cafe in Hernals
spielt's Grammophon
mit leisem Ton
an English Waltz

Dieser wie sehr viele bisher zitierten Schlager wurde bei Ludwig Doblinger verlegt, in einem Verlag, der Franz Lehárs »Lustige Witwe« im Repertoire hatte und zur Unzeit Werke von Anton Bruckner an die Universal Edition verkauft hatte: Der Verlag Doblinger existiert und hat sich wiederum zu einem »seriösen« gemausert. Wo in der Welt österreichische Gegenwartsmusik gespielt wird, ist das Haus Doblinger vertreten. Der aus der Welt aber nach Wien kommt, um Doblinger zu besuchen, der geht in der Dorotheergasse in ein ganz altes Wiener Bürgerhaus und ist verzaubert wie sonst nur in Reinhardts Theater in der Josefstadt. Auch die Zeit zwischen den Kriegen hat an wirklichen Wiener Institutionen wenig verändern können. Bis zu den Ladenschildern hin hat es die Generation nach dem Krieg verstanden, den Eindruck zu erwecken, es gäbe noch eine Kaiserstadt, ein Wien. Und die ihr folgende Generation zehrt davon.
Sie zehrten immer von ihrer Vergangenheit, die Wiener. 1933 schrieben Karl Farkas, Geza Herczeg und Hubert Marischka nach Roda Roda eine musikalische Parade »O du mein Österreich« und verdienten dran. Und Geza Herczeg und Kurt Robitschek schrieben ein Lied »Ich bin eben nix als ein Österreicher!« und hatten damit Erfolg, und die Herren Steinberg und Frank landeten einen Triumph mit einem Lied, das man auch noch kennt: »Da fangt der alte Stephansturm zum plaudern an . . .«; Karl Farkas allein schrieb einen Text, der ironisch »Wenn du einen Schilling siehst . . .« hieß und den Eindruck erwecken sollte, dies sei eine harte, eine begehrenswerte Währung.

Dann ging es langsam zu Ende. Ein Wiener Weinlied, das Paul Hörbiger in einem Tonfilm von Ralph Benatzky sang, hieß zwar »Ich bin gut aufgelegt«, der Text aber erinnert uns, daß es 1937 nicht sehr leicht war, wirklich gut aufgelegt zu sein.

Tagsüber ist die Welt so grau,
ich mag sie gar nicht seh'n.

Und die »Einzelschlager«, die man damals anbot, waren voll der Erinnerung an Dinge, die man gerade noch gekannt oder geschätzt hatte, die es aber offenbar auch nach Ansicht der Texter nicht mehr lange geben sollte. »Salzburger Nockerln«, »Der alte Ober vom Cafe Bazar«, »Ein jeder Praterbaum weiß kleine G'schichten . . .«
Der gebildete Leser weiß, daß sich in der Zeit der Naziherrschaft das Wiener Lied insofern erholte, als es nach Ansicht vieler Historiker sogar zu einer Art Widerstandslied wurde. Wie auch die Filme, die ein Willi Forst drehte und die Alt-Wien zum Inhalt hatten, als ausdrücklich nicht ostmärkisch, sondern österreichisch bezeichnet wurden, was nicht nur Willi Forst, sondern auch seinen Schauspielern nach dem Zweiten Weltkrieg bei den Besatzungsmächten sehr half. Kein Wort mehr. Daß es Patriotismus gab und daß er in Wien in seiner intensiveren Form als Lokalpatriotismus auch während der Zwischenkriegszeit nicht auszumerzen war, versteht sich. Daß die alten Lieder und die vergessenen Texte allein ein Buch ergäben, wird man jetzt vielleicht begreifen. Daß sie in diesem Versuch wenigstens ein Zwischenspiel ergaben, möge man doch verstehen. Und sich nebst daran erinnern, daß über alle historischen Ereignisse hinweg in Wien der Wert von populärer Musik nie unterschätzt wurde. Das läßt sich einerseits belegen, indem man noch einmal darauf hinweist, daß erst im Jahr 1924 der dritte Band eines Kompendiums »Wiener Lieder und Tänze« erschien, das Eduard Kremser 1911 herauszugeben begonnen hatte; elf Jahre nach Band zwei erschien diese »im Auftrage der Gemeindevertretung der Stadt Wien« herausgegebene letzte Fortsetzung, die stolz auf die Entstehungszeit und Absicht der Herausgeber aus der Vorkriegs- und Kriegszeit hinwies. Wobei sich freilich 1924 im Vorwort ein Passus findet, der meint, die Textqualität der Wiener Lieder habe wahrlich nachgelassen. Und anderseits ins Kompendium bereits viele Kompositionen auch von Ludwig Gruber aufgenommen sind und Werke anderer Autoren, die in unserer kleinen Auswahl auch berücksichtigt sind.
Zum anderen ist's ein hervorstechendes Charakteristikum des durch Jahrhunderte intakten Wiener Musiklebens gewesen, daß in der Kennerschaft und Freude ob der populären Musik die Standesunterschiede beim Publikum allemal verschwanden. Wie sich früher Erzherzöge und ihre Leibfiaker vor allem auf die Qualitäten eines Liedes, einer Komposition rasch einigen konnten, so herrschte – und herrscht – auch bei den heutigen Verhältnissen und in der Zwischenkriegszeit Einigkeit, wenn es um Wiener Lieder, Schlager, Populäres ging oder geht.

»Gott schütze Österreich« In Erwartung Adolf Hitlers

Beklemmend ist, wenn einer sich für die Geschichte seiner Stadt interessiert und alle verfügbaren Augenzeugenberichte über ein politisch und menschlich zugleich erregendes Ereignis nachliest, welch seltsame Schilderungen er von Persönlichkeiten erfährt, die immerhin zu hochverehrten Mahnmalen des Gestern zählen. Ein einziges Beispiel nur, als Klammer zu den Ereignissen des 15. Juli 1927 gedacht. Rosa Jochmann, lange im Parteivorstand der SPÖ, vor allem aber lange als Überlebende eines KZ's eine der Mahnerinnen gegen jede Form von menschlicher Grausamkeit, hat für ein Buch und Dokument auch auf eine Frage geantwortet, was ihr vom Tag des Justizpalastbrandes in unmittelbarer Erinnerung geblieben ist.
Das liest sich überraschenderweise so: Sie hätte das Urteil im Schattendorfer Prozeß erfahren, sei erschüttert nicht zur Arbeit, sondern in die Innenstadt gegangen und wäre, gemeinsam mit vielen anderen Menschen, völlig unorganisiert »ernst« am Ring auf- und abgegangen, bis sie plötzlich aus der Gegend des Justizpalastes eine Rauchwolke bemerkt hätte und einen einzigen wirklich bleibenden Eindruck – bewaffnete Polizei, die in einer Reihe knieend und in einer zweiten Reihe stehend, auf die unbewaffnete Menge geschossen hätte.

Der bedeutenden Frau und Sozialistin ist zu trauen. Sie hat sich in ihren Erinnerungen an das Datum nichts von einem Aufruf in der »Arbeiter-Zeitung«, nichts von Gewalt gegen den Justizpalast, nicht einmal den Brand dieses Gebäudes bewahrt, auch nichts von dem Versuch eines Generalstreiks. Sondern nur, daß sie selbst ernst und nachdenklich gewesen ist und daß Polizei auf eine Menschenmenge schoß, von der Rosa Jochmann angenommen hat, sie sei ebenso ernst und nachdenklich wie sie selbst.

Um nicht gleich wieder einen Zeugen zu zitieren, dem Jahrzehnte später nur das eine oder andere signifikante Detail und nichts von den Vorgängen rundherum und vorher und nachher in Erinnerung blieb, vielleicht doch ein Protokoll.

». . . Um zirka 3/4 2 Uhr kamen einige Putschisten und fragten, ob jemand einen Notverband anlegen könne. Wir (Greifeneder und ich) haben uns beide gemeldet und sind, eskortiert von einigen Putschisten, in den ersten Stock geführt worden. Ich wußte zu diesem Zeitpunkt noch nicht, wer verletzt worden war. Erst wie wir heraufkamen, sah ich, daß der Herr Bundeskanzler im Ecksalon beim ersten Fenster vor dem Eingang zum Kongreßsaal in tiefer Bewußtlosigkeit mit dem Rücken am Boden lag, die Arme ausgestreckt. Der rechte Rockärmel war aufgeschnitten. Wir fragten, ob Verbandzeug da sei. Einer von den Putschisten brachte eine schwarze Schachtel, in welcher einiges Verbandzeug war, ein anderer schnitt mit einer Schere die Oberkleider und das Hemd des Kanzlers auf . . . Der Bundeskanzler öffnete die Augen und fragte: ›Könnte ich nicht einen meiner Minister sprechen?‹ Es waren ungefähr 10 bis 15 Putschisten im Raum, darunter auch der ›Hauptmann‹. Dieser dürfte veranlaßt haben, daß der ›Major‹ geholt werde. Sofort nach dem Eintreten fragte dieser: ›Herr Bundeskanzler haben mich rufen lassen, was wünschen Sie?‹ Bundeskanzler: ›Könnte ich einen meiner Minister sprechen, wie geht es den anderen Herren?‹ Putschmajor: ›Die Herren sind alle wohlbehalten.‹ Bundeskanzler: ›Sagt dem Mussolini, er soll für meine Frau und Kinder sorgen.‹ Putschmajor: ›Herr Bundeskanzler, geben Sie einen Auftrag, daß mit der Regierungsbildung der Minister Rintelen zu betrauen ist und daß die Exekutive alle Feindseligkeiten gegen das Bundeskanzleramt einstellen soll.‹ Knapp darauf ging der Putschmajor weg, und es kam in Begleitung von mehreren Rebellen mit vorgehaltenem Revolver Minister Fey. Der Bundeskanzler war in diesem Augenblick bei vollem Bewußtsein und sagte: ›Grüß Dich Gott, Fey, wie geht es Dir, und wie geht es den anderen Herren?‹«

Kurt von Schuschnigg, österreichischer Bundeskanzler, hat dieses Protokoll in seinem Buch »Dreimal Österreich« zitiert und es als ernst und korrekt bezeichnet; ich habe die Ehre gehabt, Schuschnigg tagelang ausfragen zu dürfen, und wenn ich etwas zu wissen glaube, dann eines: Was er als ernst und korrekt bezeichnete, das war kein nachträglich verzeichneter Bericht, sondern das Protokoll, wie man es sich von einem österreichischen Beamten erwarten durfte, ehedem. Dürfte man heutzutage so etwas noch sagen, ich würde meine Hand für die Bemerkungen des Kurt von Schuschnigg in's Feuer legen. Dies am Rande und um die Beklemmung abzutun, die einem sogar beim Abschreiben eines derartigen Protokolls nicht verläßt. Und weiter im Protokoll:

»Die Putschisten suchten Verbindung mit der Ravag durch die Anlage, die im Zimmer auf dem Tische stand. Ebenso bemühten sie sich, das Telephon im Zimmer, wo der Herr Kanzler stand, in Ordnung zu bringen. Als Minister Fey abgeführt wurde, äußerte der Herr Kanzler, daß er sehr durstig sei. Wir befeuchteten ihm die Lippen mit einem mit Wasser getränkten Wattebausch. Da sagte er: ›Kinder, ihr seid so lieb zu mir. Warum sind das die anderen nicht? Ich habe ja nur den Frieden haben wollen. Wir haben nie angegriffen, wir mußten uns immer wehren. Der Herrgott soll ihnen vergeben!‹.«

Um nicht nur einen Beamten zu Wort kommen zu lassen, weiter im Text mit dem Protokoll jenes Johann Greifeneder, der dem Kanzler in seinen letzten Momenten beistehen sollte. »Der Kanzler bat dann Fey, er solle den Ministerpräsidenten von Italien Mussolini bitten, er möge sich seiner Frau und der Kinder annehmen. Fey sagte dies zu. Dann äußerte sich der Kanzler, es möchte die Regierungsbildung Bundesminister Dr. Schuschnigg übernehmen, sollte Schusch-

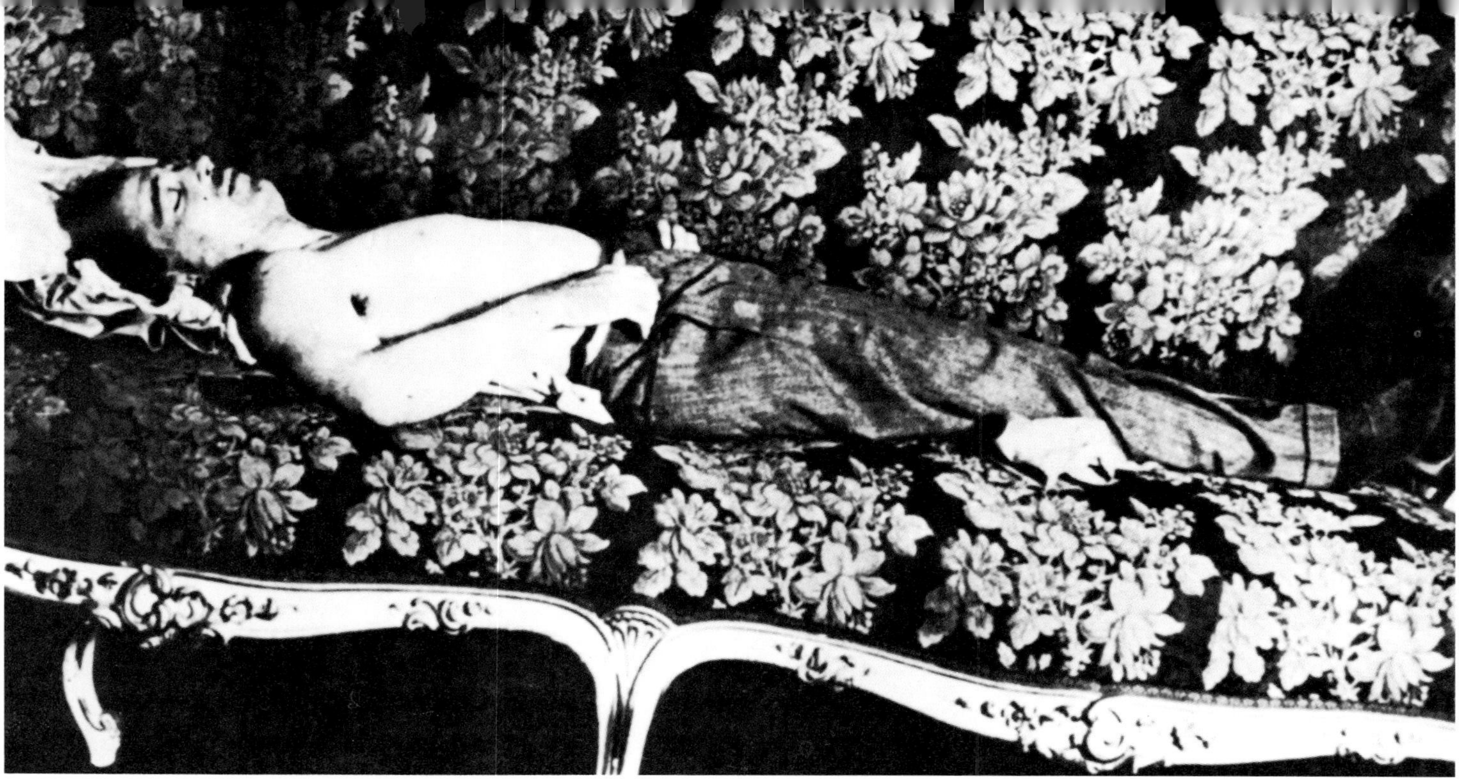

Engelbert Dollfuß, ermordet in seinem Amtszimmer im Bundeskanzleramt – Fürst Starhemberg mit der Witwe Dollfuß beim Leichenbegängnis.

nigg nicht mehr sein, dann soll Polizeipräsident Skubl die Regierungsbildung übernehmen. Da kam einer der Putschisten und sagte: ›Herr Kanzler, kommen Sie zur Sache, das interessiert uns nicht, geben Sie den Auftrag, daß die Exekutive jede Aktion gegen das Bundeskanzleramt unterläßt, bevor nicht Rintelen die Regierung übernommen hat.‹ Der Kanzler sprach dann den Wunsch aus, daß jedes unnötige Blutvergießen vermieden werden soll. Schließlich sagte der Kanzler zu Fey: ›Sorgt für meine Frau und meine Kinder.‹ Dann drängten die Putschisten schon Major Fey weg und führten ihn hinaus auf den Balkon. Was sich dort zugetragen hat, ist mir unbekannt. Der Kanzler klagte neuerlich darüber, daß er keinen Arzt bekommen könne, weil er befürchtete, er ersticke infolge des Schleimes. Der Schleim verursachte allerdings nicht das Erstickungsgefühl, sondern das aufsteigende Blut, das wir ihm immer wieder vom Munde wegwischten. Dann begann der Kanzler immer mehr zu röcheln, und es verließ ihn allmählich das Bewußtsein. Die letzten Worte des Kanzlers waren: ›Ich lasse meine Frau und die Kinder schön grüßen.‹ Dann röchelte er stärker, das Auge wurde starr, Zuckungen, und er gab den Geist auf. Das war ungefähr 3/4 4 Uhr nachmittags, der Todeskampf hat höchstens 5 Minuten gedauert.«

Gewiß, die beiden Protokolle, aus denen hier zitiert wurde, sind nicht aufgenommen worden, um die letzten Worte Engelbert Dollfuß' festzuhalten, sondern aus der staatspolitisch wesentlichen Ursache, ein für allemal zu dokumentieren, der ermordete österreichische Bundeskanzler habe zu keinem Zeitpunkt etwas anderes getan, als den Bundesminister Dr. Schuschnigg mit der Regierungsbildung zu beauftragen und jede Einflußnahme der Putschisten abzulehnen. Wenn man aber zwischen den Zeilen liest und die Wortwahl und die rasch wechselnden Satzesbildungen – zwischen natürlicher Sprechweise und gewählten Ausdrücken – berücksichtigt, dann merkt man den Unterschied zwischen den beiden Zeugen und wie sie doch ganz gleich eine einzige Szene schildern und wie sie, ob sie wollen oder nicht, den sterbenden Bundeskanzler einerseits als den Repräsentanten der Staatsmacht und anderseits als den armen, hilflosen Mann gesehen

Dr. Rintelen, den der sterbende Bundeskanzler Dollfuß mit der Regierungsbildung beauftragen ließ.

haben, dem die Mörder jeden ärztlichen oder gar geistlichen Beistand verweigerten. Dann ist man selbst, bei allem Mißtrauen gegen letzte Worte bedeutender Männer, aufgeregt und hingerissen davon: Dollfuß hat zweifellos ganz zuletzt nicht die Kraft aufgebracht, noch einmal seinen Mördern zu vergeben, sondern alle Kraft dazu verwendet, um seine Familie grüßen zu lassen.

Und noch etwas, das einem an dieser gespenstischen Szene auf dem Ballhausplatz auffällt und nicht mehr aus dem Kopf will und dran erinnert, daß es bei allen den umwälzenden Ereignissen sich Tragödien und komödiantische Einlagen und völlig sinnlose protokollarische Fragen zu einem unentwirrbaren Ganzen mengen: Da haben Putschisten den Bundeskanzler gestellt und erschossen und lassen ihn elend zugrundegehen und arbeiten fieberhaft am Herstellen einer telephonischen Verbindung zum Rundfunk, um

Zu Endler,
Wien zwischen den Kriegen

Erratum

Durch ein bedauerliches Versehen wurde auf Seite 184 eine falsche Bildlegende gedruckt. Wir bitten Sie dafür um Entschuldigung. Der richtige Bildtext lautet:

Dr. Rintelen, der nach den Plänen der Putschisten von Schuschnigg mit der Regierungsbildung beauftragt werden sollte.

Juli 1934: Stacheldrahtzaun in der Wiener Operngasse.

ihre Art von Vollzugsmeldung herauszugeben. Und gleichzeitig sind die Mörder daran interessiert, aus dem Mund des Sterbenden zu hören, daß er ihren und nicht seinen Mann zum Nachfolger bestelle. Wollten sie sich tatsächlich, so scheint's wenigstens, vor der Nachwelt mit einer Entscheidung des Mannes präsentieren, den sie umgebracht haben?

Am Ende dieses Kapitels, am Ende der Geschichte von einem Wien zwischen den beiden großen Kriegen dieses Jahrhunderts, könnte wiederum der verzweifelte Versuch von Mördern, durch ein dem zu Ermordenden erpreßtes Dokument einen Hauch von Legalität zu erreichen, geschildert werden – der berühmt gewordene Versuch Hermann Görings, vom Wiener Ballhausplatz das Telegramm zu erhalten, das namens der Bundesregierung um den Einmarsch deutscher Truppen ersucht.

Wir schreiben das Jahr 1934, das für Österreich immer noch nicht als überwunden gilt, das auch in allen Erinnerungen noch völlig unterschiedlich beschrieben wird, von dem zum Beispiel auch die aufrichtig verehrte Rosa Jochmann, die ich schon erwähnen durfte, auf nur eine und selbstverständlich einseitige Art berichtet: Für sie und alle Sozialdemokraten ist das Jahr 1934 ein Termin, der beinahe mit 1938 gleichzusetzen ist; für sie ist es das Jahr, von dem an ihre Partei verboten war und viele Funktionäre der Partei verhaftet wurden. Den deutlichen Unterschied zwischen der Zeit ab 1934 und der Zeit ab 1938 machen sozialistische Geschichtschreiber ungern. Wer sich ausschließlich von ihnen informieren läßt, für den endet mit dem Februar '34 bereits Österreich. Deshalb, und weil die entsprechenden Dokumentationen ja längst auf dem Markt sind, und weil wir hier wirklich nicht Geschichte

Zerschossenes Haus der sozialdemokratischen Konsumgenossenschaft.

schreiben müssen, auch diesmal einige Versuche, mehrere Gedankengänge ins Spiel zu bringen.
Am 12. Februar 1934 begann die bewaffnete Auseinandersetzung zwischen dem sozialdemokratischen Schutzbund und der radikal eingestellten Heimwehr, wobei an deren Seite sich die Staatsgewalt befand und somit zuletzt auch der »Sieg«. Von 1927 also bis 1934 waren die Auseinandersetzungen nicht abgeklungen, hatte die Rüstung in dem kleinen Land angehalten, waren immer größere und immer gefährlichere Waffenlager angelegt worden. Und allein das kann sich der Österreicher der Gegenwart ja kaum noch vorstellen. Daß in diesem kleinen Land, in dieser immerhin recht übersichtlichen Stadt, neben dem Bundesheer und neben den Ordnungsgewalten die zwei großen politischen Lager ihre eigenen bewaffneten und gut ausgebildeten Truppen hatten und ihre eigenen Aufmarschpläne. Daß in diesem Land, das vorgeblich eines der freundlichen Menschen ist, in Parteilokalen Gewehre eingelagert wurden und jedermann davon wußte und niemand dagegen einschritt, sondern nur wieder Gewehre einlagerte, um im rechten Zeitpunkt mit in den Bürgerkrieg ziehen zu können.
Wobei man nicht vergessen darf, daß diese unausgesetzten Vorbereitungen zum Bürgerkrieg nicht in einem Land stattfanden, das ausschließlich seine eigenen Probleme zu beobachten hatte, sondern ganz ausdrücklich in einem Land, das seine Energien auf das Überleben am Rande Hitler-Deutschlands und in der Nachbarschaft des Italiens unter der Regierung Mussolini hätte verwenden können. In einem Land auch, das durchaus schon alle seine Kräfte gemeinsam darauf hätte setzen können, die Nationalsozialisten in Österreich von der Macht fernzuhalten.
Daß dem so nicht war, daß sich zu allen denkbaren Kämpfen gegen Kräfte von außen die permanenten Kämpfe der politischen Ideen und Bewegungen innerhalb der Ersten Republik schlugen und nicht abnahmen, sondern immer weiter eskalierten, ist zwar im nachhinein durch immer neue Enthüllungen zu belegen, aber trotzdem nicht zu verstehen: Da zerstörte sich ein Staat, der so nicht existieren wollte, erst einmal selbst.
Immerhin besteht Einigkeit in der Beurteilung einiger Charaktereigenschaften der Führer der beiden großen Bewegungen in Österreich. Die Sozialdemokraten selbst geben auf ihre Art zu, daß Männer wie Bauer und Deutsch, denen unbedingter Respekt entgegengebracht wurde, in letzter Konsequenz nicht bereit waren, so radikal zu handeln oder handeln zu lassen, wie sie es selbst in unzähligen Reden und Artikeln forderten: Bis hin zum 12. Februar 1934 spannten sie einen Bogen an und weigerten sich, den Pfeil auch abzuschießen. Den Zeitpunkt, zu dem schließlich nach ständiger Anspannung wirklich der beinahe erlösende erste Schuß fiel, bestimmten sie nicht – und das dürfte auch die einfachste Erklärung dafür sein, daß der kurze Bürgerkrieg für sie so rasch zu Ende ging. Obgleich man sich im Falle Engelbert Dollfuß' über die Parteien hinweg nicht so einigen konnte, gibt es doch auf

Appell der Wiener Bürgerwehr, die sich freiwillig zur Verfügung stellte: 13. Februar 1934.

der sozialdemokratischen Seite heute schon Stimmen, die dem ermordeten Bundeskanzler konzedieren, er hätte auf seine Weise nicht nur den Ständestaat einführen und die Sozialdemokratie erdrosseln wollen. Man hat ihn noch nicht freigesprochen, doch man hat die Angriffe auf seine Person schon eingestellt, man wird ihn später einmal noch wohlwollender beurteilen und es noch schwieriger machen, den Bürgerkrieg in Österreich plausibel darzustellen. Auf allen Seiten aber weist man auf die eine pessimistisch stimmende Tatsache immer noch nicht hin. Daß nämlich das Anlegen eines Waffenlagers über kurz oder lang immer noch zu einer Benutzung dieser Waffen geführt hat, daß – um die Gegenwart auch in Erinnerung zu rufen und endlich einmal etwas aus der Erfahrung zu lernen – ein Schlagwort von der bewaffneten Friedenssicherung damals so sinnlos war wie es auch heute sein muß. Der Tag, an dem sich Heimwehr und Schutzbund bildeten und unter den Augen der Bevölkerung und der Staatsgewalt Paraden abhielten, war auch der Tag, an dem jedermann klar hätte sein müssen, daß es zu einem Kampf zwischen Schutzbund und Heimwehr kommen mußte.

Die chronologische Abfolge des 12. Februar sei immerhin erwähnt: Es war beschlossen, an diesem Tag ein Waffenlager des Schutzbundes in Linz auszuheben. Gleichfalls beschlossen war, als Antwort auf eine derartige Aktion in Wien nicht nur den Generalstreik auszurufen, sondern mit Waffen aus den Arbeiterheimen und den Gemeindebauten gegen die Heimwehr loszuschlagen. Tatsächlich war die Aktion in Linz ein voller und eindeutiger Erfolg für die Heimwehr

Franz Münichreiter
Sozialist u. Schutzbündler, wurde von d. Regierungsbestien schwerverwundet auf der Tragbahre zum Galgen gebracht.
Er war der erste Märtyrer des österr. Proletariats in den Februartagen 1934.
Unter dem Galgen haben wir geschworen:
Wir vergessen nicht! Wir kommen wieder!

7 Groschen für die österr. Republik — Illustrierte Kronen Zeitung — 40 Heller tschechoslow. Währ. f. d. tschechoslow. Republik

35. Jahrgang. — Nr. 12.237.

Post-Abonnement für die österreichische Republik 1 Monat 2 Schilling 30 Groschen Postspark. Wien: Konto-Nr. 51755. | Wien, Donnerstag den 15. Februar 1934. Redaktion und Administration: Wien, IX., Pramergasse 28. | Post-Abonnement für die tschechoslow. Republik 1 Monat Kč 11.—, 3 Monate Kč 33.—

Zwei Hinrichtungen wegen Aufruhrs in Wien.

Vor dem Standgericht des Landesgerichtes II fanden gestern zwei Verhandlungen wegen Aufruhrs statt. Zwei Angeklagte, der 43jährige Schuhmacher Karl Münichreiter und der Kommandant der Floridsdorfer Feuerwache, Ingenieur Weißel, wurden des Aufruhrs schuldig erkannt und zum Tod durch den Strang verurteilt.

Die Hinrichtung Münichreiters erfolgte um 4 Uhr 41 Minuten nachmittags, die Justifizierung Weißels um 1 Uhr nachts.

Bilder vom Standgericht

7 Groschen für die österr. Republik — Illustrierte Kronen Zeitung — 40 Heller tschechoslow. Währ. f. d. tschechoslow. Republik

35. Jahrgang. — Nr. 12.238.

Post-Abonnement für die österreichische Republik 1 Monat 2 Schilling 30 Groschen Postspark. Wien: Konto-Nr. 51755. | Wien, Freitag den 16. Februar 1934. Redaktion und Administration: Wien, IX., Pramergasse 28. | Post-Abonnement für die tschechoslow. Republik 1 Monat Kč 11.—, 3 Monate Kč 33.—

Zahlreiche Standgerichte tagen.

Nicht nur in den beiden Landesgerichten Wiens, auch in einigen Landeshauptstädten und bei mehreren Kreisgerichten tagten gestern, als rasches Nachspiel zu den blutigen Ereignissen der letzten Tage, Standgerichte.

Aus den letzten Tagen.

Februar 1934 in Wien: Der Bürgerkrieg und sein tragisches Ende. Mit harten Urteilen schuf die Regierung genau das, was das Plakat schrie: Märtyrer und Helden.

und der Verzweiflungsschlag des Schutzbundes in Wien eine aussichtslose Sache, von den Parteiführern beinahe »nicht gewollt«, von den Mächten des Staates mit aller Gewalt eingedämmt und unterdrückt. Was sich zu einem Brudermord größter Dimension hätte auswachsen können, das wurde zuletzt ein kleiner, häßlicher Krieg, der drei Tage wütete und tapfere Opfer forderte: 137 Tote und 399 Verletzte auf der Seite des Schutzbundes, 105 Tote und 319 Verletzte auf der Seite der Heimwehr und der Regierung.

Nicht, daß ich mir wünschte, ein Leser könnte diese Zahl der Toten und Verletzten bagatellisieren. Trotzdem – es war ein österreichischer Bürgerkrieg, bei dem beide Seiten bis zum allerletzten Moment zögerten und nur die wirklich kämpften, die entweder an der Parteibasis standen und alle Leitartikel gelesen hatten oder in ihrem Wahn glaubten, es sei tatsächlich vonnöten, die Sozialdemokratie auszulöschen.

Denn es ist auch erwiesen, daß Otto Bauer, Julius Deutsch und Karl Renner noch nach dem Linzer Signal versuchten, Verhandlungen mit der Regierung aufzunehmen, und es ist gesichert, daß Dollfuß zögerte, alle Regierungstruppen zum Angriff auf die »Hochburgen des roten Wien« einzusetzen. Der Artillerieangriff auf die Gemeindebauten, in denen Arbeiterfamilien lebten und Waffendepots eingerichtet waren, bleibt als Makel für immer auf der Regierung Dollfuß haften. Die Tatsache, daß man Waffendepots neben Kinderhorten anlegte, ist kein Ruhmesblatt der Gegenseite. Die Verantwortlichen hüben und drüben, die Sieger und die Besiegten, sind bis heute nicht in der Lage, ihre Vergangenheit ausschließlich stolz nachzuerzählen.

Nicht, daß ich den Versuch, einen Bürgerkrieg zu bagatellisieren, fortsetzen möchte. Doch es gibt Zeugnisse, nach denen man die drei Tage nicht irgendwo in den Bundesländern, sondern in Wien erleben konnte, ohne zu begreifen, daß ein Krieg tobt. Mein Zeuge ist Stefan Zweig, den keine der Parteien für sich in Anspruch nehmen kann. »Ich war in diesen drei Tagen in Wien und somit Zeuge dieses Entscheidungskampfes und damit des Selbstmordes der österreichischen Unabhängigkeit. Aber da ich ein ehrlicher Zeuge sein will, muß ich das zunächst paradox scheinende Faktum bekennnen, daß ich von dieser Revolution selbst nicht das mindeste gesehen habe ... Es wurde mit Kanonen geschossen, es wurden Häuser besetzt, es wurden Hunderte von Leichen weggetragen – und ich habe nicht eine einzige gesehen. Jeder Leser einer Zeitung in New York, in London, in Paris hatte bessere Kenntnis von dem, was wirklich vor sich ging, als wir, die wir doch scheinbar Zeugen waren.

Alles, was ich erlebte, war: ich hatte abends vorher eine Verabredung mit der Ballettregisseurin der Oper, Margarete Wallmann, in einem Ringstraßencafé. Ich ging also zu Fuß zur Ringstraße und wollte sie gedankenlos überschreiten. Da traten plötzlich ein paar Leute in alten, rasch zusammengerafften Uniformen mit Gewehren auf mich zu und fragten, wohin ich wollte. Als ich ihnen erklärte, ich wollte in jenes Café, ließen sie mich ruhig durch. Ich wußte weder, warum plötzlich solche Gardisten auf der Straße standen, noch was sie eigentlich bezweckten. In Wirklichkeit wurde damals schon seit mehreren Stunden erbittert in den Vorstädten geschossen und gekämpft, aber in der Inneren Stadt hatte niemand eine Ahnung. Erst als ich abends ins Hotel kam und meine Rechnung bezahlen wollte, weil es meine Absicht war, am nächsten Morgen nach Salzburg zurückzureisen, sagte mir der Portier, er fürchte, das werde nicht möglich sein, die Bahnen verkehrten nicht. Es sei Eisenbahnerstreik, und außerdem gehe in den Vorstädten etwas vor.«

Man begreife im nachhinein, daß dies der wahre Bericht eines Schriftstellers ist, den man nicht weltfremd nennen konnte. Stefan Zweig war keiner, der etwa den aufkommenden Nationalsozialismus irgendwann mißverstanden oder verharmlost hätte. Er begriff die politischen Auseinandersetzungen im eigenen Land durchaus, und wenn er sich auch weigerte, zu diesen Stellung zu nehmen, so speicherte er doch alle Informationen, die ihm zukamen, ebenso gewissenhaft wie die Auskünfte, die er für seine gewissenhaft recherchierten historischen Romane verwendete. In der »Welt von Gestern« tauchen sie bruchstückweise auf – und machen seine Bemerkungen darüber, wie man als aufmerksamer Mensch

Folgende Doppelseite: Arbeitslose bei der Aushangstelle Wimberger, 1929. Foto: S. Wagner.

Der Heimwehrführer Ernst Rüdiger von Starhemberg.

Bundesminister Major a. D. Emil Fey.

den Februar '34 in der Wiener Innenstadt nicht erleben konnte, nur noch authentischer. Für diejenigen, die eine Sympathie Zweigs zur »falschen« Bewegung ahnen wollen, sei noch erwähnt, wie Stefan Zweig die Heimwehr charakterisierte: Er nannte sie den Garanten für das aufkommende faschistische Österreich nach dem Wunschbild Mussolinis. Den Formationen des Schutzbundes sagte er nach, sie hätten so lange still gehalten, um Hitler keinen Vorwand zu liefern, als Retter seines Vaterlandes einzumarschieren. Die Heimwehrführer Starhemberg und Fey nannte er die Antagonisten Hitlers, die Sozialdemokraten bezeichnete er als patriotische Österreicher – Dollfuß allerdings nannte er einen geschmeidigen, ehrgeizigen, aber auch durchaus realistischen Mann, der sich für eine Einigung hätte gewinnen lassen.

Der Leser verzeihe, er war am Beginn dieses Kapitels bereits beim sterbenden Engelbert Dollfuß und wurde zurückgeführt zu den Ereignissen im Februar des Jahres, als nach drei Tagen harter Kämpfe neun sozialdemokratische Führer standrechtlich zum Tode verurteilt wurden, Otto Bauer und Julius Deutsch in die Tschechoslowakei geflohen waren, die Bundesregierung die Annullierung der sozialdemokratischen Mandate und die Beschlagnahme der Vermögenswerte der Sozialdemokratischen Partei und ihrer Organisation verfügt hatte und am 1. Mai die »Verfassung 1934« verkündet wurde, die aus Österreich einen Bundesstaat, bestehend aus der bundesunmittelbaren Stadt Wien und acht Bundesländern machte: errichtet auf christlicher und ständischer Grundlage, wie es in der neuen Verfassung hieß. Das immerhin mußte man hier noch einmal

Der mißlungene Putsch der Nationalsozialisten: Während Dollfuß verblutet, wird die RAVAG zuerst besetzt, dann aber von Regierungstruppen wieder befreit.

In Deutschland machte man aus den Putschisten, die im Juli 1934 noch einmal erfolglos blieben, Blutzeugen für die Sache des Nationalsozialismus. In Österreich vertat man die Chance, alle politischen Kräfte des Landes gegen diese eine Gefahr zu mobilisieren.

erklären, um wieder zu den Ereignissen des 25. Juli 1934 zurückkehren zu können.
Vielleicht ist es bereits allgemein bekannt: Die Putschisten, die am 25. Juni in Zürich die Pläne für den Aufstand im Juli ausarbeiteten, wurden selbstverständlich verraten und hätten, mit etwas Glück und etwas weniger österreichischer Schlamperei, verhaftet werden können, ehe sie überhaupt ins Bundeskanzleramt auf dem Ballhausplatz eindrangen. Die Meldungen, die rasch zur Polizeidirektion hätten gelangen müssen, kamen aus einem Wiener Kaffeehaus, nahmen einen Umweg über ein zweites Wiener Kaffeehaus und waren schließlich so ungenau und so spät dran, daß eine Ministerratssitzung auf dem Ballhausplatz um 12,15 Uhr abgebrochen werden konnte und wenigstens einige Minister von Dollfuß in ihre Ministerien geschickt werden konnten. Um 13 Uhr – im Sinne des österreichischen Zeitbegriffs, also einige Minuten vor oder einige nach 13 Uhr – drangen die Putschisten auf dem Ballhausplatz ins Bundeskanzleramt ein und zugleich in der Johannesgasse in die Senderäume der RAVAG. Und immer noch innerhalb dieser sehr knapp bemessenen Frist fielen auch die Schüsse gegen Engelbert Dollfuß, den ein Türhüter im allerletzten Moment aus dem Arbeitszimmer weg zu einem Fluchtweg aus dem Bundeskanzleramt führen wollte. Man darf an die vierzig Minuten vergehen lassen, ehe die Putschisten die beiden Polizeibeamten Rudolf Messinger und Johann Greifeneder – unsere Zeugen von vorhin – zu Dollfuß holten.
Während diese, erinnern wir uns oder lesen wir

noch einmal nach, dem sterbenden Kanzler kaum helfen konnten, tagten die Minister schon unter dem provisorischen Vorsitz von Kurt von Schuschnigg und erhielten telephonisch den Auftrag des Bundespräsidenten, »mit allen Machtmitteln des Staates die gesetzliche Ordnung wiederherzustellen.« Österreich wußte dank der voreiligen Erklärungen der Putschisten im Rundfunk, daß ein Staatsstreich im Gange war. Dollfuß versuchte, eine Nachricht an seinen Nachfolger Schuschnigg kommen zu lassen, dieser amtierte bereits, und die Aussicht der Putschisten waren schon hoffnungslos – der Nachmittag war noch nicht vorbei, und schon war die Tragödie zu Ende. Und Tage darauf sind die Konsequenzen gezogen: Am 29. Juli wird Kurt von Schuschnigg mit der Bildung einer neuen Regierung betraut, am 31. Juli werden nach einer Militärgerichtsverhandlung die Führer des Putsches zum Tod verurteilt und hingerichtet. Am 8. August versammeln sich 150.000 Mitglieder der Vaterländischen Front zu einer Gedenkfeier für Dollfuß, am 21. August ist Schuschnigg bei Mussolini in Florenz und bekräftigt die Zusammenarbeit, die Dollfuß so ernst genommen hat, am 12. September spricht Schuschnigg vor dem Völkerbund und beendet seine Rede mit der Hoffnung: »Es lebe die Zusammenarbeit der Völker, die menschliche Zivilisation und der Friede.« Am 27. September wird die feierliche Deklaration Frankreichs, Großbritanniens und Italiens »über die Aufrechterhaltung der Unabhängigkeit Österreichs« erlassen.

Trotzdem die Zeit für Österreich beinahe abgelaufen war, trotzdem in recht ahistorischer Weise Politiker immer wieder erklären wollen, es hätte ein vereintes Österreich nach dem Jahr 1934 der Geschichte eine andere Wendung geben und Hitlers Vormarsch aufhalten können, trotzdem den Zeugnissen dieser allerletzten Jahre eine gewisse offiziell am Leben erhaltene Hoffnung nachzusagen ist – was mit einer gewissen Resignation heute zu erzählen bleibt, das ist die Geschichte einer von politischen Kundgebungen, von kulturellen Manifestationen, von Erregungen aller Art geschüttelten Stadt Wien, in der jeder auf seine Weise dem vorläufigen Ende entgegengetrieben wurde oder entgegentrieb.

Kurt von Schuschnigg, der immerhin zu allen anderen Varianten des Österreichischen zuletzt auch noch einbrachte, daß er ein Legitimist, ein Vertrauter Otto von Habsburgs war, hat seine Zeit als Bundeskanzler als einen Kampf um Österreich beschrieben. Wer immer Gelegenheit fand, mit Schuschnigg Jahrzehnte später zu sprechen, der wird wie ich begriffen haben, daß dieser Kampf wirklich und wahrhaftig und mit Einsatz aller Mittel, die Schuschnigg noch zur Verfügung standen, geführt worden ist.

Wobei man mehrere Gesichtspunkte – damals – nicht außer acht lassen darf. Im vormals roten Wien regierte jetzt ein von der Bundesregierung eingesetzter Bürgermeister, der nicht imstande war, von Stund' an alles neu zu gestalten, der selbstverständlich nicht alle geschaffenen Einrichtungen durch andere ersetzen konnte, der nicht einmal alle einstigen Mitglieder der Sozialdemokratischen Partei absetzen konnte. An allen wichtigen Posten gab's andere Leute als vorher, im Apparat jedoch überlebten die Zeit des Ständestaats auch kleinere und treue Funktionäre der verbotenen Partei.

Im niemals ausschließlich roten Wien war die Gruppierung der Nationalsozialisten nicht mehr aus dem Stadtbild oder aus den einflußreichen Kreisen zu verdrängen – aller von Schuschnigg geförderter Patriotismus konnte nicht verhindern, daß die Fäden zwischen Berlin und vielen Wiener Persönlichkeiten weiter hielten und enger gesponnen wurden und mit der Zeit das Netz ergaben, das sich 1938 sehr rasch zu einem Gitter wandelte. Bei allen offiziellen Gelegenheiten mochte man Protest einlegen und manchmal auch Entschuldigungen erhalten, im Untergrund jedoch und an der Basis gab es in den letzten Jahren die unzähligen »Illegalen«, die am Tag des Einmarsches der deutschen Truppen sich und ihre erstaunlich große Gruppe deklarierte.

Im immer noch vergleichsweise freien Wien fanden sich in diesen letzten Jahren Schriftsteller, Künstler, Verleger und Impressarios aus dem »Reich«, die allein ihrer Rasse wegen in Deutschland nicht mehr arbeiten, nicht mehr leben konnten, die jedoch hofften, es werde möglich sein, die schwerste Zeit in Wien zu überdauern – sie machten nicht nur sich etwas vor, wenn sie Wien zu einem neuen Zentrum

Die Szenen unmittelbar nach der »Heimkehr ins Reich« erschütterten sogar deutsche Soldaten. Österreichische Nationalsozialisten sollen brutaler gegen Juden vorgegangen sein als ihre Vorbilder im »Reich«.

der Buchproduktion oder des Theaters gestalten wollten, sie beschworen damit auch bei vielen eingesessenen Wiener Juden Illusionen, die besser keiner mehr gehegt hätte. Obgleich man dem Ständestaat nebstbei auch latenten Antisemitismus nachsagte, gab es doch in der Realität einen derart reichen Zustrom an jüdischen Musikern, Schauspielern und Literaten, daß der allein schon ein schlagendes Gegenargument ist. Und zugleich ein Nachweis dafür, wie schlecht man das allseits besungene Wiener Gemüt einzuschätzen vermag: Denn ebenso ist auch bewiesen, daß sich nach 1938 die Wiener in der Verfolgung und Behandlung ihrer jüdischen Mitbürger oft weitaus grausamer zeigten als ihre deutschen Vorbilder. Davon ahnte freilich kaum einer, der zu dieser Zeit – 1934 bis 1939 – in Wien lebte, etwas. Davon wußten nur diejenigen, die bereits freiwillig ins Exil gegangen waren und in Paris saßen oder in Holland publizierten oder längst eine neue Karriere in den USA aufbauten.

In Wien hatten dagegen, das läßt sich aus Statistiken auch unschwer nachweisen, die Monarchisten am wenigsten Zulauf: Alle von Kurt von

ZAHN
Yud

Schuschnigg mehr als geduldeten Treuebeweise für das Haus Habsburg gingen von Dorfgemeinden, von Bundesländern aus und fanden dort ihren Niederschlag: Ein alljährlich erscheinendes Gedächtnisbuch, dem »Andenken an Karl von Österreich« gewidmet, brachte die jeweils neuesten Photographien des jungen Otto von Habsburg in Uniform oder österreichischer Tracht und immer auch den neuesten Stand der »Kaisergemeinden«.

Das waren österreichische Gemeinden, die Otto von Habsburg die Ehrenbürgerschaft verliehen und sich somit als eine Gruppe von Patrioten auswiesen, denen die Heimkehr des Sohns des letzten Kaisers ein Anliegen war. Ende Juli 1937 gab es nach dem offiziellen Almanach allein in Tirol 236 Kaisergemeinden, was einen Prozentsatz von 78,5 aller Tiroler Gemeinden ausmachte. In der Statistik folgte damals das Burgenland mit 176 Gemeinden und 53,6 Prozent Kaisertreuen, die Steiermark mit 542 Gemeinden und somit 52,6 Prozent, dann Niederösterreich mit 540 Gemeinden, was allerdings angesichts der Größe des Bundeslandes nur mehr 31 Prozent ausmachte. Die anderen Bundesländer waren nicht so kaisertreu: Kärnten hatte 30 Gemeinden und somit 12 Prozent kaisertreue Bürgermeister, Oberösterreich brachte es mit 32 Gemeinden nur noch auf 6 Prozent und Salzburg mit 14 Gemeinden gar nur auf 5 Prozent Anteil der Gemeinden im Lande.

Man soll das nicht bagatellisieren: In ganz Österreich gab es im Juli 1937 1569 Gemeinden, deren Gemeinderat mit großer Mehrheit beschlossen hatte, Otto von Habsburg das Ehrenbürgerrecht zu verleihen – der junge Mann nahm alle diese Ehrungen an, empfing Abordnungen dieser Orte und dankte jeweils mit Handschreiben für die Beweise der Zuneigung, die ihm zugegangen waren. Wie man es dreht und wendet, sie waren ihm von 34 Prozent aller österreichischen Gemeinden zugesandt, die Ehrenurkunden und Treuebeweise, und die Reaktion Otto von Habsburgs ist mehr als verständlich. Wenn er Sätze schrieb wie »Ich stehe außerhalb und über allen Parteien und bin für alle Österreicher, mögen sie links oder rechts eingestellt sein«, dann mußte er nicht einmal wissen, daß solche Sätze in einem Almanach unter dem Motto »Kaiserworte« gedruckt wurden. Und wenn er's wußte, dann schrieb er immerhin von seiner Warte Bedenkenswertes wie: »Das republikanische Parlamentsregime in Österreich trägt die Verantwortung für das tragische Schicksal der Zertrümmerung des Mittelstandes. Die Monarchie wird dem Mittelstande entgegenkommen müssen, der ein natürlicher Kitt der staatlichen Zusammenfassung ist.« Oder auch: »Weil ich weiß, daß meine Herrschaft die Souveränität und Selbstständigkeit Österreichs sichern wird, und daß wahrer Friede nur von wahrer Unabhängigkeit ausgeht, drängt es mich nach Wiederherstellung der legitimen Staatsgewalt. Gebe Gott, daß diese Einsicht je eher eine allgemeine werde und zu praktischen Folgen führte! Österreichs Volk verlangt danach.«

Man verzeihe meine Freude am Zitat, aber der eben erwähnte Gedanke ist in einem Handschreiben an die Bürgermeister von Alt-Weitra und St. Wolfgang nachzulesen, und auch für Radkersburg fand Otto von Habsburg Worte, die vielleicht damals nicht nur in der kleinen Stadt gelesen wurden: »Europa hallt wider vom Kriegsgeschrei. 17 Jahre nach einem Ringen, das Millionen auf die Bahre gestreckt, Abermillionen zu Krüppeln gemacht hat, in einer Zeit, in der nur innere menschliche und wirtschaftliche Solidarität die Wunden heilen können, die der Blutrausch der Jahre 1914–1918 der Welt geschlagen hat! Wir haben in all den Jahren seit St. Germain genug Versicherungen von Frieden und Freundschaft, kollektiver Sicherheit und Pakten gehört. Die Welt ist darum nicht friedvoller geworden. Sie kann nicht zum Frieden gelangen, weil Europa durch Zerstörung der Habsburger-Reiche aus der Gleichgewichtslage und durch die Verfemung der Habsburger um den wahren Friedensgedanken und eine wichtige Autorität gekommen ist. Denn Habsburg bedeutet Frieden. Als Sohn und Erbe des Friedenskaisers bin ich bereit, Gott helfe mir in meiner hohen Aufgabe, Österreich zu neuer Blüte, zu neuem Glück zu führen.«

Um diese Gedanken gleich bis zum Ende der Republik zu führen und zu verhindern, daß Kurt von Schuschnigg in seiner aufrichtigen und wohl auch recht tirolischen Beziehung zum Erzhaus mißverstanden werden könnte: Er sprach von uneingeschränkter Pflege großer Traditionen, er erklärte deutlich, daß die Frage der Staatsform vom österreichischen Standpunkt aus eine innerpolitische Angelegenheit sei und keine Einmischung zuließe. Er schrieb jedoch in diesem Zusammenhang auch den Satz: »Ein Monarchismus auf Grundlage der Pragmatischen Sanktion z. B. hätte meiner festen Überzeugung nach keine Verwirklichungsmöglichkeit in unserem Staate.«

Immer wieder, wenn er von Otto von Habsburg aufgefordert wurde, doch den Kaisersohn als eine politische Größe anzuerkennen und im Land wirken zu lassen, antwortete Schuschnigg mit höchster Entschiedenheit abschlägig. Auch in den allerletzten Wochen, in denen Österreich noch existierte, riß der Briefwechsel nicht ab, und Schuschnigg gab nicht nach – in jedem bisher erschienenen Abriß der Geschichte der Ersten Republik sind die beiden letzten Briefe nachgedruckt: Otto von Habsburg beschwört Schuschnigg, er möge ihn ins Land holen und ihm das Amt des Bundeskanzlers übertragen, vor Gott und der Welt werde er, der Kaisersohn, die Folgen tragen und verantworten. Schuschnigg aber lehnt mit großer Traurigkeit und Festigkeit ab und denkt nicht daran, Österreich auf diese spektakuläre Art und Weise in mehr Chaos zu versetzen, als bereits ringsum und im Inneren zu spüren ist.

Tatsache ist, daß es überzeugte Monarchisten gab, daß einige von ihnen längst in der Emigration waren, daß einige von ihnen 1938 sofort zu den Gründern von Widerstandsgruppen zählten, daß viele von ihnen unter den ersten Österreichern waren, die in Konzentrationslager eingeliefert wurden – Hitler fürchtete das Haus Habsburg und riskierte nicht, daß ihm in diesem Zeitpunkt seiner Unternehmung ein Mann gegenüberstand, der sich wenigstens mit vollem Recht der Sohn des letzten Kaiser von Österreich nennen durfte. Tatsache ist, daß man Kurt von Schuschniggs Handlungsweise im Falle Habsburg als einen Beweis für seine aufrichtigen Bemühungen, die Republik Österreich zu retten, nehmen muß und gar nicht anders.

Aber noch einmal zurück in die letzten Jahre der Republik, ins Wien zwischen 1934 und 1938.

Otto von Habsburg, in einer monarchistischen Zeitschrift 1937 – Ehrenbürger vieler Gemeinden »seines« Landes und bereit, sich ins politische Geschehen Österreichs einbinden zu lassen.

Unter dem Motto »in der Liebe zu Wien gehen wir an die Arbeit« wurden die verteufelten Breitner-Steuern abgeschafft und selbstverständlich auch die Positionen der Betriebe der Stadt Wien neu bestimmt: »Die Wirtschaftspolitik der jetzigen Wiener Stadtverwaltung nimmt auf die

Bedürfnisse der gesamten Wirtschaft, sowohl der industriellen Großbetriebe als auch auf das Heer der kleineren Gewerbetreibenden, Rücksicht«, heißt es da, und dies bedeutete, daß eine bis dahin geltende Maxime nicht mehr galt und also wirtschaftlich geführte Betriebe der »roten Gemeinde« zugunsten einer Unzahl von notleidenden anderen Betrieben Verluste machen mußten. »Die Lustbarkeitsabgabe ist durch die Einführung der Steuerkarte erträglicher gestaltet worden, womit dem Vergnügensgewerbe großes Entgegenkommen bewiesen wurde. Die so anstößige Nahrungs- und Genußmittelabgabe, die Hauspersonalabgabe mit ihren krassen Ungerechtigkeiten und antisozialen Wirkungen und die vexatorische Pferdeabgabe wurden aufgehoben«, heißt es da, und das hatte selbstverständlich in Wahrheit die Wirkung, die man nach den offen deklarierten Absichten Breitners vermeiden wollte: Es gab wieder Ungerechtigkeiten wie in der guten alten Zeit. Anderseits kann man sehr deutlich lesen, daß auch die verordnete, nicht mehr gewählte Wiener Stadtregierung große Sorgen hatte und nicht bereit war, alle Taten ihrer Vorgängerin zu schmälern: »Das Bild des neuen Wien wäre unvollständig ohne den Hinweis auf die besondere Förderung des Wohlfahrtswesens, das mehr als 700.000 wirtschaftlich Gefährdeten dieser Stadt seine Unterstützung angedeihen läßt. Über 100 Millionen Schilling widmet die Stadt Wien alljährlich Fürsorgeeinrichtungen, und sie kann mit vollem Recht behaupten, die sozialste aller Millionenstädte der Erde zu sein. Die großen Aufwendungen für soziale Zwecke werden leider nicht immer richtig beurteilt und gewürdigt. Manche Kreise, die dem Wesen des neuen Österreich offenbar noch nicht nahegekommen sind, erachten die hierfür notwendigen Summen, die natürlich zum überwiegenden Teil aus Steuerleistungen bestehen, sogar als übermäßige Belastung der schaffenden Menschen zu Gunsten von Bedürftigen, welche die gebotenen Zuwendungen nicht immer vollauf verdienen . . .«

Wenn anderswo in den grundsätzlichen Erwägungen geschrieben wird, das religiöse und sittliche Leben der Stadt habe seit Kriegsende sehr gelitten, dann fehlen doch sehr merkbar die Hinweise darauf, es habe sich erst von 1934 an wieder ein Wohlfahrtswesen für die Stadt aufbauen lassen. Im Gegenteil, man hat den Eindruck, da sei auch die neue Regierung bereit, die Anstrengungen des »roten Wien« gelten zu lassen.

Daß man am Rande Neuerungen einführte, die leicht anachronistisch wirkten, »Ehrungen der Stadt Wien« zum Beispiel für Hausgehilfen, die bei einem Dienstgeber eine ununterbrochene Dienstzeit von 25 oder 50 Jahren zurückgelegt haben, spricht nur für die auf allen Linien forcierte neue Lebensart. »Sonstige Voraussetzungen sind: Österreichische Bundesbürgerschaft, einwandfreies moralisches und staatsbürgerliches Verhalten . . .«, liest man da und meint sich in Kaisers oder Luegers Zeiten zurückversetzt, und ganz das war es ja auch, wohin die Regierung Schuschnigg nicht nur Österreich, sondern auch Wien zurückführen wollte.

Immerhin, es gab Dienstboten, die sich diese Ehrungen verdienten. In nur zwei Jahren wurden 913 Ehrungen vorgenommen – fünfzehn für eine 50jährige Dienstzeit, die anderen für immerhin 25 Jahre treue Dienste in einer Familie. Acht Ausgezeichnete waren Männer, die anderen gehörten zur noch immer nicht ausgestorbenen Rasse der treuen Magd, wie sie noch Jahre später Franz Werfel im »Veruntreuten Himmel« einprägsam schilderte – seine Teta Linek war der Prototyp und lebte, wie der Leser sich unschwer erinnert, bei der Herrschaft wenigstens bis 1938.

Es ist immerhin lohnend, in die alten Hefte »Wien im Aufbau« zu sehen und festzustellen, wie offen man damals argumentierte. Unter der Rubrik »Finanzwesen« wird ganz genau erklärt, was das System Breitners war und warum es nach geltenden neuen Gesichtspunkten falsch gewesen sein mußte.

»Das sogenannte Breitner-System, das fast die ganze Steuerlast auf schmale Schichten der Bevölkerung überwälzte, hatte zu einer Schwächung der Privatwirtschaft geführt. Unter dem Schlagwort, die Reichen zugunsten der Armen zu besteuern, wurden Aufwandsteuern eingehoben, die letzten Endes die wohlhabenderen Bevölkerungskreise zu Maßregeln veranlaßten, durch die die Zahl der Arbeitslosen immer mehr vergrößert wurde. In dieser Richtung wirkte sich insbesondere die Hauspersonalabgabe aus. Bereits das Halten von zwei Hausgehilfen galt als Luxus. Bei größerem Personalstand war die Abgabe geradezu untragbar. Kein Wunder, daß entweder das Hauspersonal abgebaut oder der ganze Haushalt überhaupt außerhalb Wiens verlegt wurde.« Man lese, bitte, diesen Satz noch einmal, und man wird zugeben müssen, daß man sich eine harte Auseinandersetzung zwischen zwei Weltanschauungen anders vorstellt – nun, im Februar 1937 schrieb man, wenn über einen durch Jahre verteufelten Finanzstadtrat zu schreiben war, nicht härter. Und argumentierte nicht unter irgendeinem Deckmäntelchen, sondern erklärte offen, daß man ein neues System eingeführt habe, das wohlhabendere Bevölkerungskreise ermutigen sollte, wieder genügend Hauspersonal einzustellen.

Deutlicher noch, wenn man das Kapitel »Wohlfahrtswesen« noch einmal aufschlägt und nur einen einzigen Satz nachliest. »Die Ära des Sozialismus hat, aus drückenden Steuern schöpfend, in großzügiger und in zielklarer Verfolgung ihrer Grundsätze imposante Denkmäler ihrer Auffassung vom Gemeinschaftsleben hinterlassen.« Ist jemals später so über einen politischen Gegner geschrieben worden, dem man ja in offenem Kampf auf der Straße gegenübergestanden ist?

Nein, der von Dollfuß eingesetzte Wiener Bürgermeister Richard Schmitz und seine Mitarbeiter waren, so erscheint es einem Beobachter ein halbes Jahrhundert später, ein sehr fairer Gegner – er erklärte in einer Abrechnung, die seine eigenen Ziele propagieren sollte, die Ideen seiner Gegner nicht in Wut oder Polemik, sondern ruhig und angemessen. Man versteht, kennt man die Zeit ausschließlich aus Dokumenten und Dokumentationen, daß in der Stadt auch 1938 noch Vertreter der Arbeiterschaft lebten, mit denen in letzter Minute Gespräche über eine neue Front gegen Hitlerdeutschland aufgenommen werden sollten. Man vergißt nicht, daß in der Zeit, die mit 1938 anbrach, derlei Gespräche mit einem Gegner gar nicht mehr gesucht werden konnten – die Gegner wurden von da an nämlich ermordet.

Der Bürgermeister von Wien, der als einziger die Reihe der siegreichen, gewählten Sozialdemokraten durchbrach, muß nicht verschwiegen werden. Er hat weder sich noch seinem Amt und auch nicht dem, der ihn einsetzte, Schande gemacht. Er gehört zur Geschichte Wiens, die nicht neu geschrieben werden muß.

Kurt von Schuschnigg, der Bundeskanzler, mit dem Bild seines ermordeten Vorgängers auf dem Schreibtisch.

Folgende Doppelseite: Der »dritte Mann«, 1933. Kanalräumer bei der Arbeit.

Wie ja auch Kurt von Schuschnigg zur Geschichte Österreichs gehört und dies in seinen letzten Lebensjahren immerhin auch wieder erleben durfte – er ist nach Jahren des mehr oder weniger freiwilligen Aufenthalts im Ausland nach Tirol zurückgekehrt, um in seiner Heimat zu sein. Er hat in seinen letzten Jahren dort ein ruhiges, zufriedenes Leben führen können und hatte keinerlei Gegnerschaft zu befürchten. Er hatte Zeit und Gelegenheit, seinen Part in der Weltgeschichte zu rekapitulieren und laut und deutlich noch einmal vorzutragen – und niemand hinderte ihn daran.

Schuschnigg, der in der Öffentlichkeit als kühler Politiker und erst ganz zuletzt als laut fordernder Tiroler bekannte Mann, war freilich auch ein Freund der schönen Künste, ein Literat und ein Musikfreund ernsthaftester Art. Es scheint so-

wohl seine Leidenschaft für's gute Theater wie seine große Verehrung für die Musik den einschlägigen Kreisen, nicht aber der Bevölkerung bekannt gewesen zu sein – Ernst Lothar schreibt in seinen Erinnerungen, wie wichtig ihm als Direktor des Theaters in der Josefstadt die Unterstützung und das Verständnis des Bundeskanzlers waren. Er und Bruno Walter – den Schuschnigg demonstrativ als künstlerischen Konsulenten an die Wiener Oper holte – waren noch sehr spät mit ihm im Gespräch, durch welche Zeichen sich Österreich weiterhin auch als ein Land der eigenständigen Kultur zeigen könnte. Die für 1938 ausgesprochene Einladung an Arturo Toscanini war dann eines der deutlichsten Zeichen, denn Toscanini war ein Feind des Faschismus in Italien gewesen, ein Feind des Nationalsozialismus, und er hatte beide Feindschaften konsequent ausgetragen, indem er weder in seiner Heimat noch in Bayreuth Konzessionen machte, sondern in Europa bei den Salzburger Festspielen dirigierte.

Musikfreunde erinnern sich, die Absage Arturo Toscaninis, noch einmal für Wien oder Salzburg zur Verfügung zu stehen, sei wenigstens in ihren Kreisen als Signal gedeutet worden: Allgemein behauptete man, der Dirigent habe von den politischen Entwicklungen mehr gewußt als andere Musiker und habe andeuten wollen, was er als letzte Überlebenschance sah – nicht mehr den persönlichen Einsatz in einem Land unmittelbar an der Grenze zu Hitlerdeutschland, sondern die Flucht auf einen anderen Kontinent, damals völlig abgeschirmt von allen nur denkbaren Angriffen. Toscaninis Absage, so jedenfalls erzählt man sich's, war für ein paar bis dahin unverbesserliche Optimisten der Anreiz, endlich selbst an Abreise zu denken. Und somit wahrscheinlich eine wahrlich lebensrettende Absage.

Schuschnigg, aber auch alle seine Mitarbeiter, müssen lange vor den letzten Anstrengungen, Österreich eigenständig zu erhalten, bereits gewußt haben, daß mit dem Jahr 1934 eine Wende eingetreten war, die ohne Chance zu anderem das kleine Land mit der zu großen Stadt auf die eine oder andere Art »zurück«führen werde in das große Deutsche Reich. Auch so sind wohl die zahllosen Rechnungslegungen zu verstehen, die allerorten geschrieben und von 1937 an veröffentlicht wurden. Nicht nur Schuschnigg schrieb sein Buch »Dreimal Österreich«, das nahezu seine gesamte aktive politische Tätigkeit umfaßte – sehr viel später, als der Krieg vorüber und Schuschnigg in die Heimat zurückgekehrt war, konnte er mit seinem Bericht über die Fahrt zu Hitler, somit die letzten Tage der Republik, nahezu nahtlos anschließen.

Auch die Stadt Wien veröffentlichte, als sei in so kurzer Zeit schon nahezu alles für die Zukunft angeordnet, wenigstens in eine definitive neue Richtung gebracht, einen aus mehreren Rechenschaftsberichten zusammengestellten Band »Wien im Aufbruch«, dem man sowohl alle Neuregelungen wie auch einige Anmerkungen darüber, wie man im Ständestaat vom vormals roten Wien schreiben konnte, entnehmen kann.

Liest man die Rechenschaftsberichte noch einmal, dann ist man fasziniert, was in der Ersten Republik in einer Weltwirtschaftskrise und angesichts des drohenden Hitlerismus immerhin geschaffen werden konnte, und begreift noch viel deutlicher, daß es sehr viele Stimmen gab, die es als Schande und böswillige Propagandaaktion bezeichneten, daß unmittelbar nach den einmarschierenden deutschen Truppen ein bayerischer Hilfszug nach Wien kam und Ausspeisungen von Wienern vornahm – jeder in Wien, der damals ruhig blieb und sich nach 1945 wieder ungefährdet zu Wort melden konnte, behauptet immer noch, es hätten sich 1938 in Wien die Lebensverhältnisse wahrlich weit über dem Niveau des Deutschen Reichs befunden und Hilfszüge hätte kaum jemand gebraucht, vielmehr habe jedermann mit Trauer beobachtet, wie der relative Reichtum des Landes von den deutschen Truppen kassiert und außer Landes gebracht wurde.

Mein Rezept, diese Situation in einer Stadt aus den Annoncen in den Tageszeitungen ablesen zu wollen, ist dem mit inneren Verhältnissen nicht vertrauten Leser nicht zuzumuten. Immerhin, es hat sich in den letzten vier Jahren auch das Inserataufkommen in den Wiener Zeitungen nicht geschmälert und das Angebot, das da gemacht wurde, nicht verschlechtert.

Tatsächlich ist der Streit über die Frage, ob der Österreicher, der Wiener, überlebensfähig gewesen wäre oder ob die Bindung an einen Macht-

Im Bild ist ausschließlich zu dokumentieren, was sich 1938 auf den Plätzen und Straßen Wiens abspielte – die jubelnden »Massen« waren überall, auch vor dem Rathaus, vor der Universität, vor der Hofburg. Die Wiener, die in diesen Tagen nicht jubelten und nicht den Hitlergruß praktizierten, hat es gegeben – sie ließen sich bei ihrem stummen Entsetzen oder Nichtbegreifen allerdings nicht photographieren.

block wie im Jahre 1918 ein Erfordernis war, nicht entschieden. Die Statistiken, die Arbeitslose und Ausgesteuerte – also nicht einmal mehr Empfänger einer Arbeitslosenunterstützung – anführen, sind wie alle anderen Statistiken auch zu deuten. Man kann behaupten, es seien nicht die erregendsten in Europa gewesen, und man kann die andere Version bevorzugen und sagen, es hätten sich diese völlig mittellosen, hilflosen Österreicher und Wiener aus eigener Kraft nie wieder in den Arbeitsprozeß einschalten können.
Man kann auch diese wirtschaftliche Frage einmal weglassen und versuchen, die »Stimmung« einzufangen, die in den letzten Jahren herrschte und die ja offensichtlich pro und kontra Eingliederung ins Deutsche Reich war. Vielleicht kann man wenigstens da einige Zeugen mit immer noch klingenden Namen anführen und einmal noch an diejenigen erinnern, die in der Ersten Republik Feinde waren und in der zweiten so etwas wie geläuterte Freunde wurden.
August Maria Knoll, 1935 noch Privatdozent, sehr viel später ein Wissenschafter, dessen persönliche Integrität von rechts und links unangezweifelt war, schrieb einen Artikel über »Dollfuß als Staatsmann« und gab zu, dieser sei in seiner Jugend bewußter Republikaner gewesen, hätte außenpolitisch »links« gestanden – das heißt, er war auch nach Knoll ein »Anschluß-Freund«. Aber Knoll attestiert Dollfuß, er habe diese Ideen verworfen, als er die Regierung übernahm, und zitiert in den letzten Absätzen immer wieder die Formeln, unter denen Dollfuß tatsächlich antrat: »Österreich über alles! Wenn es nur will!« Schuschnigg, der 1935 einen Kalender auf das Jahr mit einem Vorwort versah, schrieb es sehr deutlich: »Für jeden, der die Dinge sieht, wie sie sind, ist es unverkennbar, daß die Liebe

zum österreichischen Vaterland, das hochgemute Bekenntnis zur österreichischen Vergangenheit und der Glaube an Österreichs Zukunft mächtig wie ein lange gestauter Strom hervorgebrochen ist. Ich begrüße es vom Herzen, daß dieser Kalender als ein wahrhaftes Hausbuch der österreichischen Familie sich voll und ganz in den Dienst dieser Idee stellt und mit beiträgt, das Vermächtnis unseres toten Führers zu verwirklichen: Österreich!«

Man kann das alles nicht als Lippenbekenntnisse abtun, man muß die Haltung der Männer – wie Seipel, Dollfuß und Schuschnigg – auch als eine zutiefst patriotische sehen und feststellen, daß tatsächlich sehr wesentliche Stimmen, die sich zuletzt für den Anschluß aussprachen, aus einem anderen Lager kamen: Karl Renners berühmt gewordenes Interview, in dem er mit seiner Autorität als einstiger Staatskanzler und ranghöchster Sozialdemokrat, der 1938 noch in Wien weilte, seine Ja-Stimme für die Hitler-Abstimmung ankündigte, wurde nur kurze Zeit als Versuch, sich mit dem neuen Regime zu arrangieren, um andere Leben zu retten, erklärt. Renner selbst präzisierte und gab immer wieder zu, er habe sein so folgenschweres Interview im Bewußtsein gegeben, daß er allen anderen Ereignissen zum Trotz nicht verleugnen konnte, was er von 1914 an gepredigt und herbeigesehnt hatte – er wollte Österreich als einen Teil Deutschlands sehen, und er wollte dies als Sozialdemokrat mit vielen seiner Gesinnungsgenossen. Ist's angesichts eines Mannes wie Renner und seiner deutlichen Meinungskundgebung noch möglich, verstört den Kopf zu schütteln, daß sich in Linz und Wien 1938 genügend enthusiastisch jubelnde Menschen fanden, die Adolf Hitler als den Führer grüßten? Muß man immer nur die Erklärung der Bischöfe Österreichs erwähnen und die von Kardinal Innitzer zweimal verwendete Formel »Heil Hitler«? Man muß es nicht. Man darf es aber und muß anfügen, daß sich die österreichischen Bischöfe nach ihrem Fehlurteil alsbald selbst korrigierten und Innitzer in offenen Gegensatz zum Regime geriet – Karl Renner dagegen niemals sein Ja widerrufen hat und dennoch in relativer Ruhe das Dritte Reich überlebte und den Einmarsch der sowjetischen Armee in Freiheit abwartete.

Wogegen es denjenigen, die zuletzt in Österreich versuchten, mit einer Volksabstimmung eine einhellige, alle Bevölkerungskreise umfassende Abstimmung für ein weiterhin freies Österreich zu erreichen, unmittelbar nach dem Einmarsch deutscher Truppen nicht gelang, so unbehelligt zu bleiben.

Kurt von Schuschnigg, über den noch am 6. Februar 1938 Sigmund Freud schrieb: »Unsere in ihrer Art brave und tapfere Regierung ist gegenwärtig energischer in der Abwehr der Nazis als zuvor, obwohl angesichts der letzten Vorgänge in Deutschland niemand sicher sein kann, wie es ausgeht« – Kurt von Schuschnigg rief am 9. März in Innsbruck zur Volksabstimmung auf und ließ seine Rede in allen Zeitungen des Landes am 10. März verbreiten.

»Es ist eben vier Jahre her, da war ich einer unter den ersten, die an der Bahre Engelbert Dollfuß gestanden sind, am Morgen des 26. Juli. In meinem jetzigen Arbeitszimmer war er provisorisch aufgebahrt, und die Tiroler Kaiserschützen haben die erste Wacht bei ihm gehalten. Solch einen Augenblick vergißt man nicht. In einem solchen Augenblick faßt man Vorsätze, und mit denen steht und fällt man, und von ihnen kann man nicht abweichen. Damals, als ich im Sinne der Verfassung vom 1. Mai, die dem Bundeskanzler die volle Verantwortung für die politische Richtung im Land auferlegt, die Regierung übernahm, da war es mir von vorneherein klar: Es gilt in dieser schweren Zeit, zurückzufinden irgendwie über die Verwirrungen der letzten Jahre zur Einheit, zum Frieden im Volke.

Ich habe mir gesagt, was wir wollen:

Wir wollen ein freies und deutsches Österreich.

Wir wollen ein unabhängiges und soziales Österreich.

Wir wollen ein christliches und einiges Österreich.

Wir wollen Brot und Frieden im Lande, und wir wollen die Gleichberechtigung aller, die zu Volk und Heimat stehen.

Aber jetzt will und muß ich es wissen, ob das Volk von Österreich, dieses freie und deutsche und unabhängige und soziale, christliche und einige, dabei keine Parteienzerklüftung duldende Vaterland will. Jetzt muß ich wissen, ob wirklich die Parole ›Brot und Frieden im Land‹ unsere

8 Groschen oder **6** Reichspfennig

Illustrierte

Kronen Zeitung

40 Heller tschechoslow. Währ. f. d. tschechoslow. Republik

39. Jahrgang.

Druck, Verlag, Eigentum und Herausgabe G. Davis & Co., Wien, 9., Pramergasse 28.
Verantwortlicher Schriftleiter: Professor Willy Schmieger, 18., Schöffelgasse 30.

Nr. 13.718.

Postbezug für Oesterreich
1 Monat 2 Schilling 55 Groschen
Postspark. Wien: Konto-Nr. 51755.

Wien, Montag, den 28. März 1938.
Schriftleitung und Verwaltung: Wien, 9., Pramergasse 28.
Fernruf: A-13-5-25. — Nachtschaltung: A-13-5-26 und A-13-5-27. Nachtauslieferung: Ruf A-13-5-28. Stadtbureau: 1., Schulerstr. 19, Ruf R-27-2-36.

Postbezug für die tschechosl. Republik
1 Monat Kč 11.—, 3 Monate Kč 33.—
Postspark. Prag: Konto-Nr. 51755.

Das Bekenntnis der katholischen Bischöfe.

Restlose Anerkennung des Nationalsozialismus.

In allen katholischen Kirchen Deutschösterreichs wurden am Sonntag folgende Erklärungen der österreichischen Bischöfe zur Verlesung gebracht:

1. Vorwort zur feierlichen Erklärung der österreichischen Bischöfe in Sachen der Volksabstimmung.

Nach eingehenden Beratungen haben wir Bischöfe von Oesterreich angesichts der großen geschichtlichen Stunden, die Oesterreichs Volk erlebt und im Bewußtsein, daß in unseren Tagen die

tausendjährige Sehnsucht unseres Volkes nach Einigung in einem großen Reich der Deutschen ihre Erfüllung findet,

uns entschlossen, nachfolgenden Aufruf an alle Gläubigen zu richten.

Wir können dies umso unbesorgter tun, als uns der Beauftragte des Führers für die Volksabstimmung in Oesterreich, Gauleiter Bürckel, die aufrichtige Linie seiner Politik bekanntgab, die unter dem Motto stehen soll: „Gebt Gott, was Gottes ist und dem Kaiser was des Kaisers ist."

Wien, am 21. März 1938.

Für die Wiener Kirchenprovinz:
† Theodor Kardinal Innitzer
Erzbischof m. p.

Für die Salzburger Kirchenprovinz:
† Sigismund Waitz, Fürsterzbischof.

2. Feierliche Erklärung.

Aus innerster Ueberzeugung und mit freiem Willen erklären wir unterzeichneten Bischöfe der österreichischen Kirchenprovinzen anläßlich der großen geschichtlichen Geschehnisse in Deutschösterreich:

Wir erkennen freudig an, daß die Nationalsozialistische Bewegung auf dem Gebiete des völkischen und wirtschaftlichen Aufbaues sowie der Sozialpolitik für das Deutsche Reich und Volk und namentlich für die ärmsten Schichten des Volkes Hervorragendes geleistet hat und leistet.

Wir sind auch der Ueberzeugung, daß durch das Wirken der nationalsozialistischen Bewegung die Gefahr des alles zerstörenden gottlosen Bolschewismus abgewehrt wurde.

Die Bischöfe begleiten dieses Wirken für die Zukunft mit ihren besten Segenswünschen und werden auch die Gläubigen in diesem Sinn ermahnen.

Am Tage der Volksabstimmung ist es für uns Bischöfe selbstverständliche nationale Pflicht, uns als Deutsche zum Deutschen Reich zu bekennen, und wir erwarten auch von allen gläubigen Christen, daß sie wissen, was sie ihrem Volke schuldig sind.

Wien, am 18. März 1938.

Die Erzbischöfe und Bischöfe Oesterreichs.

Mit Freude und aufrichtiger Genugtuung nimmt das ganze deutsche Volk von dieser Erklärung Kenntnis. Sie ist geeignet, einen Schlußstrich hinter die Vergangenheit zu ziehen. Sie beweist, daß in dieser für das ganze deutsche Volk und seine Zukunft so ereignisreichen Zeit auch die katholische Kirche den Weg zum neuen Staat finden will. Der Nationalsozialismus, der das unverrückbare Ziel der Einigung aller Deutschen verfolgt, wird glücklich sein, auch auf diesem Gebiet den Hader und damit die Zerrissenheit unseres Volkes beenden zu können. So wird vielleicht zum erstenmal in unserer Geschichte am 10. April 1938 die ganze deutsche Volksgemeinschaft ohne Rücksicht auf Stämme, Länder, Klassen und Konfessionen geschlossen zur Wahlurne treten und vorbehaltslos ihr „Ja" aussprechen.

Wie weist der Beamte seine Deutschblütigkeit nach?

Die n.-ö. Landeskorrespondenz meldet: Der Erlaß des Führers und Reichskanzlers vom 13. März 1938 über die Vereidigung der öffentlichen Beamten besagt in § 4 folgendes:

„Jude ist, wer von mindestens drei der Rasse nach volljüdischen Großeltern abstammt. Als Volljude gilt ein Großelternteil ohneweiters, wenn er der jüdischen Religionsgesellschaft angehört hat.

Als Jude gilt der von zwei volljüdischen Großeltern abstammende jüdische Mischling, a) der am 16. September 1935 der jüdischen Religionsgemeinschaft angehört oder danach in sie aufgenommen wird, b) der am 16. September 1935 mit einem Juden verheiratet war oder sich danach mit einem Juden verheiratet."

Welche Nachweise werden zu erbringen sein?

1. Der eigene Geburts- und Taufschein; 2. die Geburts- und Taufscheine der Eltern; 3. der Trauungsschein der Eltern; 4. die Geburts- und Taufscheine der vier Großeltern; 5. die Trauungsscheine der vier Großeltern.

Ist der Beamte (die Beamtin) verheiratet, so ist weiters beizubringen: 6. Der eigene Trauungsschein; 7. der Geburts- und Taufschein der Gattin (des Gatten); 8. die Geburts- und Taufscheine der Eltern der Gattin (des Gatten); 9. der Trauungsschein der Eltern der Gattin (des Gatten); 10. die Geburts- und Taufscheine der vier Großeltern der Gattin (des Gatten); 11. die Trauungsscheine der vier Großeltern der Gattin (des Gatten). 12 War der Beamte (die Beamtin) oder seine Gattin (Gatte) am 16. September 1935 mit jemandem andern verheiratet, so ist der Trauungsschein über diese Trauung ebenfalls beizubringen.

Niemand begriff 1938 die Ironie: Um als vollwertig im Sinn des Nationalsozialismus zu gelten, mußten diejenigen, die alsbald »ohne religiöses Bekenntnis« waren, die Pfarrbücher bemühen. Anders war der Ariernachweis nicht zu erbringen.

Landsleute und seine Front, die unüberwindlich ist, zusammenführen kann, und ob der Gedanke der Gleichberechtigung aller im Lande, sofern sie zu Volk und Heimat stehen, allen ausnahmslos eine Parole ist, der sie zu folgen vermögen.

Ich weiß schon, dies ist schon alles gesagt worden, aber es muß klar sein, man muß endlich eindeutig wissen, wo ist legal und wo ist illegal. Was illegal ist, mit dem kann nicht gerechnet werden. Jeder hat die Möglichkeit, dem Sinn und dem Wortlaut des bereits zitierten Abkommens getreu, legal auf dem Boden der Front mitzuarbeiten. Er beweise es. Ich appelliere an alle, nicht zuletzt an unsere österreichische Arbeiterschaft.

Es liegt mir daran, festzustellen: Es gibt parteigebundene Österreicher, die in den verschiedensten Lagern standen und die zu den Problemen der neuen Zeit aufgeschlossen Stellung nahmen. Der früher parteigebundene Nationalsozialist ist in unserem Lager vorbehaltslos willkommen und genießt unter der Voraussetzung legaler Betätigung volle und uneingeschränkte Gleichberechtigung. Selbstverständlich; aber eines gibt es nicht, daß man den früher parteigebundenen Sozialisten, wenn er sich ein nationales Gesinnungszeichen aufsteckt, als vollwertigen Volksgenossen betrachtet, und wenn er zu der Vaterländischen Front kommt, von der Bolschewikisierung und von der Rotfront spricht. Das ist die Umkehrung der Tatsachen, das kann nicht akzeptiert werden. Jeder, der früher parteigebunden war, hat auch heute noch selbstverständlich ein politisches Meinungs- und Überzeugungsrecht, und die Gleichberechtigung für alle muß gelten. Hier zu differenzieren, wäre unwahr, wäre unaufrichtig.

Damit komme ich zum Schluß: Laßt euch durch nichts irre machen. Landsleute und Österreicher! Ich rufe euch auf, nach den Weisungen, die euch der Landeshauptmann geben wird, erinnert euch an das Mahnwort, das wir früher auch in ruhigen Zeiten oft im Lande zitiert haben, wenn einmal von 1809 gesprochen wurde: Mannder, es ist Zeit!«

Die Rede in Innsbruck, gehalten unter dem Eindruck, daß die letzten Minuten eines freien Österreich eingeläutet wurden, muß von unerhörter Eindringlichkeit gewesen sein – denn tatsächlich gab es sofort nach ihrer Übertragung im Rundfunk Versuche von Nationalsozialisten, durch Demonstrationen auch in Wien gegen eine Volksbefragung Stellung zu nehmen; tatsächlich aber wurden diese rasch und ohne besonderen Widerstand zerstreut, und damals wäre es kaum möglich gewesen, eine nationalsozialistische Demonstration zu zerstreuen, hätte nicht die Bevölkerung auf Seiten der Wachebeamten gestanden. Anderseits ist erwiesen, daß

Schuschnigg nicht nur in Tirol, sondern am anderen Tag auch in Wien als Held gefeiert wurde und sein Aufruf, so völlig anders als alle, die er vorher je gesprochen hatte, Österreich überzeugte.
Daß man a tempo mit Veröffentlichungen über Gespräche Schuschniggs »mit dem Achterkomitee der Arbeiterschaft« und grundsätzliche Versprechungen des »Bundesleiters der Sozialen Arbeitsgemeinschaft« nachstieß und jedermann deutlich machte, daß zur Volksabstimmung auch die Stimmen der einstigen Sozialdemokraten erhofft wurden, weiß man. Und daß die bis dahin verbotenen sozialdemokratischen Gruppierungen, so weit es sie im Untergrund noch gab, zusammenkamen und sich unter dem Eindruck der Rede Schuschniggs entschlossen, zur Volksbefragung positiv Stellung zu nehmen, ist auch erwiesen. Und daß all dies bereits zu spät war und weitere Zitate, die immerhin noch den rasenden Pulsschlag dieser Märztage spüren lassen, nicht mehr vonnöten sind, versteht sich.
Denn was im Leitartikel der »Neuen Freien Presse« am Tag vor dem Datum der Volksbefragung geschrieben werden mußte, das ist ja immerhin als zweideutig auch zu charakterisieren: »Ein Irrtum wäre es jedoch, anzunehmen, daß die Schicksalwende erst mit dem gestrigen Tage angefangen hat.« Und, sinngemäß und noch nicht völlig in Übereinstimmung mit den Sätzen, die bald später geschrieben werden mußten, wurde angedeutet, daß Österreich von 1918 an immerhin versucht habe, seine staatliche Selbständigkeit zu behalten und zu festigen. Daß dies ein mit Gewalt verhindertes Unterfangen war, wußten die Journalisten am 11. März 1938. Beinahe hätten sie es auch noch geschrieben. Aber sie kamen nicht mehr dazu: Einige von ihnen waren schon in Haft. Die anderen aber mußten die erste Proklamation des Reichskanzlers Hitler zum Satz befördern.
Und jetzt zurück zu dem vom Leser wahrscheinlich schon vergessenen Bild von den zwei übereinander kopierten Bildern: In der Zeitung vom 12. März werden die ersten Zahlen derjenigen genannt, die sich spontan (Tage nach ihrem Jubel über Kurt Schuschniggs Rede) zu Jubel für die einmarschierenden deutschen Truppen entschlossen. In Linz waren es mehr als 50.000, in

Die Konzentrationslager warteten schon auf Österreicher – unter den ersten Häftlingen waren beinahe alle Politiker, die nach 1945 das Land wieder aufbauten. Auf diesem Bild: Alfons Gorbach (rechts).

Folgende Doppelseite: Eine Million Quadratmeter voller Menschen: Hitler auf dem Heldenplatz . . .

Kärnten und Vorarlberg und Salzburg waren es »große Volksmengen«. »Zu irgendwelchen Zusammenstößen ist es nicht gekommen«, wird in den Journalen vermerkt. Aber am andern Tag erschienen bereits die ersten Notizen »Vier Selbstmorde«, die aufmerksame Zeitungsleser ganz gewiß nicht übersahen und fortan an jedem folgenden Tag in der »Tages-Chronik« finden konnten. Sie erschienen, um im bösen Bild zu bleiben, mit tödlicher Konsequenz. Die jeweils angegebenen Namen finden sich jetzt wohl auf irgendeiner Liste, die über die Opfer des Nationalsozialismus geführt wird.
Den einmarschierenden deutschen Truppen und dem ihnen nachfolgenden Adolf Hitler fiel eine durchaus intakte Stadt in die Hände. Der Jubel derjenigen, die auf der Straße standen, verdeckte ohne Schwierigkeit das verstörte Schweigen der-

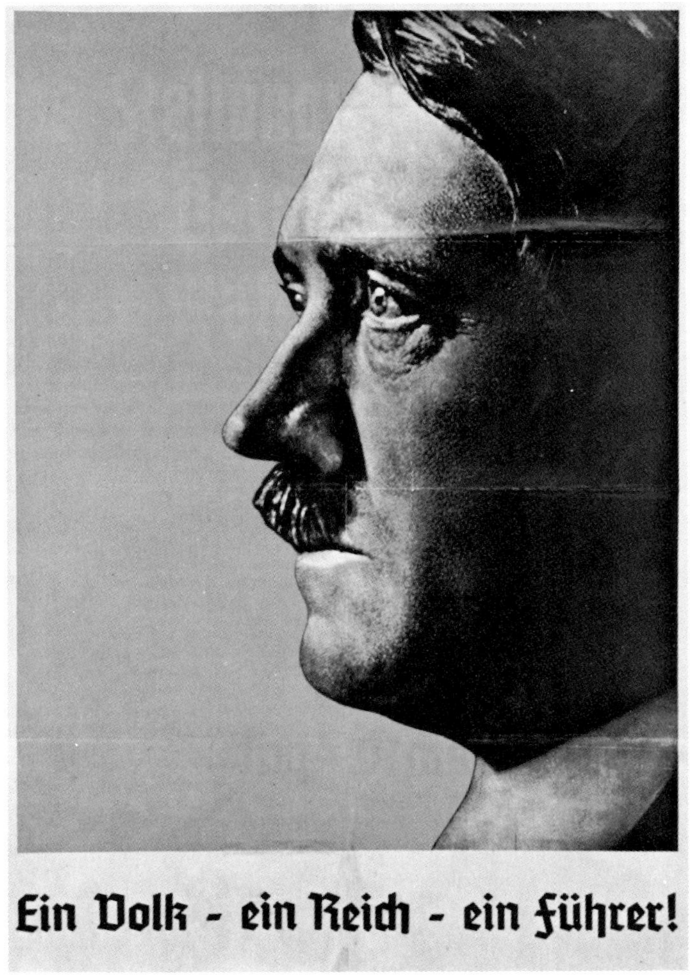

jenigen, die nicht auf die Straße gingen – worunter nicht einmal diejenigen zu verstehen sind, die in den nächsten Tagen Selbstmord begingen, über die Grenze zu fliehen versuchten oder sich zu ersten Widerstandsgruppen zusammenschlossen, sondern einfach die Wiener, die ihrer Lebensauffassung gemäß keine Freude an einer »Heimkehr« ins Reich hatten. Gehört's hierher, daß es wahrlich in den vergangenen zwanzig Jahren und zum besonderen Termin sehr viele bedeutende Persönlichkeiten gab, die für die Heimkehr oder den Anschluß oder wie immer man dazu auch sagte, ihre Stimme erhoben? Soll man die Zitate alle auch an dieser Stelle, im Epilog zu einer Wien-Beschreibung, lesen?
»Alles drängt ja in Europa auf Bildung größerer Einheiten und der Zusammenschluß von Österreich und Deutschland ist, rein objektiv betrachtet, für Deutschland ein Problem von allergrößter Wichtigkeit; auf dem Wege zum deutschen Einheitsstaat liegt die Notwendigkeit, daß diese zwei Völker zusammenkommen.« Das sagte Thomas Mann in einem Interview für das »Neue Wiener Journal« vom 25. Dezember 1927, und Thomas Mann dementierte immer, wenn er in einer Zeitung falsch zitiert oder indiskret mit Äußerungen, die er nur privatim gemacht hatte, zu Wort gebeten wurde. Er hat's ebenso gesagt wie die österreichischen Bischöfe, deren Empfehlung zur Volksabstimmung man kennt, und wie der letzte sozialdemokratische Staatskanzler, dessen zwei völlig freiwillig gegebenen Interviews zum Thema »Warum ich mit Ja stimme« erschienen, als bereits die ersten Österreicher in

deutsche Konzentrationslager abgingen – man muß das nicht wiederholen und auch nicht anmerken, daß es für alle die offiziellen und die anderen Votes genügend Gründe gab.
Uns soll hier nur noch einmal in Erinnerung gerufen werden, daß es eine schöne und große und lebendige Stadt war, die mit einem nicht völlig verarmten, sondern allmählich beinahe lebensfähigen Land dem Hitlerismus in den Schoß fiel. Jeder Wirtschaftsexperte weiß, daß für die Hilfszüge aus Bayern, die Ausspeisung hielten in Wien, mit Goldreserven und mit sehr viel Kunstschätzen bezahlt wurde, und daß Wien, die einstige Kaiserstadt, wahrlich auch ohne die Befreier hätte existieren können.
Es ging in eine grausame Zeit, von der man wahrscheinlich auch einmal erzählen können wird. In eine, in der Wiener weiterlebten und Wien keineswegs zu einer Stadt zweiter Ordnung wurde – dem Nationalsozialismus freilich und dem Zweiten Weltkrieg ist's zu danken, daß wir dieser Stadt weder alle wichtigen Menschen noch alle wesentlichen Institutionen haben retten können – mit 1938 verschwand die natürliche Mischung der Bevölkerung, die erst Wien ausmachte. In den Jahren darauf mußte auch viel von dem, was noch stolze Beiträge dieses Buches ergab, verschwinden. Und zuletzt stürzten unter den Kriegseinwirkungen auch Häuserzeilen und Wahrzeichen ein. Sie blieben unwiederbringlich. Unsereins bedenkt es kaum noch. Aber nicht einmal der Stephansdom oder die Staatsoper sind heute »wieder«, was sie einmal waren. Sie sind wieder aufgebaut, aber an jeder alten Photographie kann man ablesen, daß sie nicht mehr völlig wiedererstanden sind. Und der Prater und völlig unbedeutende Straßen, die trotzdem einmal unverwechselbar Wien ausmachten – vorüber für immer, und kein junger Mensch weiß, was er alles nie gesehen hat, nie sehen wird.

Namenregister

Bildnachweis

Mein Bestreben, nicht zu oft reproduzierte Illustrationen zum vorgegebenen Thema aufzufinden, hat die wahrscheinlich unfreiwillige Mithilfe vieler Agenturen und Amateurphotographen der unmittelbaren Vergangenheit provoziert: Ausschnitte aus Postkarten, aus alten Zeitschriften, aus alten Standardwerken sind nur selten mit einem Copyright-Vermerk versehen gewesen. Jede Vervollständigung des Bildnachweises wird dankbar begrüßt. Dem Antiquariat Georg Fritsch, Wien, danke ich für die Überlassung einigen Materials. Aus meiner Sammlung stammen 133 Bilder, von der Österreichischen Nationalbibliothek Wien eines (Seite 84), vom Presse-Archiv (Foto Hilscher) die Bilder auf Seite 58, 185, 186, 193 (3). Der Löcker-Verlag, Wien, stellte uns dankenswerterweise die Bilder von Seite 72, 73 (3) zur Verfügung, das Museum der Stadt Wien die Bilder auf den Seiten 22/23, 36/37, 54/55, 62/63, 68/69, 82/83, 90/91, 102/103, 112/113, 124/125, 144/145, 152/153, 164/165, 190/191, 202/203. Von Pressefoto Votava stammt das Foto auf Seite 196.